LA PROVINCE

sous

L'ANCIEN RÉGIME

PAR

ALBERT BABEAU

Correspondant de l'Institut

TOME SECOND

PARIS
LIBRAIRIE DE FIRMIN-DIDOT ET Cⁱᵉ
IMPRIMEURS DE L'INSTITUT, RUE JACOB, 56

1894

LA PROVINCE

SOUS

L'ANCIEN RÉGIME

DU MÊME AUTEUR :

Le Village sous l'ancien régime, quatrième édition. 1 vol. in-12.

La Ville sous l'ancien régime (*ouvrage couronné par l'Académie française*), deuxième édition. 2 vol. in-12.

La Vie rurale sous l'ancien régime (*ouvrage couronné par l'Académie des sciences morales et politiques*), deuxième édition. 1 vol. in-12.

Les Bourgeois d'autrefois, deuxième édition. 1 v. in-12.

Les Artisans et les Domestiques d'autrefois, deuxième édition. 1 vol. in-12.

La Vie militaire sous l'ancien régime, deuxième édition. 2 vol. in-12.

Les Voyageurs en France depuis la renaissance jusqu'à la révolution. 1 vol. in-12.

Le Maréchal de Villars gouverneur de Provence. 1 vol. in 8°.

Paris en 1789, ouvrage orné de 150 gravures, cinquième édition. 1 vol. gr. in-8°.

Histoire de Troyes pendant la révolution. 3 vol. in-8°.

TYPOGRAPHIE FIRMIN-DIDOT ET Cⁱᵉ. — MESNIL (EURE).

LA PROVINCE

SOUS

L'ANCIEN RÉGIME

PAR

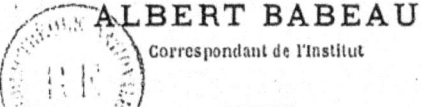
ALBERT BABEAU
Correspondant de l'Institut

TOME SECOND

PARIS
LIBRAIRIE DE FIRMIN-DIDOT ET Cie
IMPRIMEURS DE L'INSTITUT, RUE JACOB, 56
—
1894

LA PROVINCE
SOUS L'ANCIEN RÉGIME

LIVRE IV

LES INTENDANTS

CHAPITRE PREMIER

ORIGINE ET NOMINATION DES INTENDANTS.

Nécessité pour l'État d'avoir des agents directs et subordonnés. — Missions données à des maîtres des requêtes. — Commissaires départis. — Intendants. — Contrôle sur la justice et les finances. — Maîtres des requêtes. — Durée des commissions. — Leur importance. — Accroissement du pouvoir des intendants. — Leur nombre. — Familles d'intendants. — Choix des intendants. — Leur stage au conseil. — Demandes d'une préparation spéciale à leurs fonctions. — Raisons qui déterminent parfois leur choix. — Népotisme. — Mode de nomination. — Déplacement et avancements. — Intendants devenus conseillers d'État et ministres. — Appointements. — Allocations spéciales. — Sollicitations. — Pensions. — Cumul d'autres charges. — Gratifications spéciales. — Dons en nature. — Don du portrait du souverain.

Lorsque Richelieu parvint au pouvoir, l'administration des provinces n'était plus en rapport avec les progrès de l'unité nationale et de l'autorité centrale. Les gouverneurs étaient trop puissants; les magistrats de l'ordre judiciaire et financier trop indépendants, surtout depuis que l'édit de la Paulette les avait rendus possesseurs de leurs charges; les trésoriers de France, particulièrement chargés de la direction des finances et des travaux publics, semblaient vouloir « s'opposer » aux ordres qu'ils recevaient et les « traverser »[1]; les états provinciaux n'existaient pas dans toutes les provinces; dans plusieurs d'entre elles, ils manifestaient des symptômes de décadence, et les plus actifs étaient rarement disposés à seconder l'action de l'autorité centrale. Il fallut donc que celle-ci eût recours à des agents dévoués, intelligents, amovibles et révocables, versés dans la science et la pratique de la jurisprudence et des affaires, assez élevés dans la hiérarchie sociale pour pouvoir imposer aux autorités locales, pour tenir tête à la noblesse, pour parler haut et ferme au nom de la monarchie : elle les trouva, sauf de rares exceptions, dans les maîtres des requêtes.

Il y avait longtemps déjà que l'État avait confié des missions spéciales et temporaires à des maîtres des requêtes, dont les voyages, qualifiés de chevauchées, rappelaient le temps où les routes n'étaient pas en état d'être parcourues par des coches ou des carrosses. On peut faire remonter la tradition de leurs fonctions jusqu'aux *missi dominici* de Char-

---

1. Texte du préambule de l'édit de mai 1635. *Anciennes lois françaises*, t. XVI, p. 44.

lemagne, et surtout aux commissaires enquêteurs de saint Louis, d'Alphonse de Poitiers et de Philippe le Bel. Les chevauchées des maîtres des requêtes sont réglées pour la première fois avec détails dans un édit de 1553, qui en attache six à chacun des parlements. Leur nombre fut porté de douze à vingt-cinq; mais dès 1551, Henri II avait envoyé dans diverses provinces plusieurs d'entre eux, qui furent qualifiés de « commissaires départis pour l'exécution des ordres du roi »[1]. C'est le titre qui par la suite fut donné officiellement aux intendants. Ils apparaissent surtout de prime-abord comme les organes de la justice souveraine; « chargés, comme le dit l'ordonnance d'Orléans, de recevoir les plaintes de toutes personnes et de les insérer dans leurs procès-verbaux; » dans certains cas, de veiller à l'exécution des lois, de remplacer les juges qui s'acquittent mal de leurs fonctions, d'assurer le bien des affaires communales, l'union et la tranquillité des habitants; enfin de réprimer les abus de la perception de certains impôts et de veiller toutefois à l'exécution des ordonnances qui en prescrivent la levée[2].

Dès 1553, le nom d'intendant peut être donné à ces commissaires; en 1565 et 1576, des intendants de justice sont envoyés en Touraine et en Provence.

---

1. *Traité des droits, fonctions, franchises,...* par Guyot et Merlin, 1787, t. III. Des intendants des provinces, p. 119 à 451. Origine des intendants, p. 120 à 132. — A. de Boislisle, *Revue des Sociétés savantes*, 7ᵉ série, t. III, p. 159 à 183. Ce savant travail contient de nombreux détails sur les origines des intendants.

2. Envoi d'un intendant en Corse, en 1553, et Hanotaux, *De l'origine des Intendants*, p. 18, 25, 72 et suiv.

En 1595 et 1597, Pierre Damours vient à Troyes, comme « superintendant ès justices et polices des villes de la province, » surtout pour presser l'offre et le paiement d'une contribution ; en 1601, il se trouve à Poitiers, dans le but d'y rétablir l'impôt dit de la Pancarte [1]. Plus tard, on ajouta aux titres des commissaires le mot de finances, qui achevait de désigner le triple caractère de leur mission, de telle sorte qu'ils furent désormais qualifiés d'intendants de justice, police et finances [2].

Dans l'ancien droit public, la justice est exercée par le roi : il la délègue aux tribunaux des différents degrés, mais il conserve toujours la faculté de la rendre lui-même, lorsqu'il le juge convenable. Dans ce cas, il ne décide pas seul; il est assisté de son conseil, et les arrêts de son conseil sont les arrêts de sa juridiction souveraine. Les maîtres des requêtes attachés à ce conseil sont chargés d'instruire les affaires qui lui sont soumises, de faire des enquêtes et de rédiger des rapports. Il est donc naturel qu'on leur confie des missions de contrôle, de revision et de justice, destinées à renseigner le pouvoir central et à lui permettre d'agir au mieux des intérêts généraux.

Le conseil du roi, qui se subdivisait en plusieurs conseils, n'eut jamais plus d'importance que sous Louis XIV, qui par sa grande ordonnance de 1673 lui donna une autorité, à laquelle, sauf dans deux

---

1. Arch. mun. de Troyes, reg. A. 25. — Hanotaux, p. 74.
2. Roschach, *Continuation de l'histoire de Languedoc*, t. XIII, p. 132.

ORIGINE ET NOMINATION DES INTENDANTS.

ou trois circonstances, il se fit honneur de se soumettre lui-même[1]. Les maîtres des requêtes varièrent en nombre de soixante-sept à quatre-vingts, employés par quartiers aux requêtes de l'hôtel. Comme pour tous les autres officiers de judicature, leurs charges étaient vénales et transmissibles ; sous Louis XV, on en évaluait le prix à 190,000 livres, et l'on en citait qui s'étaient vendues 350,000 livres[2]. Mais les commissions d'intendants qui étaient données à un certain nombre d'entre eux étaient entièrement laissées au choix du roi et révocables par lui.

Elles étaient d'abord délivrées pour un but déterminé, et cessaient d'être valables lorsque ce but était rempli. Éphémères et variables en durée, n'avaient-elles pas en grande partie pour objet de contrebalancer l'influence des charges permanentes ? La tendance de Richelieu fut d'augmenter et de préciser la durée du mandat des intendants. En 1628, le sieur de la Thuillerie, conseiller d'État et maître des requêtes de l'hôtel, est établi intendant de justice en Poitou et Saintonge, à la suite de la reddition de la Rochelle, et sa commission porte ces mots : « Et y sera dorénavant commis de trois ans en trois ans des personnes de qualités, expérience et suffi-

---

1. De Vidaillan, *Histoire des conseils du roi*, t. II, p. 396, 397. — Voir A. de Boislisle, *Mém. de Saint Simon*, App., t. IV à VII.

2. Richer d'Aube, Mémoire concernant MM. les intendants, 1738, p. 14. Bibl. nat., 21812. Nous emprunterons de fréquents renseignements à ce remarquable mémoire manuscrit, rédigé par un ancien intendant en 1738. M. R. Dareste en a donné des extraits dans son ouvrage sur la *Justice administrative en France*, 1862, p. 110 à 150.

sance convenable, soit de notre conseil ou maitre des requêtes de notre hostel et autres officiers de nos cours souveraines[1]. » L'institution des intendants permanents est implicitement formulée dans ce passage. L'article 38 de l'ordonnance de 1629, connue sous le nom de code Michau, stipule « que les maitres des requêtes visiteront les provinces suivant le département qui en sera fait par chacun an par le chancelier et le garde des sceaux, et se transporteront tant en nos cours de parlement qu'és sièges de bailliages, et autres. » C'est l'institution étendue à tout le royaume, mais en lui donnant seulement la durée d'une année. L'édit de mai 1635, que l'on a intitulé à tort l'édit de création des intendants, complète seulement leur pouvoir en leur donnant le contrôle et la suprématie sur les bureaux des trésoriers de France, dont il réduit les attributions[2].

Aucune loi spéciale n'a créé les intendants, ni réglementé leurs pouvoirs. Ceux-ci ont été déterminés par le texte des commissions, qui d'abord varient selon les circonstances, les besoins, les contrées, mais qui bientôt deviennent plus uniformes et souvent identiques. Peu à peu la durée des fonctions s'accroît; elle franchit la limite d'un an et même celle de trois ans. Mais on peut remarquer que sous Louis XIII, les pouvoirs des intendants sont souvent annuels; que sous la minorité de Louis XIV, ils prennent plus de fixité, tout en

---

1. Édit de novembre 1628. Arch. de l'Aube, 4ᵉ reg. des mandements du roi, fol. 91, v°.
2. *Anciennes lois françaises*, t. XVI, p. 241, 441.

ne dépassant pas trois ou quatre ans; qu'à mesure que l'on avance dans le règne de Louis XIV, ils se continuent davantage; et qu'après la Régence, ils tendent à devenir de plus en plus prolongés. En Champagne, par exemple, on peut compter vingt-deux intendants de 1615 à 1673, dix seulement de 1673 à 1790, dont cinq de 1711 à 1790. En Touraine, on en trouve un moins grand nombre qu'en Champagne sous Louis XIII. Il y en a dix de 1689 à 1745, et deux de 1745 à 1766. La Provence n'en compte que six, le Languedoc que sept de 1687 à 1790 [1]. L'accroissement de leur autorité, les avantages que donnaient à leur administration l'expérience et la connaissance des besoins du pays, résultant d'une longue résidence, avaient surtout contribué à la prolongation de leurs fonctions, que Necker aurait voulu rendre plus stables encore.

Quelques-uns d'entre eux avaient succédé à leur père; la Provence fut administrée de 1687 à 1733 par les deux Le Bret; de 1754 à 1790 par les deux Latour. Nous trouvons, à Bordeaux, de Tourny père et fils, de 1743 à 1762; les de Bernage en Languedoc, de 1718 à 1743; les Blossac, à Poitiers, de 1751 à 1784; trois Chauvelin, en Picardie, de 1684

---

[1]. D'Arbois de Jubainville, p. 15 à 20. — Chalmel, *Histoire de Touraine*, t. III, p. 419. — Boyer de Sainte-Suzanne a publié, surtout d'après des renseignements fournis par les archivistes des départements, les listes des intendants de toutes les généralités, depuis l'origine jusqu'en 1790; mais toutes ces listes ne sauraient être regardées comme complètes, surtout pour l'époque antérieure au gouvernement personnel de Louis XIV. (*Les Intendants de la généralité d'Amiens*, p. 505 à 545.)

à 1751. D'Etigny succéda à Auch à son frère Sérilly[1]. Cette hérédité, restreinte d'ordinaire à une génération, assurait la continuité des traditions et des entreprises. Nous rencontrons aussi, dans diverses intendances et à des époques différentes, des membres d'une même famille, tels que les d'Ormesson, les Foucault, les Turgot, les Amelot, les de Harlay, les Lamoignon, les Caumartin, les d'Argenson[2].

Les intendants ne s'établirent pas simultanément dans toutes les provinces. D'ordinaire, ils furent envoyés dans les chefs-lieux des généralités; mais sur les dix-sept généralités qui existaient sous Louis XIII, trois d'entre elles, qui étaient les plus rapprochées de Paris, n'en avaient pas. En 1669, on comptait vingt-quatre généralités, mais il n'y avait que vingt-trois intendants[3]. Il n'y en avait ni en Bretagne, ni en Béarn. Des conseillers d'État y étaient envoyés en Bretagne pour tenir les états; parfois, des intendants voisins, comme ceux de Caen

---

1. Boyer de Sainte-Suzanne, p. 505 à 545. — De Lagrèze, p. 270. — Foucault de Magny succède à son père à Caen. Des fils suivent la même carrière que leur père, mais dans d'autres provinces; ainsi Lamoignon de Courson, fils de Lamoignon de Basville, Turgot, etc.

2. Les deux Cardin Le Bret, intendants de Provence, étaient fils et petit-fils d'un avocat général au parlement de Paris, qui devint conseiller d'état et fut intendant des Trois évêchés en 1625. Un fils du second intendant de Provence, mort en 1734, fut intendant de Bretagne 1753 à 1765 et président en survivance au parlement de Rennes. (Comte Le Bret, *Maison Le Bret*, 1889, tableau généalogique.)

3. Voir à l'Appendice la liste des intendances en 1679. — En Béarn, le premier intendant fut institué en 1682; en Bretagne, en 1689. Foucault fut envoyé en Béarn par une simple lettre de cachet.

et de Tours, allaient y remplir des missions spéciales[1]. Le nombre des généralités proprement dites ne dépassa pas vingt-sept; mais comme il y eut, au dix-huitième siècle, six provinces ou intendances qui avaient été, depuis l'avènement de Louis XIV, réunies à la France et qui ne figuraient pas parmi les généralités[2], le nombre des intendants s'éleva à trente-trois, en comprenant celui de Corse[3].

Nous avons vu que les commissions d'intendants étaient réservées en 1628 aux maîtres des requêtes et aux officiers des cours souveraines. On peut dire que ce fut la règle de les donner aux premiers, et l'exception de les attribuer aux autres. Un règlement de 1654 les fit retirer à tous ceux qui n'étaient pas maîtres des requêtes; c'est ainsi que Champlatreux, président à mortier, dut résigner sa charge d'intendant de Châlons. On pourrait cependant citer plus d'une circonstance où ce règlement ne fut pas appliqué. Quelques intendants avaient été commis d'un ministre, d'un intendant, secrétaires de l'artillerie; d'autres avaient rempli des missions particulières ou, comme de Harlay, avaient été plénipotentiaires à l'étranger[4]. Si plusieurs avaient été conseillers au parlement avant de devenir maîtres des requêtes, la plupart, à peine licenciés en droit, se faisaient admettre à exercer cette charge,

---

1. Collection Dangeau, Bibl. nationale, fr. 22730.
2. Expilly, t. III, p. 586. — Voir plus haut, t. I, p. 7 à 9.
3. Il y en avait 30 en 1715, dont 18 pour les pays d'élection, 12 pour les pays d'état et nouvellement conquis. (*Almanach royal*.)
4. Collection Dangeau, Bibl. nationale, fr., 22730.

où ils pouvaient être reçus à l'âge de dix-huit ans[1]. Il est vrai qu'ils la remplissaient cinq ou six ans avant d'obtenir une intendance; quelques-uns d'entre eux étaient chargés au conseil de suivre les affaires des provinces, de sorte qu'ils en acquéraient la connaissance avant d'être appelés à les diriger[2]. On reprochait toutefois à un grand nombre de n'avoir « aucune autre expérience et aucuns préparatifs que les bons airs et les amusements de Paris », outre la rédaction de rapports sur les requêtes en cassation[3]. Aussi de sages esprits auraient-ils voulu, soit qu'on leur fît subir une sorte de noviciat auprès de l'intendant de Paris, soit qu'on les nommât adjoints d'un autre intendant, qui les aurait initiés aux travaux de la future charge[4]. En 1745, on rétablit l'ancien usage de mettre à la suite du roi deux maîtres des requêtes, qui pouvaient ainsi être formés aux détails de l'administration[5].

1. Ainsi Lamoignon de Courson. (Monin, p. 35.)
2. Laugeois, intendant de Bordeaux, fut chargé au conseil des affaires de Languedoc, ce qui lui donnait des relations régulières avec les syndics. (Bibl. nationale, fr., 11377.) Fontanieu était commissaire de deux bureaux relatifs à des droits de la ville de Paris, et à des négociations de la Compagnie des Indes. (Arch. nationales, E. 2053.)
3. Cte de Boulainvilliers, *État de la France*, 1727, t. I, préf., p. xxi. — Necker, *De l'Administration des finances*, t. III, ch. xxxi.
4. D'Aube, p. 32. Bibl. nat. — *L'Ami des Français*, p. 130. — Voici comment un intendant, Legendre, sollicite une place pour son neveu, qui est maître des requêtes : « Ce n'est pas un grand courtisan, ni un homme brillant; mais M. Bignon, son beau-frère, vous certifiera comme moi que c'est un des plus honnêtes hommes du monde, appliqué et très propre pour être bon intendant. » (Bibl. nationale, p. 11381.)
5. Duc de Luynes, t. VI, p. 435.

Si les ministres avaient intérêt à choisir les intendants parmi les maîtres des requêtes qui avaient le plus de mérite, ils se laissaient guider aussi par des considérations personnelles. « Colbert, disait d'Ormesson, est un compère qui ne perd aucune occasion de placer les siens. » Les intendants de Rochefort, de Tours, d'Orléans étaient, le premier son cousin-germain, les autres mariés à ses cousines[1]. La plupart étaient très intelligents, et le ministre pouvait compter sur eux; mais l'un d'eux, qui devint intendant d'Alsace, méritait les reproches de Colbert par la « conduite la plus bizarre et la plus extraordinaire dont on ait jamais entendu parler; » celui-ci lui écrivait qu'il était rebuté; il l'engageait à se retirer, et il ajoutait : « J'ai fait jusqu'à présent mon devoir de bon parent; je suis bien fâché que vous n'y ayez point répondu. » Le parent de Colbert cependant était encore en place deux ans plus tard[2]. On trouve aussi des parents de Letellier et d'autres ministres[3] ou grands dignitaires de l'État parmi les intendants. C'était une conséquence inévitable de l'importance qu'avaient prise certaines familles de robe dans la haute administration; elle avait l'inconvénient de fermer la carrière aux jeunes gens que la naissance et sur-

---

1. D'Ormesson, *Journal*, t. II, p. 313. — O'Reilly, p. 236. — On peut ajouter le beau-frère de Colbert, Ménars. (Bibl. nat., fr., 22730.)
2. Colbert, *Lettres*, t. V, p. 29, 50.
3. Caze de la Bove, gendre du contrôleur général de Boulogne, est nommé de Pau à Châlons, comme intendant. (Duc de Luynes, t. IX, p. 295.)

tout la fortune n'avaient pas favorisés, et de constituer une sorte d'oligarchie; elle avait ses avantages, en donnant à ceux qui faisaient partie de ces familles la force qui se tire de la tradition, de la situation acquise, de l'expérience des parents et de l'initiation précoce aux intérêts publics.

Louis XIV attachait une telle importance à la nomination des intendants qu'il y prenait une part directe. Louis XV y tenait également, et refusait tous les sujets qui lui étaient présentés jusqu'à ce qu'on en vînt à celui qu'il préférait[1]. Les présentations étaient faites d'ordinaire par le contrôleur général, sauf pour les provinces frontières, qui étaient du ressort du ministre de la guerre; comme ces provinces étaient les plus lucratives et les plus honorables, elles étaient le but de l'ambition des intendants de l'intérieur. Il y avait des mouvements dans le personnel des intendances comme il y en a de nos jours dans celui des préfectures[2]; et ces mouvements étaient insérés dans le *Gazette de France* ou dans d'autres publications périodiques. En août 1708, dix intendants furent déplacés, par suite de la démission d'un de leurs collègues et de l'achat par un autre de

---

1. Colbert, *Lettres*, t. VIII, p. 358. — Mis d'Argenson, t. II, p. 368. — La nomination était annoncée dans ces termes : « Monsieur, le Roy vous a nommé intendant à Lyon; c'est un emploi considérable, et Sa Majesté est persuadée que vous la servirez avec autant d'application que vous avez fait dans tous vos autres emplois. » (Lettre de Boucherat à le Bret, 9 mars 1686. Bibl. nationale, fr., 8827.)
2. Quand Chamillart fut nommé contrôleur général, il destitua quatre intendants. (A. de Boislisle, *Note sur les Mémoires des intendants*, p. 11.)

la charge d'intendant des finances[1]. En 1736, le mouvement est provoqué par l'envoi de l'intendant de Soissons en Lorraine ; celui de Soissons est remplacé par celui de la Rochelle, à qui un maître des requêtes est donné pour successeur[2]. Il y a des postes de début et d'avancement, d'après l'importance de la province et celle des appointements. Les titulaires sollicitent vivement, au bout de quelques années, la promotion à laquelle ils croient avoir droit; l'intendant de Lyon demande la Picardie ; celui de Dauphiné allègue que « l'air du pays est contraire à son tempérament et lui donne des migraines[3]. » Lescalopier sollicite la Flandre, « vu l'extrême modicité de ses appointements en Champagne » et la faiblesse de ses revenus. Legendre voudrait le Languedoc, qui est un « canonicat » à côté de l'intendance de Pau[4]. L'avancement, est-il besoin de le dire? n'est pas toujours justifié par la durée et la qualité des services, mais par des motifs de faveur ou de circonstance. Un intendant a-t-il des difficultés dans la province : on le déplace, parfois avec avantage. En 1740, on parle de Bernage, qui est en Languedoc, pour l'intendance de Paris, parce qu'il est « fort brouillé » avec le duc de Richelieu, commandant en chef. « Voilà, observe le marquis

1. *Journal de Verdun*, août 1708.
2. Duc de Luynes, t. I, p. 124. — Marquis d'Argenson, t. II, p. 230. — Le père de Turgot passe en 1720 de la généralité de Moulins à celle de Soissons et en remercie le régent. (Arch. nationales, G 7, 415.) Il devint plus tard prévôt des marchands, à Paris.
3. Lettres de Méliand et de d'Orsay. Bibl. nat., fr., 11373.
4. Ibid., p. 11, 372, 11381.

d'Argenson, une ancienne façon d'avancer qui a fort réussi à feu M. de Harlay, mais qui sent fort la grande faiblesse du gouvernement[1] ».

La grande ambition de ces fonctionnaires était d'échanger leur titre de maître des requêtes contre celui de conseiller d'État. Quelques conseillers d'État étaient nommés intendants, mais l'on s'en étonnait, comme pour le marquis d'Argenson, lorsqu'il fut envoyé à Soissons. En 1671, Bouchu, en fonctions depuis dix-huit ans, énumère tous les services qu'il a rendus, à l'appui de sa demande d'un titre de conseiller d'État. En 1687, Le Bret supplie le contrôleur général de représenter au roi « qu'il y a quatre ou cinq conseillers d'État moins âgés que lui et qui n'avaient pas autant de services dans les provinces, lorsqu'ils avaient été honorés de cette dignité.[2] »

Pour quelques-uns, elle était une retraite honorable et le couronnement de leur carrière. D'autres avaient des visées plus hautes. S'il faut regarder

1. Duc de Luynes, t. V, p. 455. — D'Argenson, t. III, p. 271. — Richebourg, intendant de Rouen, veut permuter par suite des difficultés que lui suscite le gouverneur. (A. de Boislisle, t. III, n° 1269.)
2. Correspondance man. de Bouchu, t. III, p. 109. — Le Bret fut nommé en 1691 conseiller d'État et maître des requêtes honoraire, quoiqu'il n'eût pas, comme maître des requêtes, les vingt années d'exercice requises par les ordonnances. (Comte Le Bret, p. 47.) — En 1716, Bernage rappelle qu'il est le plus ancien des maîtres des requêtes et des intendants. D'Angervillers invoque aussi l'ancienneté. Basville demande qu'on fasse passer sa place de conseiller à son fils, qui est dans une intendance depuis douze ans. (Bibl. nationale, fr., 8829 et 11371, 11380, 11383). — A. de Boislisle, t. III, n° 1769. — L'intendant de Bourgogne, Joly de Fleury, se contente « d'une expectative de conseiller d'État, qui ne donne pas droit de séance comme les survivances. » (Duc de Luynes, t. XVI, p. 189, 208, 209.)

comme exceptionnelle la vocation qui poussa quelques-uns d'entre eux, comme Bosquet et Pierre de Marca vers l'épiscopat, un certain nombre deviennent premiers présidents et même secrétaires d'État. On peut même dire que les intendances furent la pépinière d'où sortirent le plus de contrôleurs généraux et beaucoup d'autres ministres. Fouquet, Chamillard, Machault, le marquis d'Argenson, Turgot, Calonne avaient été intendants de province[1]. Necker leur rendait ce témoignage : « Je crois qu'entre tous les apprentissages partiels et incomplets, celui d'une intendance de province approche le plus des connaissances nécessaires à un ministre des finances[2]. »

Les intendants appartenaient presque tous à des familles riches de magistrature ou de finance; la possession de charges de maîtres des requêtes impli-

Foucault demande seulement l'autorisation de vendre sa charge de maître des requêtes, qu'il exerce depuis 24 ans, afin de payer une terre. Il obtient des lettres de maître des requêtes honoraire. (*Mém.*, p. 309.) D'Ormesson reçut la même faveur en 1708. (A. de Boislisle, *Contrôleurs généraux*, t. III, n° 62.)

1. Intendants devenus contrôleurs généraux : Chamillard, Le Pelletier de la Houssaye, Machault, d'Arnouville, Peirenc de Moras, Silhouette, Maynon d'Invau, Turgot, de Clugny, Taboureau des Réaux, de Calonne, Laurent de Villedeuil. — Ministres de la guerre : Voysin, marquis de Breteuil, Le Blanc, comte d'Angervilliers, comte d'Argenson. — Ministres de la marine; Voysin, Rouillé, Berryer, de Boynes. — Ministres des affaires étrangères : de Barberie de Saint-Contest, Amelot de Chaillou, marquis d'Argenson. D'autres occupèrent de hautes situations à Paris; le père de Turgot, Bernage et La Michodière furent prévôts des marchands; de Crosne, lieutenant général de police; Joly de Fleury, Dufour de Villeneuve, Amelot, présidents du grand conseil.

2. *De l'Administration des finances*, t. III, p. 309.

quait l'existence d'un patrimoine considérable. Les appointements ordinaires des intendants variaient entre 10,800 et 22,300 francs; sous Louis XIV, ils étaient d'ordinaire de 12,000[1]. Ils s'élevèrent plus haut sous Louis XV et Louis XVI. En 1789, ils sont de 15,390 francs, avec les suppléments, qui sont de 8,390 en moyenne[2]. Ces traitements, qui avaient suivi la progression de la valeur de l'argent, étaient encore insuffisants. « Ils ne vont pas à la moitié, dit Richer d'Aube en 1738, de ce qui est nécessaire à un intendant, pour soutenir la dépense courante que la dignité de sa place et le bien du service exigent, » surtout dans le cas de dépenses extraordinaires. La charge de maître des requêtes dont il restait titulaire ne lui avait pas rapporté 500 francs, toutes déductions faites[3]; dans certaines villes, à Strasbourg par exemple, où les officiers et les étrangers abondent, il est impossible de vivre « comme un particulier[4] »; partout, les dépenses sont considérables; il était donc nécessaire de suppléer à l'exiguïté des appointements ordinaires par des allocations extraordinaires, des gratifications et des pensions.

Les allocations étaient fournies, soit directement par le trésor royal, soit par les provinces, soit par certains corps ou corporations. Des appointements

---

1. Les intendants de Paris, d'Amiens, Montauban, Tours, Bourges, Lyon, Aix ont 12,000 fr.; celui d'Orléans, 10,800 fr., celui de Languedoc, 18,300 fr. (Bibl. nationale, fr. 22730 et 8822.)
2. De Luçay, *les Assemblées provinciales*, p. 46, 47. — Louis Legrand, p. 128. — Roschach, t. XIV, p. 1418.
3. Richer d'Aube, p. 14.
4. Bibl. nationale, fr., 11381.

extraordinaires sont donnés à certains intendants. Colbert, intendant de Paris, reçoit ainsi 6000 francs. Il est remplacé pendant son absence par Hotman, qui reçoit les mêmes traitements; il n'en continue pas moins à toucher les siens[1]. Dans les provinces frontières, des suppléments étaient alloués, sous Louis XVI, sur les fonds de l'extraordinaire des guerres : 11,800 francs en Languedoc, 9,097 francs dans le Hainaut. Sous Louis XIII et la minorité de Louis XIV, des intendants avaient pu se créer des bénéfices illicites, en recevant des traitants, dont ils étaient chargés de contrôler les actes, des sommes qui pouvaient s'élever jusqu'à 1,000 écus par mois[2]; mais de pareils procédés n'auraient plus été tolérés à partir de Colbert. Bien des accusations ont été lancées contre les intendants : celle de concussionnaire est des plus rares; pour être plus assuré de leur probité, pour pouvoir choisir des sujets intelligents parmi les maîtres des requêtes les moins fortunés[3], il fallait les indemniser des dépenses qu'exigeait le « grand état de maison, la maison ouverte » qu'ils étaient obligés de tenir. Avec 12,000 francs d'appointements, un intendant, qui ne peut se faire rembourser d'une avance de 6,240 francs qu'il a faite, écrit à la cour : « Je vois avec douleur que je me ruine. » On assure que d'Etigny sacrifia 100,000 livres de rentes dans son intendance d'Auch[4].

1. Bibl. nationale, fr., 22730.
2. Lair, *Nicolas Foucquet*, t. I, p. 84.
3. Richer d'Aube, p. 614.
4. Lettre de Legendre, du 14 avril 1717. — D'Angervillers, Doujat

Les travaux extraordinaires sont récompensés spécialement : Bouchu reçoit 30,000 francs pour la liquidation des dettes des communautés de Bourgogne, à laquelle il a présidé pendant quinze années ; Champigny, à Grenoble, en touche 6,000 pour les services qu'il a rendus aux troupes en 1664 ; Lescalopier, en Champagne, 6,000 pour le travail de la réformation de l'abbaye de Signy. Legendre obtint une pension de pareille somme pour avoir calmé la révolte du Quercy[1]. En 1686, Le Bret réclame une gratification, motivée par le « mouvement continuel » qu'il s'est donné pour la liquidation des dettes des communautés, et pour des voyages, qu'il a faits avec « beaucoup de suite et d'équipages »; d'autant plus qu'il « a toujours eu pour maxime inviolable de ne prendre aucun présent de personne sous quelque prétexte que ce soit. Plus de la moitié de ses dépenses, ajoute-t-il, n'a pu être réparée par ses appointements[2]. » En 1745, le roi fit donner 10,000 livres de gratifications à chacun des intendants qui avaient été obligés de faire des dépenses considérables au sujet de son passage, de celui de la reine et du dauphin[3].

Les pensions avaient un caractère de permanence, qui les faisait apprécier davantage ; elles étaient ac-

---

recevaient aussi des pensions de 9,000 fr. pour leurs services. (Bibl. nationale, fr., 11381-11383.) — De Lagrèze, p. 273.

1. Bibl. nationale, fr., 22730, 11372, 11381.
2. Lettre du 15 octobre 1686. Ibid., 8827.
3. Duc de Luynes, t. VI, p. 385. — En 1701, l'intendant de Perpignan reçoit l'ordre de « faire préparer à manger » à la reine d'Espagne. (A. de Boislisle, t. II, n° 335.) — En 1717, l'intendant

cordées comme une récompense de services prolongés et exceptionnels, et suivaient les titulaires dans leur retraite; elles variaient de 6,000 à 12,000 fr.[1]. En 1724, D'Orsay, intendant en Dauphiné, fait valoir quatorze ans de services et les dépenses extraordinaires qu'il a été obligé de faire. Un ancien intendant de Dombes se retire avec 15,000 francs de retraite[3].

A ces traitements, les intendants pouvaient en ajouter d'autres. Le Bret, en 1731, recevait 3975 fr. pour trois quarts de ses gages du conseil[4]; des appointements pouvaient être accordés en outre sur les bureaux du conseil, auxquels ils étaient attachés

d'Amiens fait préparer des relais de soixante chevaux et des repas pour Pierre le Grand, qui se rend à Paris. (Bibl. nationale, fr., 11371.)

1. Basville a 12,000 francs de pension, Bernage de Saint-Maurice obtient 8,000 francs sur l'extraordinaire. (Arch. nationales, G 7 405). Le Bret obtient 9,000 francs en deux pensions, l'une de 6,000, l'autre de 3,000 (Bibl. nationale, fr., 4985.)

2. La petite principauté de Dombes avait son parlement à Trévoux et son intendance qui fut réunie en 1775 au gouvernement de Bourgogne.

3. Arch. nationales, G 7, 252, II. 190. — D'autres sollicitent des grâces en faisant valoir leur situation de fortune et le nombre de leurs enfants. En 1717, Basville est « l'homme du monde le plus malheureux; » sa « femme n'a eu que 200,000 francs de dot, qui placés en fonds de terre produisent un très petit revenu; » il a « onze enfants bien vivants. » Chauvelin n'a que sept enfants; sa femme, qui comme celle de Basville, est la fille d'un fermier général, n'a eu aussi que 200,000 francs de dot; toutes deux ont recueilli une part très minime dans la succession de leurs pères. Leur situation ne semble-t-elle pas digne d'être prise en considération, lorsque leurs maris demandent en leur nom la remise d'une taxe onéreuse? (Bibl. nationale, fr., 11372.)

4. Bibl. nationale, fr., 8941.

d'une manière plus nominale qu'effective. Fontanieu, qui faisait partie de huit de ces bureaux, avait été remplacé dans plusieurs d'entre eux; mais il avait pu en garder quelques-uns, et chacun lui rapportait 2,000 livres. En 1724, Pajot, intendant de Limoges, remercie le contrôleur général de lui avoir fait accorder des appointements sur les bureaux de la noblesse et de liquidation des remboursements des offices sur les ports et marchés de Paris. « Une pareille aubaine, écrit-il, à laquelle je vous avouerai que je ne m'attendais pas, m'a fait d'autant plus de plaisir qu'elle vient très à propos pour un jeune intendant, à qui un nouvel établissement coûte infiniment[1]. »

Dans certains cas, spécialement en guerre et sur les frontières, les intendants de province joignent à leurs fonctions celles plus lucratives d'intendants d'armée. On trouve, avant l'institution de leurs charges, des intendants auprès des armées, chargés de la haute police, de l'administration et des approvisionnements, et l'on a même voulu voir dans ces fonctionnaires les prédécesseurs des commissaires départis des provinces. Plusieurs des premiers intendants, comme Laffemas, étaient aussi intendants d'armée; on en cite encore sous Louis XIV et Louis XV[2]. Michel Bégon, qui avait été intendant de la marine, continua d'en exercer les fonctions, lorsqu'il fut nommé en 1694 intendant de la Rochelle,[3];

---

1. Arch. nationales, G 7, 252 et 351.
2. Tels que Bouchu, Édouard Colbert. (Bibl. nationale, fr., 22730).
3. De la Morinerie, *Michel Bégon*, 1855. — L'intendant de Bour-

en 1733, Fontanieu obtint l'intendance de l'armée d'Italie, qu'il remplit en même temps que celle du Dauphiné[1].

Fontanieu était également directeur du garde-meuble à Paris, et venait chaque année y passer quelques mois pour s'acquitter de cette charge. D'autres joignaient dans leur résidence les fonctions judiciaires aux fonctions administratives; ils étaient, comme les deux Le Bret, les La Tour, de Boynes, à la fois intendants et premiers présidents du parlement[2]; l'intendant de Riom était, en 1779, premier président de la cour des aides[3]. Plusieurs furent investis également du commandement militaire dans des circonstances déterminées, telles que l'absence du titulaire[4]. Cette réunion de pouvoirs différents dans les mêmes mains ne paraissait pas surprendre; l'addition de leurs émoluments permettait aux titulaires de tenir un rang prépondérant dans la province.

Dans les pays d'états, il fallait compter, en outre, les gratifications qui leur étaient votées sur les revenus de la province, et qui s'élevaient à plus de

---

gogne était en même temps intendant de la marine. (Garnier, *Inv.*, p. xviii et C. 270 et suiv.)

1. D'Argenson, *Mém.*, t. I, 212. — Bibl. nationale, fr., 8401, 8402.
2. Deux intendants d'Alsace furent présidents du conseil souverain. (Krug-Bass, p. 361.) — Lors des réformes de Maupeou, plusieurs intendants furent nommés présidents des cours supérieures instituées par le chancelier. — Le Bret touchait 12975 comme premier président. (Comte Le Bret, p. 68.)
3. Arch. nationales, H. 1408.
4. Bibl. nationale, fr., 8829, 22730.

14,000 francs dans le Hainaut¹. Il y avait aussi des allocations spéciales, comme celle de 6,000 francs, que la chambre de commerce de Marseille payait à l'intendant d'Aix, pour l'indemniser de ses voyages à Marseille et des dépenses auxquelles l'obligeaient les affaires du commerce². Il y avait encore des sortes de pots de vins admis par l'usage, comme les 2000 francs que les entrepreneurs des étapes donnaient à l'intendant de Lyon pour avoir sa signature. Le premier des Le Bret y renonça noblement, et le contrôleur général lui écrivit à ce sujet : « Vous êtes de mérite et de qualité à vouloir faire votre fortune en gros et non pas en détail. Je vous assure que c'est un très bon principe dans la vie³. »

Faut-il ajouter à ces profits éventuels ou fixes les gratifications pour reddition de compte et les dons en nature que les villes avaient coutume d'offrir aux intendants, à leurs femmes et même à leurs enfants? Valenciennes donne, en 1727, à Mᵐᵉ de Séchelles, deux pièces de batiste valant 3229 francs; en 1729, à Mˡˡᵉ de Tingry, le jour de ses noces, des dentelles payées 2,510 francs. Beaucoup de villes croyaient remplir un devoir qui pouvait leur être utile en envoyant à l'intendant des échantillons des meilleurs produits du pays, dindes, chevreuils, cuisses d'oie. Des particuliers même lui faisaient des présents analogues pour obtenir ses bonnes grâces⁴. Si l'on sa-

---

1. L. Legrand, p. 128. — Voir plus haut, liv. I, chap. VI.
2. O. Teissier, *la Chambre de commerce de Marseille*, p. 45.
3. Lettre de Le Pelletier, du 15 décembre 1686. Bibl. nationale.
4. Cafliaux, *Essai sur le régime économique du Hainaut*,

vait qu'il était d'humeur à ne pas tout accepter, on faisait des cadeaux à ses enfants, comme le « petit vaisseau bien propre » que la chambre de commerce de Marseille envoyait aux fils de l'intendant Le Bret, et qu'elle n'hésitait pas à payer 400 livres « par rapport à la justesse de l'ouvrage et à sa délicatesse [1]. »

Grâce à tous ces traitements, à ces allocations diverses, les intendants, dans les provinces les plus lucratives, comme le Hainaut et le Languedoc [2], arrivaient à recevoir de 40 à 50,000 francs par an, sous Louis XVI, en outre des indemnités qu'ils touchaient pour leurs secrétaires et leurs archers. Dans ces conditions, ils pouvaient représenter dignement et faire figure, sans cependant s'enrichir. S'ils obtinrent souvent des emplois et des titres supérieurs, nous ne voyons pas qu'on ait stimulé leur zèle ni récompensé leur mérite par des distinctions nobiliaires et des décorations. Une faveur qu'on leur octroyait parfois, c'était de leur envoyer le portrait du souverain. Legendre reçut ainsi, en 1717, le portrait du régent, « qui a fait, dit-il, grand plaisir à tous les habitants de Bayonne et de la frontière qui sont venus le voir avec grand empressement [3]. » Quel-

p. 195. — *Inv. Arch. Côte-d'Or*, C. 1574. — *Paris, Versailles et les provinces*, t. II, p. 96. — Voir *la Ville sur l'ancien régime*, t. I, p. 277 à 288. — Cependant l'exemption de droit pour les vins qui se consommaient chez eux, n'était pas accordée aux intendants. (A. de Boislisle, *Corr.*, t. III, n° 745.)

1. O. Teissier, p. 210.
2. 39074 fr., dans le Hainaut, 50109, en Languedoc.
3. Bibl. nationale, fr., 11381.

ques-uns, après une longue carrière, ne demandaient d'autre faveur que celle de se retirer. Basville, à l'âge de soixante-dix ans, sollicite son congé; la goutte le rend invalide; il n'est plus qu'un « vieillard éclopé, » incapable d'exercer désormais un emploi qui demande un homme actif et vigilant; et sa seule ambition est d'obtenir « la permission d'aller mourir dans sa patrie, qu'il n'a pas vue depuis trente-cinq ans qu'il est dans les emplois[1]. »

1. Lettre du 15 février 1717. Bibl. nationale, fr., 11380. — Basville mourut à Paris, en 1724; il avait une pension de 12,000 livres.

CHAPITRE II

LES HOTELS ET LES BUREAUX.

Logement des intendants aux frais des villes. — Installation dans des édifices publics ou conventuels. — Agrandissement ou construction d'hôtels sous Louis XV et Louis XVI. — Intendances d'Auch, de Besançon, de Dijon. — Contribution de l'État aux dépenses. — Don aux villes des hôtels. — Conflit avec la province à Montauban. — Plans de l'intendance de Poitiers. — Entrée des intendants dans leur résidence. — Gardes. — En voyage. — Fêtes officielles. — Leur train de maison. — Leurs équipages. — Châteaux. — Réceptions et soupers. — Appartements de réception. — Goût pour les antiquités. — Frais d'installation. — Hôtels dans certaines villes de la province. — Bureaux. — Traitements des commis. — Leur importance. — Le premier secrétaire. — Archives. — Correspondance et travail des intendants. — Franchise de port. — Exprès. — Impression des actes administratifs. — Mémoires et renseignements. — Programme de J.-J. Rousseau. — Recensements de la population. — Statistiques. — États. — Lettres des intendants. — Leurs rapports avec les ministres. — Leur assiduité. — Congés. — Voyages à Paris. — Subdélégués généraux. — Adjoints aux intendants.

Lorsqu'ils devinrent permanents, les intendants qui avaient séjourné d'abord dans des hôtelleries ou des maisons particulières, furent logés aux frais des villes, des provinces ou de l'État. Amiens offrit, en 1646, à l'intendant, une maison qu'elle loua

375 francs; elle la maintint à son successeur, « sous l'espérance toujours de tirer de lui gratifications et assistance dans toutes les affaires de la ville [1]. » Les municipalités, qui fournissaient des hôtels aux gouverneurs, ne pouvaient faire moins pour des fonctionnaires, dont l'autorité était plus réelle et la présence plus régulière. Elles ne se contentèrent pas, comme Caen, comme Valenciennes [2], de leur louer des maisons; elles leur en achetèrent ou en construisirent pour eux. Montpellier dépensa 70,000 fr. en 1718 pour l'acquisition et la réparation d'une maison destinée à l'intendant, à qui Nîmes avait offert un hôtel pour qu'il y vînt résider [3]. En 1715, Riom achète deux maisons, qui serviront d'hôtel de ville et d'intendance; mais elles sont en si mauvais état qu'elles ne peuvent être habitées avant une année, et les réparations que la ville y fait exécuter sont d'une telle simplicité, qu'on n'y place aucun parquet ni aucun ornement [4].

Parfois, les intendants furent installés dans les appartements inoccupés ou désertés d'hôtels de ville, de palais seigneuriaux ou domaniaux, voire même de bâtiments conventuels. Tels furent le château de Pau; l'hôtel de Guise, appartenant à l'État, à Alençon; un hôtel à Bourges, qui faisait partie de

1. De Boyer de Sainte-Suzanne, p. 101.
2. La ville payait 2.400 francs de loyer. (Cafliaux, p. 195.)
3. D'Aigrefeuille, *Histoire de Montpellier*, p. 530. — Cet hôtel était situé sur une petite place triangulaire, au milieu de laquelle Saint-Priest fit élever une fontaine à ses armes. (Dulaure, *Description du Languedoc*, p. 179.) — Inv. Arch. Hérault, Intr., p. xv.
4. Arch. nationales, G 7, 11, 221 et 130.

l'apanage du comte d'Artois, duc de Berry, en 1784[1] ; les vieux bâtiments de l'abbaye de Saint-Bénigne, à Dijon, jusqu'en 1781[2]; à Rennes, de 1725 à 1776, le palais abbatial de Sainte-Mélaine[3]; à Besançon, sous Louis XV, de vastes appartements appropriés dans l'hôtel de ville, aux frais de l'État[4].

A mesure que leur autorité s'accroissait et que leurs bureaux prenaient plus d'extension, les intendants ne se contentèrent plus des installations qui leur avaient suffi à leurs débuts. C'est surtout à la fin du règne de Louis XV que leurs prétentions augmentèrent et que, de toutes parts, nous voyons s'agrandir leurs habitations par des constructions accessoires, par des acquisitions de maisons adjacentes ou par la construction d'hôtels vastes et somptueux[4]. Marcheval et Turgot font faire des constructions « suffisamment commodes et décentes; » si l'intendant de Caen fait agrandir son habitation, en y faisant dépenser près de 70,000 francs pour être « logé commodément, mais simplement[5] », d'autres font élever des sortes de palais, qui sont devenus plus tard des préfectures, comme à Amiens et à Châlons-sur-Marne, où le superbe hôtel de l'intendance, construit dans le style noble et pur de l'époque entre 1766 et 1771, coûta plus d'un million[6]. D'Étigny fit

1. Arch. nationales, H. 1408.
2. Garnier, *Inv. Arch. Côte-d'Or*, Intr., p. XIII.
3. Quesnet, *Inv. Arch. Ille-et-Vilaine*, Intr.
4. Arch. nationales, H. 1410.
5. L'intendant avait promis de payer de ses deniers le surplus du devis primitif de 30,000 francs. Ce fut l'État qui paya le tout sur les fonds libres de la capitation.
6. Sainte-Suzanne, p. 433. — Grignon, *Topographie de la ville*

bâtir à Auch une élégante construction, d'architecture Louis XV, qui coûta environ 140,000 francs. En 1778, on construisit à Besançon, sur les dessins de Louis, un bel hôtel, dont la dépense, qui atteignit 580,777 livres, fut fournie pour 100,000 fr. par la ville, au moyen de prélèvements sur l'octroi, et pour le reste, par la province, qui s'imposa extraordinairement pendant six ans dans ce but[1]. L'hôtel était « du meilleur goût. Le salon, de forme ronde, réunissait, dit une contemporaine, la grâce à la justesse des proportions; un joli jardin, communiquant à la promenade publique par une grille et un pont d'une jolie structure, ne laissait rien à désirer pour l'agrément[2]. » En 1783, les états de Bourgogne achetèrent pour servir d'intendance l'hôtel de Lantenay, qu'ils payèrent 152,000 fr., mais qui leur revint à 200,000 fr.; « édifice superbe à l'extérieur, paraît-il, mais contenant de trop petites pièces[3]. » Vers la même époque, un hôtel, situé rue de Vendôme, fut affecté officiellement à l'intendance de la généralité de Paris[4].

Ailleurs, on s'était contenté de faire acheter par

---

de *Châlons-de-Marne*, p. 226. — Les dessus de porte, à Châlons, furent peints par des lauréats de l'Académie de peinture de Paris. (*Inv. Arch. Marne*, C. 510.)

1. Les devis de 406,034 francs furent dépassés de 174,000 francs. Louis, qui fournit les plans, reçut 7,200 fr. d'honoraires. La ville louait 4,000 fr. l'hôtel en mauvais état que le nouveau remplaça. (Arch. nationales, H. 1408.)

2. *Voyage d'une Française en Suisse et en Franche-Comté*, 1790, t. II, p. 222.

3. Arch. nationales, H. 190.

4. A. de Boislisle, *Mémoires des intendants*, t. I, Intr., p. xci.

la ville la maison qu'elle louait depuis longtemps; ainsi, à Clermont en 1758, cette acquisition avait été faite, moyennant une somme de 40,000 livres qui devait être prélevée sur les octrois. Les villes pouvaient encore s'imposer pour des dépenses relativement restreintes ; mais elles auraient été incapables de faire les frais des grands hôtels. Il était juste que l'État contribuât au logement d'un agent dont les fonctions avaient un caractère gouvernemental et provincial plutôt que municipal. Les hôtels de Châlons, de Tours et de Limoges furent acquis et construits au nom du roi. A Tours, on avait acheté en 1757 trois maisons qui furent réunies en une seule, et dont la dépense devait s'élever à 136,000 francs. L'ingénieur en chef, chargé comme de coutume des constructions, aurait voulu élever un hôtel neuf; mais l'intendant Lescalopier, traitant ses dires de « discours d'architecte », s'y était opposé. Ce fut sans doute à son instigation que le roi donna l'intendance à la ville, à la condition d'en acquitter les lods et ventes et de l'entretenir à l'avenir en bon état. La ville protesta contre une offre onéreuse dans ces conditions, mais qui devint très acceptable lorsque l'État eût renoncé à la pensée de lui en faire payer les frais.

A Montauban, en 1777, une maison neuve fut achetée pour l'intendance. Elle fut payée 120,000 fr., par la province, outre 40,000 fr. de dépenses accessoires d'agrandissement et de réparations. La commission intermédiaire en réclama la propriété, tout en protestant contre cette acquisition, qui, suivant elle, n'était pas nécessaire. La ville se déclarait prête à lui céder l'hôtel, si la province lui remboursait 36,000 francs pour prix de l'ancienne maison qu'elle possédait. Il fut décidé que la municipalité conserverait la propriété de l'immeuble, en se chargeant des réparations ordinaires et extraordinaires[1]. Il semble résulter des exemples de Tours et de Montauban que la ville était en principe propriétaire de ces édifices, même lorsqu'ils étaient achetés ou construits par l'État et les provinces.

En 1787, une imposition de 60,000 livres fut levée sur la généralité pour subvenir à l'acquisition d'un hôtel de l'intendance à Pau, que l'on déclarait indispensable à la veille du jour où cette intendance allait être réunie à celle d'Auch. Le devis le plus économique s'élevait à 254,237 livres, pour une construction de style Louis XV simple, où il n'y avait qu'un salon de compagnie, mais où la salle à manger avait de vastes proportions[2].

Ce n'était pas sans difficultés que l'on faisait parfois construire de nouveaux hôtels. Blossac se plaignait en 1777 de la maison où il était logé à Poitiers. « Vous savez, disait-il, combien elle est incommode, froide et peu honnête, et enfin qu'elle est une des plus vilaines de la ville; je peux même ajouter une des moins solides. » Il avait demandé, l'année précédente, un plan à l'architecte Levrot; il désirait « un édifice honnête, de bon goût, mais

---

1. Arch. nationales, H. 1409. — Voir aussi, sur l'hôtel d'intendance de Montpellier, *la Ville sous l'ancien régime*, 2ᵉ édit, t. I, p. 245.
2. Archives nationales, H. 1106.

sans magnificence, » construit sur de vastes terrains, dont une partie aurait été employée pour disposer devant sa façade une place régulière. Levrot lui envoya « un plan superbe, orné de quantités de colonnes et de statues, » avec une distribution intérieure « fort incommode et presque inhabitable. » Blossac eut la sagesse de refuser ce plan, dont l'exétion eût été onéreuse ; mais en 1784, il était encore réduit à loger dans une maison louée 2,000 francs, en rapport, dit une voyageuse, avec la ville, qui était « horrible, » tant les appartements étaient « noirs, tristes et mal meublés[1]. » Il était toujours question de construire un hôtel nouveau, plus convenable, surtout pour les réceptions auxquelles l'intendant était obligé.

A une époque où le rang se manifeste encore par des signes extérieurs, l'apparat joue un certain rôle dans la vie administrative. La première entrée des intendants dans leur résidence se fait avec moins de pompe que celle des gouverneurs ; mais elle est toujours solennelle, surtout au dix-septième siècle. Les jeunes gens à cheval, les magistrats municipaux vont à leur rencontre : on tire le canon en leur honneur ; on leur offre un banquet, avec l'abondance de victuailles qui est dans les usages de l'époque ; on leur fait remettre du vin et des vivres. Des députations

---

1. Arch. nationales, H. 1409. — *Lettres de Mme de G****., 1787, p. 59. — Depuis 1773, on levait dans la généralité une contribution spéciale pour la construction de cette intendance. De Nanteuil, en 1787, proposait d'en employer le produit à l'acquisition d'un hôtel particulier.

leur sont envoyées par les villes pour les féliciter de leur avènement[1].

Lorsque la généralité d'Auch fut créée en 1716, l'intendant Legendre fut reçu « comme le Messie » : ce sont ses propres expressions. « J'ai trouvé, écrit-il au duc de Noailles, en arrivant, les bourgeois et artisans sous les armes, au nombre de plus de mille, des cocardes de mes livrées, des arcs de triomphe avec des emblèmes et des devises très belles et très galantes. Il y avait aux portes et par toute la ville des illuminations et un feu d'artifice magnifique; les acclamations de joie faisaient retentir l'air; je ne peux faire un pas sans qu'on me décoche une harangue; il n'est pas jusques aux femmes qui sont aujourd'hui armées en guerre et qui au nombre de sept et huit cents font un feu de joie et marchent en bataille comme des amazones[2]. »

En pareil cas, l'intendant est accompagné de ses gardes, qualifiés de hoquetons et choisis parmi les archers de la prévôté, qui portent des casaques distinctes de celles de ces archers[3]. Quand il voyage, il court sur les grandes routes, dans un carrosse « emporté par six chevaux fougueux et précédé de

---

1. O'Reilly, t. I, p. 350. — De Lagrèze, *la Société et les mœurs en Béarn*, p. 260. — Garnier, *Inv. Arch. Côte-d'Or*, C. 1323. — Foucault, p. 25. — Le chapitre d'Autun offre, en 1763, quarante-huit bouteilles de vin à l'intendant, lors de son entrée dans la ville. (G. Dumay, *une Session des états de Bourgogne*, p. 36.)

2. Bibl. nationale, fr., 11381.

3. Bibl. nationale, fr., 8821. — En 1670, l'intendant de Paris reçoit 5,400 francs pour trois archers; celui d'Aix, 3,600 francs en 1681, pour deux. — (Ibid., 22730 et 8822.) — De Lagrèze, p. 200.

deux gardes à cheval qui laissent à peine aux mieux intentionnés le temps de se ranger[1] ». Si sa femme arrive dans sa province, elle reçoit, « comme une petite souveraine, » les hommages des officiers municipaux dans les localités qu'elle traverse[2].

L'intendant participe aux fêtes officielles comme il préside aux réceptions qu'il donne. A la milice bourgeoise, Foucault offre des tables couvertes de vivres et au milieu desquelles coule une fontaine de vin; pour le peuple, il fait dresser devant son hôtel des tables garnies de viandes qu'on abandonne à sa discrétion. Dans ses salons, il fait danser les dames, « aux sons d'une symphonie; » il leur offre des soupers qui sont servis par les hommes, et où sont admises toutes les personnes de considération de la ville. La fête se termine par des feux d'artifices, des concerts sur des barques, des mousquetades de la cavalerie et de l'infanterie[3]. Parfois, dans les fêtes populaires qu'on donne à l'occasion de la naissance des princes et de la proclamation de la paix, les autorités se mêlent à la foule. A Montpellier, en 1686, les femmes invitées font une marche dans la ville, pour aller voir le feu d'artifice, ayant à leur tête madame l'intendante fort richement parée, portant un habit en broderie d'argent sur un fond bleu[4]. A Bourges, en 1753, à la suite d'un feu d'ar-

1. *Le Roi voyageur*, 1784, p. 8.
2. De Chevrier, *Mémoires d'une honnête femme*, t. II, p. 191.
3. *Gazette de* 1682, p. 650. — Foucault, p. 190.
4. A. Delort, *Mém.*, p. 395. — Cte Le Bret, *Maison Le Bret*, p. 49.

tifice, l'intendant circule dans les rues avec les dames du parlement exilé et de la ville. « Il leur proposa de faire une ronde, pour animer la fête; elles acceptèrent et dansèrent un branle avec tous les polissons. » L'intendant fut de la partie, en habit noir et en perruque carrée[1].

Le train de maison de ces fonctionnaires dépend de leur fortune et de leurs goûts. Si l'on peut citer comme une exception Champlatreux, qui arrive à Châlons en 1648, avec cent chiens et cinquante coureurs[2], les intendants avaient d'ordinaire un certain nombre de chevaux de carrosse et de selle, qui leur étaient utiles, non seulement pour les visites dans la ville et les environs, mais pour leurs tournées. D'Etigny avait sept chevaux de carrosse et quatre de selle, qu'il fut obligé de loger dans des écuries séparées que lui fournissait la ville, jusqu'à ce qu'il eût fait construire des écuries attenantes à l'hôtel qu'il avait fait élever. L'intendant de Besançon se réservait des écuries pour quatorze chevaux[3]. En 1724, Le Bret a dans ses remises une chaise à porteur double, un vieux carrosse, un carrosse à berlingue, garni de velours gris, et un grand carrosse, dont les panneaux et le siège sont recouverts de velours cramoisi ciselé, et l'intérieur de damas de même couleur, à passe-poil et crépines de soie couleur d'or. Outre les domestiques attachés à ses écuries, il a un valet de chambre, un maître d'hôtel,

1. Grellet-Dumazeau, *Les Exilés de Bourges*, p. 164, 165.
2. Tallemant des Réaux, *Historiettes*, t. IV, p. 484.
3. Arch. nationales, H. 1408, 1410.

un chef d'office, un chef de cuisine et quatre laquais, sans compter les serviteurs subalternes[1]. Le nombre des domestiques est en rapport avec la dignité des maîtres[2].

Quelques-uns ont des châteaux auprès de leur résidence ou dans la province même. Pellot achète dans la sienne une paroisse, et y fait établir quatre foires par an[3]. La Galaisière réside presque toujours dans une maison de campagne, que ses prédécesseurs ont louée près de Montauban, et dans laquelle il rassemble les jolies femmes de la ville[4]. Fontette habitait un château près de Caen; il n'amenait dans l'intendance qu'une partie de sa maison. Aussi son successeur demande-t-il que l'intérieur en soit modifié; qu'on aménage des appartements pour lui et sa femme, et surtout pour les étrangers, « ce qui est absolument nécessaire[5] ». Des hôtes de distinction descendent en effet parfois à l'intendance, et celle de Châlons est jugée digne d'abriter, à leur passage, le roi de Danemark et la dauphine Marie-Antoinette.

On reçoit aussi les grands personnages et les notables de la ville; on donne aux premiers des banquets, comme celui que l'intendant de Bourgogne

1. Inventaire de 1724. Bibl. nationale, fr., 8926. Le grand carrosse est estimé 1,500 livres; le carrosse à berlingue, 1,000.
2. On se plaint en 1721, à Caen de ce que « la licence d'un domestique nombreux » contribue à la détérioration » de l'hôtel de l'intendance. (Arch. nationales, G⁷ 221.)
3. O'Reilly, t. I, p. 324.
4. Dufort de Cheverny, *Mémoires*, t. I, p. 214.
5. Arch. nationales, H. 1408.

offre au prince de Condé, dans un salon vitré élevé au milieu de son jardin et garni de figures de bronze. Les bourgeois sont convoqués, comme les nobles, aux repas et aux bals; mais parfois, tout en leur faisant des politesses, on les froisse par des maladresses; on ne les retient pas au souper, réservé « au beau monde »; on fait manger dans une salle séparée le corps de ville de Dijon, ce qui cause un vif émoi[1]. Ailleurs, l'intendant cherche à plaire à tous; Legendre conquiert les bonnes grâces des habitants de Bayonne qui passent pour « difficiles et inquiets »; il « a bu » avec eux et les a « trouvé les meilleurs gens du monde »; contre l'usage du pays, il parvient à faire venir les dames de la ville à des soupers, où il a tous les soirs cinquante couverts[2]. Legendre connaissait l'utilité des relations de société au point de vue administratif, et savait qu'il était

1. *Mercure Dijonnais*, publié par G. Dumay, p. 273, 494, 320. — Sur les réceptions de l'intendant de Champagne, voir *les Bourgeois d'autrefois*, p. 240.

2. Voici le passage de la lettre du 9 juin 1716, où il raconte au duc de Noailles, président du conseil du dedans, ses réceptions à Bayonne : « En arrivant à Bayonne, je m'informai des mœurs du pays, et comme j'ai toujours eu de l'inclination pour le beau sexe, je demandai si l'on ne pouvait pas donner à souper aux dames. On m'assura que je n'y réussirais point, parce que c'était contre les règles austères de l'étiquette; que M. le maréchal de Montreuil et M. de Courson n'avaient jamais pu en venir à bout. Il ne m'en fallut pas davantage pour me déterminer à l'entreprendre, et avec des manières douces, populaires et insinuantes, j'eus une demi-douzaine des principales de la ville à souper le premier jour; le lendemain, j'en eus huit des plus jolies; et cela a continué jusqu'à mon départ, sans que les maris en aient eu la moindre petite inquiétude... » (Bibl. nationale, fr., 11381.)

profitable, particulièrement sous la Régence, d'avoir les femmes pour soi.

Une grande place, surtout dans les hôtels construits au dix-huitième siècle, était réservée aux appartements de réception. A l'intendance d'Auch, la « salle de compagnie » est vaste et communique avec un cabinet d'audience ; mais la salle à manger, qui ouvre par trois portes-fenêtres sur le jardin, a des dimensions plus considérables encore. C'est que l'on y tient pour ainsi dire table ouverte, et qu'il est des repas officiels obligés. L'intendant Le Bret a une vaisselle d'argent considérable ; on y compte, entre autres pièces, 34 plats, 4 saladiers à pans, 8 douzaines d'assiettes, 48 couverts. Dans son hôtel d'Aix, des salons sont qualifiés de cabinets. Le grand cabinet tendu de damas cramoisi est garni de canapés et de fauteuils de « tapisserie pavot » en soie, de petites chaises « perspectives », d'un bureau d'ébène à marqueterie de cuivre, de tables de marbre à pieds sculptés, de miroirs et de trumeaux de glaces, d'un « lustre de glace à huit branches d'argent aché ». Un cabinet voisin est meublé plus simplement de sièges de noyer et de maroquin rouge ; le bureau de poirier à pieds de biche noirs est peut-être celui où s'asseoit l'intendant lorsqu'il donne audience. Onze tableaux de différents genres ornent les murs, tapissés de satinade verte. Dans un médaillier d'ébène sont renfermées 54 médailles d'or, 640 d'argent et 2000 de cuivre. Le Bret n'est pas le seul amateur d'antiquités que l'on pourrait citer parmi les intendants : Michel Bégon, à la Rochelle, avait un médailler bien plus riche, sans compter des collections de livres, d'estampes, de tableaux, d'objets d'ethnographie et d'histoire naturelle qui faisaient de ses cabinets un véritable musée[1]. Foucault réunit aussi en grand nombre des livres, des médailles et des figures antiques, qui sont aujourd'hui pour la plupart à la Bibliothèque nationale[2].

L'installation et le mobilier de l'intendant Le Bret, qui est en même temps premier président, n'excèdent pas ceux d'un magistrat provincial d'un rang élevé. Sa femme, qui a eu 50,000 fr. de dot, a des colliers de perles, des boutons d'oreilles en superbes diamants et d'autres parures de diamants. L'hôtel contient une chapelle, selon l'usage du temps; on aménagera aussi une chapelle, à une époque plus rapprochée de la Révolution, dans les hôtels modernes de Châlons[3] et de Caen. Il est vrai qu'à Châlons on y dispose aussi une salle de spectacle. Les meubles appartenaient d'ordinaire à l'intendant[4]; mais il était d'usage que son successeur les lui reprît, d'après une estimation faite de gré à gré. Si l'intendant emportait son mobilier, les frais d'installation du nouvel arrivant étaient plus consi-

---

1. Arch. nationales, H. 1408. — Bibl. nationale, fr., 8926. — Duplessis, *Michel Bégon*, p. 7 à 11.
2. Foucault, *Journal*, Intr., par Baudry, p. xxxix et suiv.
3. Un cordelier reçoit 48 francs par an pour les honoraires des messes qu'il y célèbre. (*Inv. Arch. Marne*, C. 512.)
4. A Valenciennes, ils sont fournis par la ville qui paie environ 3,000 francs par an à son tapissier. (Cafliaux, p. 195.) — En 1716, Legendre loue « une fort jolie maison à Bayonne, et c'est à qui la lui meublera. »

dérables. Pellot dépense 40,000 francs, dont 10,000 fr. d'argenterie, pour frais d'installation; Legendre, 10,000 écus. Amelot fils, intendant de Dijon, évalue à 180,000 livres ces frais, ajoutés à ceux de son mariage et de ses réceptions pendant les états, où il a eu à ses repas « plus de trois cents maîtres, sans compter les suites[1] ».

Comme l'intendant se transportait parfois dans les principales villes de la province, il pouvait avoir dans ces villes un logement permanent; c'est ainsi que l'intendant de Bourgogne avait un hôtel à Bourg, où il passait trois semaines par an; que l'intendant de Béarn était obligé d'avoir trois maisons meublées à Bayonne, à Pau et à Auch[2]. En 1754, l'intendant de Montpellier voulut faire disposer dans l'hôtel de ville de Toulouse des appartements pour le gouverneur et pour lui, parce qu'ils étaient forcés, lorsqu'ils venaient dans cette ville, de descendre chez l'archevêque ou chez des notables. En 1783, l'intendant de la Rochelle essaya de persuader au ministre qu'il serait utile d'acquérir un hôtel à Saintes, afin qu'il pût partager sa résidence entre ces deux villes. Saintes était dans une situation plus centrale; on y aurait évité les conflits avec les autorités militaires

---

1. Arch. nationales, H. 190. — O'Reilly, t. I, p. 345. — Bibl. nationale, fr., 11331. — En quittant Poitiers, Foucault vend pour 2,105 francs de gros meubles à son successeur. (*Mém.*, p. 247.)

2. A Bayonne, Legendre avait été forcé de s'installer dans trois maisons différentes; il habitait l'une, sa femme l'autre, ses domestiques dans une troisième, et ses écuries étaient dans le faubourg. Il demandait au duc de Gramont l'autorisation de s'installer dans le château-vieux. (Bibl. nationale, fr., 11331.)

de la Rochelle; en revanche, la société y eût été moins nombreuse, la ville n'étant habitée que par des nobles qui passaient l'été et l'automne dans leurs terres, et « il n'y avait point de spectacle ». Le ministre refusa, non pas pour cette dernière raison, mais parce que c'eût été créer un précédent dont les autres intendants auraient pu se prévaloir, et que le déplacement des bureaux aurait entraîné des frais qu'il valait mieux éviter[1].

Les bureaux avaient pris une grande extension dans le cours du dix-huitième siècle. Il avait fallu dans plus d'une ville augmenter les locaux qui leur étaient consacrés, soit par des constructions nouvelles, soit par l'adjonction de maisons voisines[2]. On se plaignait, en 1738, de ce que les secrétaires des intendants fussent plus mal payés que les petits commis des fermes; que les fonds fussent insuffisants et qu'il n'y eût point d'intendant qui pût trouver de quoi payer, même médiocrement, le quart de ce qu'il lui aurait fallu de secrétaires et de commis pour remplir tous ses devoirs[3]. En 1716, l'intendant de Béarn, Legendre, avait deux premiers secrétaires, et quatre sous-secrétaires; il payait les deux premiers 2000 francs chacun, les autres 600 francs[4].

1. Arch. nationales, H. 190 et 1408, — Roschach, t. XIII, p. 1135.
2. En 1784, on dépense 80,906 francs à Limoges pour la reconstruction des bureaux, qui tombaient en ruines et dont l'escalier était « horrible et dangereux ». A Caen, en 1775, les bureaux sont placés dans deux vieilles maisons qu'on a été obligé d'étayer. (Arch. nationales, H. 1408).
3. D'Aube, Mémoire, p. 15.
4. Bibl. nationale, fr., 11381.

Cependant, sous Louis XVI, les employés étaient nombreux et mieux rétribués dans les grandes intendances. A Dijon, on comptait quatre bureaux : le premier était chargé des affaires générales, de l'industrie et du commerce; le second, de l'administration des villes et des ponts et chaussées; le troisième, des communautés villageoises; le dernier, des affaires militaires, du domaine, des messageries et de la statistique [1]. Ils comprenaient, comme en Languedoc, 17 employés, payés 29,000 fr., tandis qu'en Bretagne, on n'en comptait que 15, touchant seulement 17,697 fr. Les bureaux de l'intendance de Champagne renfermaient aussi 17 employés, pour lesquels, les frais et gratifications montaient à 26,100 fr.[2]. A Paris, les frais de bureau s'élèvent à 120,880 fr.[3].

Les commis, comme les chefs, étaient nommés par l'intendant; la province participait pour une part plus ou moins large à leur traitement[4], qui variait selon les grades et qui n'était que 6 à 800 livres pour les commis. En 1776, les états de Bourgogne donnaient, dans ce but 12,666 fr.; en 1785, 18,000. Des remises étaient faites aux secrétaires, aux com-

1. Garnier, *Inv. Arch. Côte-d'Or*, Intr., p. xi. — Arch. nationales, H. 190.
2. *Procès-verbal de l'Assemblée provinciale de Champagne*, p. 88.
3. A. de Boislisle, *Mémoires des Intendants*, t. I, p. xcii. — Les bureaux sont divisés en trois : Justice, Police, Renvois.
4. Les traitements des commis et des subdélégués étaient inscrits pour 622,740 francs au budget de l'État de 1789. (Vte de Luçay, *les Assemblées provinciales*, p. 47.)

mis sur certaines adjudications; on s'efforça de les supprimer. En 1768, les états de Languedoc votèrent 6,000 francs pour tenir lieu des rétributions qu'ils retiraient des adjudications d'octroi, qui devaient se faire désormais devant les conseils des communautés[1]. Les villes leur faisaient aussi des présents, qui devenaient des annuités. Des intendants voulaient réprimer les abus qu'entraînait cet usage. Raymond de Saint-Sauveur déclara à ses employés que si l'un d'eux recevait la « moindre somme appelée aubaine ou droit du bureau, autre que celles qui étaient connues et approuvées du ministre pour composer la solde des bureaux, il serait congédié après restitution[2]. »

Les commis de l'intendant participaient quelque peu de son pouvoir et de son influence. Comme lui, on les craignait et on les flattait. En 1726, le créancier de l'un d'eux ne peut trouver aucun huissier qui veuille lui faire signification de payer une dette de 900 francs. Si leurs fonctions étaient incompatibles avec la profession d'avocat, elles les exemptaient du tirage de la milice. On leur accordait aussi certaines faveurs, comme les croix de chevaliers de

1. Arch. nationales, H. 139, 190, 748. — A Tours, la dépense des bureaux monte à 15,000 francs (Chevalier, p. 49.) — Une note est payée en 1683 pour frais de bureau à un imprimeur; elle monte à 501 fr. 25 dont 10 mains de papier coupé, 1 l. 10 s; de nombreux registres, 12 portefeuilles de carton avec attaches de cuir, etc. (Arch. nationales, G 7, 102.) — Inv. Arch. Lot, C. 216.
2. R. Guinodie, Histoire de Libourne, t. II, p. 145. — Compte rendu de l'administration de M. Raymond de Saint-Sauveur, p. 118.

l'Éperon qu'attribue, en 1707, l'archevêque d'Embrun à deux des secrétaires de l'intendance de Dauphiné, et que ceux-ci demandent au ministre l'autorisation de porter[1].

A la tête des bureaux se trouvait le premier secrétaire, qu'on pourrait comparer au secrétaire général de nos préfectures, tandis que l'intendant avait, comme les préfets, un secrétaire particulier, qualifié d'ordinaire sous Louis XV de chef de cabinet. Celui-ci était payé sur les fonds de l'État et en partie de la province; ses émoluments étaient assez variables; dans le Hainaut, il touche 6,349 fr. tandis qu'en Bourgogne, il n'en reçoit que 2,400. Le premier secrétaire était un personnage d'une certaine importance. Il a 10,000 francs à Dijon; 8,286 francs à Valenciennes[2]. On accuse en Lorraine les secrétaires de s'enrichir en dix ou quinze années, sous la pluie d'or qu'ils reçoivent[3]. Les émoluments de ces agents avaient beaucoup augmenté depuis Louis XIV, où il ne leur était alloué que 1200 francs par l'État[4]. Plusieurs étaient logés à l'intendance ou dans ses dépendances. C'était d'ordinaire des anciens avocats ou des subdélégués qui

---

1. Bibl. nationale, fr., 8366 et 8450. — *Traité des Droits...* 1787, t. III, p. 448-50.

2. L. Legrand, p. 128. Le chef de bureau des finances a 4,036 fr; celui de la guerre, 3,600 francs. — Le traitement des secrétaires particuliers figure au budget de l'État, en 1789, pour 30,240 francs. — A Châlons, il reçoit de la province un supplément de traitement de 3,000 francs. (*Pr. V. Ass. provinciale*, p. 87.)

3. Mathieu, p. 210

4. Arch. nationales, H. 190.

avaient fait leurs preuves de capacité. Quelques-uns passaient d'une province à l'autre, soit appelés par l'intendant, soit pour suivre celui auquel ils étaient précédemment attachés. Lorsque de Brou vint à Dijon en quittant Moulins, il amena avec lui son premier secrétaire; celui de Dijon, qui avait été précédemment en Bretagne, se trouva dès lors sans place; on lui accorda une gratification annuelle « jusqu'à ce qu'on trouvât à l'employer, aux intentions du ministre. » Un secrétaire destitué avait également droit à une indemnité. En 1784, celui de Bourgogne, qui n'avait été en place que dix-sept mois, reçut 2,000 francs pendant deux ans sur les fonds des bureaux.

Ce fut seulement vers le milieu du dix-huitième siècle qu'on se préoccupa d'assurer la conservation des archives de l'intendance. En 1714, D'Aguesseau emportait avec lui celles du Languedoc, qui périrent dans un incendie par l'imprudence d'un secrétaire. Celles d'Amiens étaient abandonnées dans un local humide, à tel point que lorsqu'on voulut les transférer dans une construction nouvelle, elles tombèrent en pourriture. En Bourgogne et en Dauphiné, elles furent conservées longtemps dans le bureau des finances[1]. Le bureau des finances de Grenoble demandait en 1740 l'agrandissement du

---

1. Roschach, t. XIII, p. 541. — Garnier, Intr., p. xiii. — (Bibl. nationale, fr., 8467.) Le bureau des finances de Grenoble demandait en même temps au roi de l'autoriser à brûler ses papiers inutiles, tels que les rôles de la capitation jusqu'en 1720, et tous les papiers de l'ancien dixième.

local qui contenait ses archives et celles de l'intendance. En Bourgogne, l'intendant fit demander à tous les subdélégués un inventaire méthodique de leurs archives ; mais il ne fit pas faire l'inventaire des siennes, qui depuis la fin du dix-septième siècle n'étaient plus confondues avec celles du bureau des finances[1].

Grâce à la sollicitude des intendants du dix-huitième siècle, la plupart des papiers des intendances forment aujourd'hui l'un des fonds les plus considérables et les plus instructifs des archives départementales. Leurs liasses, analysées dans de consciencieux inventaires imprimés, attestent l'activité, l'universalité de connaissances, la sollicitude presque toujours éclairée des administrateurs qui en ont fourni les éléments. « Les intendants, disait en 1738 le maître des requêtes d'Aube, sont les correspondants nécessaires de tous les ministres du roi ; » et doivent « être prêts à répondre promptement et discrètement à toutes les questions qu'il leur voudra faire. » Ils doivent en même temps transmettre leurs ordres et faire exécuter leurs lois. Aussi quelle activité ne leur faut-il pas ! Legendre prétend que depuis un an qu'il est dans le Béarn, il « a travaillé comme un galérien, passant douze heures par jour dans son cabinet, sans avoir connu aucun plaisir[2]. »

1. Arch. nationales, H. 190. — A Bordeaux, on alloue 850 fr., en 1776 à deux individus chargés de l'arrangement des archives de l'intendance. (*Inv. Arch. Gironde*, C. 2482.) — L'inventaire de celles de Montpellier fut dressé en 1787. (*Inv. Arch. Hérault*, Intr., p. xvii).
2. Bibl. nationale, fr., 11381.

D'Aube, qui a été deux fois intendant, déclare qu'il « a travaillé dans le courant sept à huit heures par jour, jusqu'à quatorze ou quinze heures, quand cela a été nécessaire; » qu'il a été aidé gratuitement par diverses personnes et qu'il « n'a pas fait tout ce qu'il croyait être de son devoir, faute d'un nombre suffisant de bons subalternes[1]. »

Que de dépêches l'intendant reçoit de la cour, des subdélégués et d'autres fonctionnaires! elles sont transportées gratuitement de la cour; on peut lui en envoyer franc de port, ainsi qu'à son premier secrétaire; mais aucune franchise n'existe en **1717** pour les lettres adressées aux élus, aux procureurs du roi, aux prévôts des maréchaux, aux receveurs des tailles. En **1720**, dans certaines généralités, comme celle de Bourges, il n'y a qu'un seul chemin desservi par les courriers de la poste; un seul messager par semaine relie la ville principale aux autres; il est donc nécessaire d'envoyer à chaque instant des exprès, souvent peu exacts, et qui coûtent 2,000 francs par an[2]. Outre les lettres d'une nature particulière et confidentielle, ce sont des circulaires, des édits, des déclarations, des arrêts du conseil en grand nombre[3], qu'il importe de faire parvenir le plus promptement possible à leur destination. Tout vient aboutir

---

1. D'Aube, p. 16. (Bibl. nationale, fr., 21812.)
2. Bibl. nationale, fr., 8455, 11372. — Arch. nationales, G⁷, 130. — A. de Boislisle, t. III, n° 1367.
3. On publie même dans les intendances du centre des arrêts du conseil, déchargeant de droits de douane des morues sèches provenant du cap Breton ou interdisant l'entrée dans le royaume des sardines étrangères. (Bibl. nationale, fr., 11371 à 11383.)

aux bureaux de l'intendance, et tout rayonne autour d'eux dans la généralité; ils reçoivent l'impulsion de Paris et la transmettent autour d'eux.

Il ne leur suffit pas d'accuser réception aux ministres des actes de l'autorité et des textes de loi qu'ils reçoivent; pour qu'ils soient répandus, publiés et même affichés dans les paroisses, il faut les faire imprimer à des centaines et même à des milliers d'exemplaires[1]. L'imprimerie a été un des facteurs opportuns et nécessaires de la centralisation; le travail des commis, même si leur nombre avait quintuplé, n'aurait pu suffire à copier en quantité utile les actes du pouvoir central et provincial, qu'il fallait faire connaître presque simultanément dans toutes les localités de la circonscription administrative. Les circulaires s'ajoutaient aux ordonnances, aux arrêts, aux tableaux de statistiques, quelquefois d'une dimension si considérable, qu'un imprimeur se plaignait de n'avoir pas de châssis assez grands pour les faire, et que l'intendant en était réduit à s'adresser à Paris[2]. Les impressions étaient payées dans les pays d'élections par les fermiers des domaines ou par le trésor royal[3].

1. Dès 1683, on fait imprimer à 7 ou 800 exemplaires des billets pour envoyer dans les paroisses, sur les procès de surtaux; des arrêts du conseil sur les dettes des communautés, à 2,500 exemplaires, des ordonnances sur la vérification de ces dettes. (Arch. nationales, G[7], 102.)
2. A Bourges, en 1716. Bibl. nationale, 11373. — D'Aube recommandait les états à colonnes, dont l'usage était assez nouveau en France (p. 627.)
3. En 1716, on devait 9,248 l. à l'imprimeur de l'intendant de

Les commis étaient assez occupés à transcrire les accusés de réceptions, les documents statistiques qu'ils étaient chargés de recueillir et de coordonner, les mémoires plus ou moins étendus que l'intendant ou le premier secrétaire rédigeait, la correspondance générale et locale. La monarchie administrative de Louis XIV et de ses successeurs veut tout connaître ; plus la centralisation s'affermit, plus elle veut être renseignée sur l'état matériel et moral de la province. Elle exige de ses intendants des lettres mensuelles sur les contributions et les travaux publics ; elle leur demande des mémoires sur des sujets particuliers et sur les mœurs même de la province. Avant la grande enquête de 1697, suscitée par l'influence du duc de Bourgogne, on en trouve de partielles, qui présentent un intérêt semblable. Le mémoire qui fut envoyé au roi en 1664 par Charles Colbert, intendant de la généralité de Tours [1], en

Champagne, qui n'avait rien reçu depuis 1713. (Bibl. nationale, 11372.) Les frais d'impression de l'intendance de Pau se montent en 1786 à 13,596 l., en 1788 à 5,107 l. Citons parmi les articles qui figurent dans le mémoire de l'imprimeur : 2,000 circulaires pour prévenir les communautés que l'intendant retiendra dans ses bureaux les requêtes, lorsqu'elles auront reçu jugement ; 12,000 exemplaires de l'état du prix des grains, à plusieurs colonnes ; (à 160 l., les 4,000) ; 400 exemplaires de l'arrêt du conseil, en placard, qui défend de donner le nom de bourreau à l'exécuteur de la haute justice ; 2,000 exemplaires de l'ordonnance sur la destruction des chenilles ; 500 de celle qui défend de tenir des baudets sans une permission de l'inspecteur des haras ; 4,000 états des juments et pouliches ; 4,000 états des salaires payés aux témoins ; 1,800 sur le nombre des naissances, etc. (Arch. nationales, H. 1167.)

1. Chevalier, Intr., p. 1. — Pierre Clément, *Histoire de Colbert et de son administration*, t. II, p. 5. — Les rapports de Charles Colbert ont été publiés par MM. de Sourdeval et Ch. Marchegay.

est la preuve. Citons aussi celui qui fut rédigé en 1688 sur « les mœurs des peuples de la généralité de Montauban. » Il signale comme un trait de leur caractère qu'ils ont de l'esprit, mais souvent aux dépens du jugement, « que la noblesse a des équipages minces » et qu'il n'y en a pas de plus mal montée en France, que « les femmes ont de la liberté, » mais que « la galanterie est plus dans la tête que dans le cœur. « L'esprit des paysans, selon le mémoire, tient de la vivacité du climat; mais « il semble que leur corps ait contracté de la lenteur avec les animaux qu'ils conduisent; car tout le labourage et les voitures se font avec des bœufs[1] ». J'ai cité ces passages pour montrer jusqu'à quel point s'étendaient la curiosité du gouvernement et la perspicacité de ses agents.

On sait que les mémoires, rédigés par les intendants en 1697, ont été analysés longuement par le comte de Boulainvilliers dans son *État de la France*, et qu'il en existe en outre dans les dépôts publics d'assez nombreuses copies manuscrites[2]. Ce ne furent pas les seuls qui furent demandés; les membres

---

1. Mémoire de Le Bret. Bibl. nationale, fr., 8833. Voir aussi le *Compte rendu* de Raymond de Saint-Sauveur, p. 54. Ces mémoires sont à comparer à ceux que le Consulat demanda aux préfets en 1801 et qui furent imprimés en grand nombre.
2. A. de Boislisle, *Note sur les Mémoires dressés par les intendants en 1697*. Ann. Bull. de la Société de l'hist. de France, 1873. — M. de Boislisle a commencé par le *Mémoire* de l'Ile-de-France la publication complète et annotée de ces mémoires, documents précieux sur la situation de la France, à la fin du dix-septième siècle. — *Journal officiel*, du 3 avril 1880.

du conseil des finances en 1716, les contrôleurs généraux Le Pelletier des Forts en 1726[1], Orry en 1745, Machault en 1754, Bertin en 1762, Laverdy en 1764, provoquèrent des mémoires semblables, qui, s'ils n'ont pas été conservés et réunis comme ceux de 1697, n'en constituent pas moins pour certaines parties de la France des documents utiles[2]. En 1787 et 1788, les assemblées provinciales demandèrent aussi presque partout des travaux analogues[3].

La connaissance des hommes et des choses est la base essentielle de toute législation et de toute administration. Lorsque Jean-Jacques Rousseau fut sollicité en 1764 de tracer un plan d'institutions pour la Corse, il ne chercha pas à les rédiger d'après les théories absolues du *Contrat social,* que les réformateurs de la Révolution voulurent appliquer dans les faits; il envoya à son correspondant une sorte de programme sur l'état administratif, économique et moral de l'île, et ce programme était analogue, dans l'ensemble et dans beaucoup de ses détails, à celui

---

1. Fontanieu recevait en 1762 des éloges pour « l'exactitude et l'élégance » avec lesquelles ses mémoires étaient composés. (Bibl. nationale, fr., 3365.)

2. Communication de M. de Boislisle à la réunion des Sociétés savantes de 1892. A l'une des séances de cette réunion, M. Dumas a donné lecture d'une étude sur un mémoire demandé par Laverdy en 1764; ce mémoire sur le Maine fut rédigé par Genty, premier secrétaire de l'intendant de Tours, d'après des réponses à un questionnaire envoyé par lui aux subdélégués et aux curés; celui qui concerne la Touraine avait été publié par l'abbé Chevalier. (*Bulletin historique du Comité*, 1892, p. 318 à 324.)

3. *Lettres à M. Buttafuoco sur la législation de la Corse.*

qui avait servi à la rédaction des mémoires des intendants.

La plupart de ces mémoires contiennent des évaluations plus ou moins approximatives du chiffre de la population. Aucun recensement général et méthodique n'en fut fait sous l'ancien régime; cependant à diverses reprises, on chercha à se rendre compte avec une exactitude relative de celle que contenaient les provinces. En 1672, Colbert demandait qu'on lui envoyât tous les ans un état, par paroisses, des hommes au-dessus de 15, de 25 et de 45 ans, des femmes et des filles, des bestiaux, des terres cultivées et incultes[1]. Des dénombrements furent faits à l'époque de l'établissement de la capitation, de même que dans les pays de gabelles, on dressait, sous le nom de sextés, des listes des personnes assujetties à faire une certaine consommation de sel[2]. Dans le cours du dix-huitième siècle, on se préoccupa davantage de cette question[3]. En 1757, Voltaire écrivait

1. Colbert, *Lettres*, t. IV, p. 71.
2. En 1688, on demande en Franche-Comté un recensement par feux, maisons, femmes, enfants, valets, servantes et bétail. (Boussey, *la Franche-Comté sous Louis XIV*, p. 221.) — Des recensements furent faits dans toutes les provinces de 1694 à 1700. (Vauban, *Projet d'une dixme royale*, p. 181.) — Le contrôleur général demande aussi en 1709 un dénombrement, d'après lequel on se serait contenté d'ajouter aux rôles de la taille et de la capitation les enfants, les prêtres, les religieux et les religieuses. (A. de Boislisle, t. III, n° 449.) — M. Levasseur cite d'autres recensements prescrits sous Louis XIV, en Bourgogne et dans les généralités d'Amiens et de Montauban. (*La Population française*, t. 1, p. 219.) — Sur les sextés, voir *la Population de Troyes au dix-huitième siècle*, p. 12, 13.
3. Chevalier, *Tableau de la Touraine*, p. 226 à 227.

à l'intendant de La Michodière qu'en Allemagne et en Angleterre on avait supputé le nombre des habitants par celui des naissances; que dans le canton de Berne on avait fait compter dans chaque maison la quantité des maîtres, des domestiques et des chevaux; il engageait La Michodière à suivre cet exemple[1]. En 1762, un dénombrement général fut fait par âges dans la généralité de Rouen; les procureurs de Provence en ordonnèrent un en 1765. Les deux feuilles adressées à chaque communauté d'habitants furent toutes renvoyées à l'intendant chargé d'en faire la récapitulation[2]. Mais ces opérations rencontrèrent toujours de sérieuses difficultés, tant étaient vives les appréhensions des contribuables toutes les fois qu'on leur demandait des renseignements statistiques[3].

L'augmentation de la population était un des soucis de l'administration, qui accordait des exemptions

---

1. Lettres de novembre 1757. — La Michodière, chargé par Chauvelin d'une enquête sur la natalité et la mortalité, passe pour être le principal auteur des ouvrages estimés sur la population publiés sous le nom de son secrétaire et collaborateur Messance. (Communication de M. des Cilleuls à l'Académie des sciences morales, sept. 1893.) — Terray et ses successeurs demandèrent plus tard aux intendants des relevés des naissances, des mariages et des décès. (*Inv. Arch. Marne*, C. 426... *Lot*, C. 3 à 104.)

2. Expilly, *Dictionnaire des Gaules*, t. V, p. 925 à 960. — Voir aussi sur les procédés employés pour connaître la population : Moheau, *Recherches et Considérations sur la population de la France*, 1778, liv., I, ch. v.

3. A. de Boislisle, *Correspondance des contrôleurs généraux*, t. III, n° 449. — Lalande, *Encyclopédie*, article Population. — Turgot se borna à évaluer chaque feu à cinq ou six personnes, pour ne pas « alarmer le peuple ».

de tailles aux pères de quatorze enfants vivants; les intendants devaient signaler tout ce qui pouvait favoriser cette augmentation. L'un d'eux disait que le meilleur moyen d'y parvenir était de rendre les peuples heureux par de bonnes lois[1]. C'était indiquer un remède plus spécieux qu'efficace à un mal dont les causes étaient multiples et plutôt économiques que politiques.

L'administration royale ne se règle pas par l'arbitraire; elle a la passion d'être éclairée; elle veut que ses décisions soient conformes à l'intérêt public, qui est aussi le sien, et à la justice. De là vient son désir incessant de s'instruire; de là ses demandes incessantes de mémoires et de statistiques. Tocqueville dit que « vers la fin de l'ancien régime, on envoyait aux intendants des petits tableaux tout imprimés qu'ils n'avaient qu'à faire remplir par leurs subdélégués et par les syndics des provinces[2] ». Il y avait longtemps que cet usage existait. On en citerait des exemples sous Louis XIV et sous la Régence.

En 1665, le nombre des feux et le montant de la taille sont établis et relevés par paroisses. En 1715, des intendants doivent envoyer tous les mois à Paris deux bordereaux de l'état des paiements des impôts directs; en 1716, ils adressent tous les quinze jours la pancarte des prix des grains dans la province[3]; en 1723, ce sont des tableaux sur les variations du

---

1. D'Aube, Mémoire, p. 184.
2. L'Ancien régime, p. 119.
3. Bibl. nationale, fr., 11370. — Il en est de même de 1770 à 1789. Inv. Arch. Lot, C. 294 à 335.

salaire des ouvriers, sur le prix des choses. Plus tard on en fait remplir sur le nombre des bestiaux, sur les épizooties, sur l'état des forêts, des forges, des manufactures, des récoltes, des défrichements, du vin, des denrées[1]. Vers le milieu du siècle, une nouvelle impulsion fut donnée à ces recherches sous l'influence des doctrines économiques, et les statistiques qui furent demandées à l'époque des assemblées d'élection furent plus nombreuses, plus variées et plus complètes que jamais.

L'intendant, à coup sûr, ne descendait pas dans tous ces détails et laissait à ses commis la besogne matérielle des statistiques. Sa tâche n'en était pas moins active ; il étudiait dans son cabinet les nombreuses affaires sur lesquelles il devait prendre une décision et en référer à la cour. Le plus souvent, il se contente de signer les lettres que ses commis écrivent et fréquemment rédigent ; mais il en est quelques-unes qu'il dicte, quelques-unes qu'il juge plus prudent d'écrire lui-même. Lorsque des questions de personnes sont en jeu, que des sujets délicats doivent être traités, lorsque des conflits avec des personnages ou des attaques contre son autorité se produisent, lorsqu'il sollicite de l'avancement ou des gratifications, il ne s'en fie qu'à sa plume pour éviter les indiscrétions. L'écriture des intendants est moins belle que celle de leurs commis, dont la calligraphie, au dix-huitième siècle, est souvent remarquable par sa régularité, sa netteté, sa correction ; mais on sent

---

1. D'Arbois de Jubainville, p. 156 et suiv.

davantage la vie et l'intelligence dans leurs autographes. Ils sont en relation de courtoisie avec les ministres; ils leur offrent des souhaits de nouvel an; ils échangent des compliments de félicitation ou de condoléance pour des évènements de famille; tout en les traitant avec déférence, tout en les qualifiant parfois de monseigneur, on sent qu'ils sont avec eux sur un pied d'estime réciproque que leurs relations de famille et de position expliquent, et que la possibilité de devenir ministres eux-mêmes justifie. Ajoutons qu'au besoin ils savent flatter leurs supérieurs hiérarchiques par des éloges, des présents ou des offres. Nointel envoie des perdrix rouges au contrôleur général. « C'est une rente, lui écrit-il, due par les intendants d'Auvergne. » En 1716, Martangis offre au duc de Noailles la jouissance de sa maison de campagne de Rambouillet et lui envoie par le carrosse « une pièce de sanglier, si grosse et si belle qu'il l'a crue digne de lui être présentée, » comme « une chose qui le fasse ressouvenir de son ancien gouvernement de Berry [1] ». Legendre envoie au même personnage du fromage de Roquefort et du tabac d'Espagne; il offre à sa femme du vin de Rancio [2]. Mais de pareilles missives sont exceptionnelles; la correspondance des intendants est sérieuse

---

1. A. de Boislisle, *Correspondance des contrôleurs généraux*, t. III, n° 1777. — Bibl. nationale, fr., 11373. — Déjà, en 1715, il avait envoyé un très beau saumon au contrôleur général. (Arch. nationale, G [7], 128.)

2. Bibl. nationale, fr., 11381. — En 1713, il voulait faire dresser pour lui un très beau cheval, dont il avait été gratifié par le roi d'Espagne. (A. de Boislisle, *Corr.*, t. III, n° 1491.)

comme les intérêts qui leur sont confiés; elle est naturellement décolorée et claire, comme le comportent les sujets qu'ils traitent; point littéraire de forme, mais ne manquant pas d'une certaine élévation simple, « à la fois noble et familière », dit un de leurs historiographes[1]. La multiplicité et souvent l'urgence des affaires, sur lesquelles ils écrivent, ne leur permet pas d'avoir d'autre préoccupation dans leur style que celle d'énoncer utilement leurs renseignements et leurs idées[2].

Les ministres leur demandent parfois des services particuliers; ils leur recommandent des étrangères de qualité, qui vont dans leur province « pour rétablir leur santé, » des hommes de mérite, « qui voyagent pour leur curiosité. » L'intendant, dans ce cas, s'empresse de mettre le voyageur « entre les mains d'un gentilhomme qui lui indiquera tout ce qui peut être digne de sa curiosité. » Law fait venir en 1720 un lion et divers animaux d'Afrique; le conducteur de ces bêtes curieuses a besoin de 2,000 francs pour les nourrir, et trouve des difficultés pour les amener à Paris[3]. Le Bret est prié de lever ces difficultés en Provence. Le même intendant s'entremettra pour acheter une terre au maréchal de Villars.

---

1. Boyer de Sainte-Suzanne, p. 39. — Elle a parfois une certaine verve, comme celle de Legendre, dont j'ai cité certains passages.
2. J'ai rencontré très rarement dans la correspondance des dépêches en chiffres. Legendre en envoie deux en 1717 au duc de Noailles, à l'occasion « d'écrits diaboliques » qu'il signale. L'emploi du chiffre ne paraît pas même justifié en cette circonstance. (Bibl. nationale, fr., 11381.)
3. Bibl. nationale, fr., 8826, 11377, 8899, 8917.

Le duc de Noailles charge l'intendant de Montauban de presser un père de famille de donner sa fille à un prétendant qui n'a que des dettes. En pareil cas, ce n'est pas le fonctionnaire qui agit, mais l'homme du monde, le magistrat de bonne société, qui est en relations courtoises avec ses supérieurs et serait heureux de leur être utile et agréable.

La correspondance, les audiences, les réceptions, les tournées dont nous parlerons plus loin, absorbent tout le temps des intendants. Comme d'Étigny, quelques-uns « y sacrifient leur santé ou une partie de leur santé[1]; » on croirait que, conservant leur titre de maîtres des requêtes, ils vont en exercer les fonctions par quartier à Paris; ils se consacrent au contraire assidûment à leur mission, sauf dans des cas déterminés et rares. Fontanieu, intendant du Dauphiné, est en même temps intendant du garde-meuble de la couronne à Paris; il obtient chaque année, pour le service de cet établissement, un congé de deux mois qu'il prolonge parfois jusqu'à six ou sept, pendant tout l'hiver[2]. Mais d'autres, sous Louis XIV, étaient plus assidus; Basville, comme nous l'avons vu, resta trente-cinq ans sans aller à Paris; pendant huit ans, Le Bret n'a obtenu qu'une seule fois la permission d'aller voir son père; lorsque celui-ci meurt, le ministre lui accorde un congé

---

1 Lettre du 19 décembre 1764. Arch. nationales, H. 1408.
2. Roschach, t. XIII, p. 922. — Bibl. nationale, fr., 8367,8452,8832. — Breteuil est resté trois ans à Limoges sans en sortir. (Arch. nationales, G7, 351.) Courson a été quatre ans sans aller voir son père Basville à Montpellier. (Bibl. nationale, fr., 11376.)

subordonné au retour du comte de Grignan en Provence. D'ordinaire, pour obtenir un congé, l'intendant faisait valoir que les affaires pressantes étaient terminées, que son absence ne serait pas nuisible aux intérêts de la province, que tout y était en bon ordre. Un d'eux qui renchérissait même sur la note habituelle en disant que tout était « parfaitement satisfaisant dans son intendance » s'attirait cette réponse passablement ironique de Pontchartrain : « Un département aussi heureux que celui que vous me dépeignez, cela mérite la permission que vous demandez de venir ici, afin d'en recevoir les éloges; mais M. Desmarets devrait même vous y faire venir pour tirer de vous votre secret et le communiquer à tous les intendants du royaume [1]. »

Les congés ne s'accordaient pas toujours facilement. S'il en était qui, exceptionnellement, se prolongeaient pendant six mois, comme pour Le Bret en 1689, les autres ne s'étendaient pas au delà de trois, de deux mois, d'un mois et même moins. D'Eaubonne demande quinze jours pour venir prendre soin de ses affaires à Paris. « Il est naturel, écrit-il, d'aimer son pays surtout quand on a Paris pour patrie; » quoique intendant de Soissons, il y a vingt mois qu'il n'y est venu. Martangis sollicite huit jours pour affaires indispensables : « Je ne paraîtrai nulle part, écrit-il au contrôleur général; je ne verrai personne que vous; mon voyage sera si court qu'à peine le saura-t-on dans ma province [2]. » Bou-

[1]. Depping, t. II, Intr., p. XXIV.
[2]. Arch. nationales, G 7, 128 et 424. — Bibl. nat., fr., 11373, 11370.

ville, à Orléans, réclame seulement quatre jours[1]. D'autres, qui souffrent de coliques d'estomac ou d'autres maladies, veulent être autorisés à aller aux eaux de Forges ou de Luxeuil. Un autre désire aller passer trois semaines dans une de ses terres, à onze lieues de sa résidence. Quelques-uns avouent, comme Roujat, intendant de Moulins, que s'ils sollicitent un congé, c'est pour avoir une audience du ministre, afin que leurs services ne restent pas oubliés[2]. Mais la plupart se préoccupent des intérêts de leur province, pendant leur séjour à Paris. « On y est à tout ce qui se passe, dit Raymond de Saint-Sauveur, on expédie toutes les affaires, on soutient l'activité des bureaux. » Foucault a une longue audience de Louis XIV, qu'il entretient des affaires du Béarn[3]. Les intendants étaient parfois appelés pour s'entendre avec leurs successeurs, se communiquer réciproquement des renseignements, ou pour délibérer sur des mesures communes à prendre afin de « soulager les provinces », comme en 1740, où le marquis d'Argenson signale la présence de presque tous à Paris, et en 1786, où Calonne les réunit pour étudier les moyens d'arriver à l'abolition et au rachat de la corvée[4].

Pendant leur absence, la direction des affaires courantes et la signature de la correspondance étaient confiées parfois au premier secrétaire, et

---

1. Arch. nationales, G 7, 414; H. 190.
2. *Compte rendu*, p. 91. — Foucault, *Mémoires*, p. 112.
3. *Mémoires*, t. II, p. 417.
4. A. de Boislisle, t. III, n° 76. — Boyer de Sainte-Suzanne, p. 402.

plus souvent, au dix-huitième, à un subdélégué général. D'après un pamphlet du temps de Louis XVI, le premier secrétaire, qu'on qualifiait de sous-satrape, administrait et commandait, en l'absence de son maître, tout aussi bien qu'il aurait pu faire. « Il habitait le même palais, disait-on ; il copiait la dignité de son maintien et l'importance mystérieuse de ses airs, et son revenu montait à près de 20,000 livres [1]. » Les subdélégués généraux, qui se rencontrent en assez grand nombre au dix-huitième siècle, étaient souvent des trésoriers de France, des avocats du roi au bureau des finances, des commissaires des guerres. Tel fut le trésorier Jomairon, qui suppléait à Grenoble Fontanieu tandis que celui-ci s'occupait du garde-meuble et de l'intendance de l'armée ; pour prix de ses services, Jomairon obtint un logement et une pension. En cas de vacance de la place, le subdélégué général remplissait l'intérim. En 1765, le ministre écrit à celui de Nantes pour lui recommander un intendant nouvellement nommé et le prier de lui prêter le secours de ses lumières[2]. Plus tard, on réalisa partiellement le projet

---

1. *Le Roi voyageur ou examen des abus de l'administration de la Syrie*, 1784, p. 27. — Les subdélégués généraux hésitent cependant à prendre des décisions en l'absence de l'intendant, et préfèrent en référer au conseil. (Arch. nationales, G. 2053.)

2. Arch. nationales, G 7, 111 ; H. 546. — Bibl. nationale, fr., 8822, 8907, 8372 à 76, 11373, 11374. — Vte de Luçay, *Assemblées provinciales*, p. 47. — Un intendant de Picardie a même deux subdélégués généraux. (Sainte-Suzanne, p. 181.) — Quelquefois, le subdélégué général suivait l'intendant dans ses différentes résidences, comme Brulley de Saint-Seine, qui accompagna La Michodière à Lyon et à

que l'on avait eu, en **1715**, de donner des adjoints aux intendants; il y avait en **1789** deux intendants adjoints et deux sous-intendants; tous quatre étaient maîtres des requêtes, et trois d'entre eux étaient fils des titulaires [1].

Rouen. (Des Cilleuls, *loc. cit.*) Le dernier subdélégué général de Pau fut préfet sous l'empire. (Raymond, *Inv. Arch. Basses-Pyrénées*, p. 57.)

1. L'édit de juillet 1787, qui réunit les intendances de Pau et de Bayonne aux intendances voisines, plaça à leur tête deux sous-intendants, avec 12,000 fr. d'appointements et 6,000 fr. de frais de bureau pour chacun. (*Traité des droits*, p. 440.) — En 1764, Guignard de Saint-Priest fut donné pour adjoint à son père, intendant de Languedoc depuis 1751. En 1779, ils administrent tous deux « conjointement » la province. Le fils succède au père en 1785. (E. Thomas, *Inv. Arch. Hérault*, Intr., p. XIII et XIV.)

CHAPITRE III

LES TOURNÉES ET LES SUBDÉLÉGUÉS.

Chevauchées des maîtres des requêtes. — Nécessité pour les intendants de se rendre compte de tout par eux-mêmes. — Colbert et les tournées. — Durée des tournées. — Voyages spéciaux. — Rapports avec les populations. — Droit de subdélégation. — Subdélégués. — Leur nombre. — Leurs attributions. — Leurs droits. — Correspondances et renseignements. — Révocations. — Conflits. — Offices et gages. — Honoraires et traitements. — Anoblissements. — Correspondants en Auvergne.

La tradition des chevauchées des maîtres de requêtes se conserva dans les tournées annuelles des intendants. Colbert avait renoncé, en 1663, aux maîtres des requêtes enquêteurs ambulants, en ordonnant aux intendants de faire deux tournées par an. On prescrivit encore à des maîtres des requêtes, en 1686, 1687 et 1688, de se rendre dans les provinces, pour recevoir toutes les plaintes, même contre les intendants; leurs mémoires furent adressés au roi; mais comme ils faisaient double emploi avec ceux des intendants, le résultat de leurs missions fut sans importance, et l'on y renonça définitivement[1].

1. A. de Boislisle, *Revue des Sociétés savantes*, 7ᵉ série, t. III.

Une des qualités les plus essentielles des intendants, c'était de connaître dans leur département le pays, les personnes et les choses; d'étudier l'esprit et le caractère des divers lieux et cantons. Des connaissances spéciales ne sont pas seulement nécessaires pour faire un bon administrateur; il ne suffit pas qu'il soit laborieux, instruit, dévoué, impartial; il faut aussi qu'il ait de l'entregent, de la perspicacité et du tact; qu'il sache « faire à propos causer les hommes, » qu'il fasse « parler en diverses occasions beaucoup de personnes, » qu'il parvienne « à démêler les opinions des gens influents, » en ayant soin de ne point les heurter[1]. Il lui est plus facile de vérifier les faits matériels qui sont sous son contrôle que de bien se rendre compte de l'état des esprits. C'est surtout dans ses tournées que l'intendant « peut voir par lui-même tout ce qui est utile et nécessaire; » dans sa résidence, il n'est pas toujours accessible à tous : « son cerbère, prétend-on, ne laisse approcher de lui que les gens qui n'ont rien à lui dire[2]. » Dans ses tournées, s'il sait écouter les

p. 184. — Un mémoire pour les maîtres des requêtes leur prescrit de faire leur visite dans les quatre ou cinq mois. « Sa Majesté, voulant que par un travail assidu et une application extrême les divers maîtres des requêtes fassent la visite du dedans de son royaume en l'espace de sept ou huit années et se rendent, par ce moyen, capables des plus grands emplois. » A la suite de ces instructions est transcrit le mémoire de l'intendant Phélypeaux sur la généralité de Paris, 1700."(Bibl. nationale, fr., 22196.); mais ces instructions remontent à l'époque de Colbert, à 1663. (A. de Boislisle, *Note sur les mémoires dressés par les intendants en* 1697, 1873, p. 8.)

1. D'Aube, p. 109-126.
2. *L'Ami des Français*, p. 331.

plaintes, « il empêche ou réprime toutes les petites injustices que les subordonnés peuvent faire et laisser faire[1]. »

Colbert attachait la plus grande importance à ces tournées. Il en recommandait la régularité, l'utilité, l'urgence dans d'admirables dépêches. « Le roi, écrit-il aux intendants en 1681, ayant toujours en vue de procurer par tous les moyens possibles le repos et le soulagement de ses peuples, et Sa Majesté n'en trouvant aucun qui lui procure cet avantage que la visite de la généralité en laquelle vous servez Sa Majesté, elle m'a ordonné de vous faire savoir que son intention est que vous apportiez une très grande importance à cette visite, parce qu'elle veut que l'égalité et la justice dans l'imposition et le retranchement de toutes sortes d'abus servent d'un soulagement considérable à ses peuples. » Aussi presse-t-il l'année suivante un intendant de faire la visite de sa généralité, « tant, lui dit-il, pour apprendre tout ce qui se fait sur ce sujet de l'imposition de la taille que pour toutes les autres affaires dont vous avez connaissance par les mémoires de M. de Bezons et par mes lettres. » Et dans cette visite, il ne doit pas seulement s'informer de toutes les questions d'impositions, se rendre compte de l'état des finances des villes et des villages, s'occuper des haras et des étapes, il doit s'efforcer de diminuer par tous les moyens possibles les frais qui se font en la levée et collecte des tailles, « punir sévèrement les collec-

---

[1]. *Compte rendu de l'administration de M. Raymond de Saint-Sauveur*, p. 91.

teurs qui abusent de l'autorité de S. M. dans les commissions qu'ils ont pour la levée des tailles; connaître tous les désordres qui se trouvent dans la levée des droits des fermes. » Il se transportera dans trois ou quatre des principaux lieux, autres que ceux où il se sera transporté les années dernières; il y fera venir une bonne partie des collecteurs et principaux habitants des paroisses, pour s'informer avec soin de tout ce qui se passe dans la réception des commissions, la nomination des collecteurs, etc. Il les appellera les jours de fête, si c'est possible, pour ne les point détourner de leur travail; il entendra leurs plaintes sur la répartition et la collecte. Il fera plus : il examinera avec un très grand soin l'état des biens de la terre, des manufactures, la manière de nourrir les bestiaux; il empêchera qu'on ne les saisisse. Sa sollicitude se portera sur tout ce qui concerne les intérêts des populations; et Colbert attache un tel prix à l'enquête que l'intendant doit faire dans ses tournées, qu'il veut être informé de ses résultats au fur et à mesure qu'ils sont constatés. « Sa Majesté m'ordonne, écrit Colbert, de vous dire qu'elle verra par les lieux d'où vos lettres seront datées, si vous exécutez ponctuellement les ordres qu'elle vous donne[1]. »

Il ne voulait pas que ces visites, tout en se faisant régulièrement, fussent trop promptes et superficielles. En 1683, il écrit à un intendant : « Le roi a trouvé trop succinct le rapport de la visite de votre

___
1. Instructions de Colbert, 1682. (Bibl. nationale, fr., 8822, 8821.)

généralité, Sa Majesté voulant être informée, par des mémoires particuliers et en détail, de l'état auquel est chacune élection sur tous les points contenus dans la lettre que je vous ai écrite à ce sujet[1]. » Ces tournées restèrent toujours en usage, si tous les ministres n'y attachèrent pas la même importance que Colbert ; elles duraient de six semaines à deux mois, et même davantage, suivant les provinces. Dans l'intendance de Pau, en 1716, où l'intendant avait d'ailleurs trois résidences, il devait « être la moitié de l'année en route et se métamorphoser souvent, pour pouvoir concilier les mœurs et les caractères des gens avec qui il avait à vivre. » Les voyages qu'il était astreint de faire n'étaient pas toujours sans danger, car en 1716, il faillit périr dans des temps d'orage et en fut quitte pour la perte de deux chevaux de carrosse[2].

En outre, il était appelé à faire des voyages hors de sa province pour aller conférer avec ses collègues sur des mesures à prendre en commun. Les intendants de Languedoc et de Bordeaux se rendent ainsi à Montauban pour examiner avec Foucault la question des tailles réelles. Ils y restent quinze jours. L'année suivante, Foucault passe deux mois à Montpellier pour se concerter avec les intendants de Languedoc, de Dauphiné et de Provence[3]. Citons aussi, à titre exceptionnel, la mission qu'alla remplir à

---

1. Bibl. nationale, 8824. — Colbert, *Lettres*, t. II, p. 200.
2. Lettres de Legendre, Ibid., 11381.
3. Foucault, p. 76. — En 1681, cinq intendants se réunissent à Montpellier pour faire un code sur les finances. (Delort, p. 291.) En 1717, De Harlay, intendant de Pau, va conférer avec Courson à

Siam en 1685 l'intendant de Provence, chargé de la haute direction du commerce du Levant[1].

On peut comparer l'intendant, dans ses tournées, à un régisseur qui parcourt les domaines de celui qui l'emploie pour faire pénétrer partout l'œil du maître et constater par lui-même les améliorations à faire et les défauts à réparer. Il doit tout noter, le nombre des villes et des paroisses, leurs revenus, l'état de l'agriculture et du commerce, la conduite des différents fonctionnaires, la manière dont se rend la justice et se lèvent les impôts, les travaux publics à susciter et à poursuivre. Outre les voyages réguliers, il en fera de spéciaux pour vérifier par lui-même l'état des récoltes, pour étudier des travaux urgents, pour remédier à des abus ou à des désordres signalés[2]. On lui reproche de ne pas se mettre assez en communication avec le peuple, d'annoncer son voyage deux mois d'avance, de ne descendre que chez les subdélégués et les grands seigneurs; on voudrait qu'il logeât dans des fermes, avec très peu de suite[3]; mais, malgré les barrières officielles qu'il transporte partout avec lui, il est

---

Bordeaux. (Bibl. nat., fr., 11381.) La vie d'un intendant peut se passer en voyages. Boucheporn, nommé d'Ajaccio à Auch, retourne en Corse installer son successeur, fait une tournée du comté de Foix à Bayonne, le long des Pyrénées, tient les états de Bigorre, de Foix, du Nébouzan, de Béarn, de la Soule; fait la visite de toutes les eaux de son département. Depuis trois ans, il n'a pas eu un instant de repos; il sollicite un congé en 1788. (Arch. nationales, H. 1166.)

1. Comte Le Bret, *Maison Le Bret*, p. 46.
2. Bibl. nationale, fr., 11371, 11373.
3. *L'Ami des Français*, p. 170.

bien des faits qu'il peut entrevoir et qui lui échapperaient complètement, s'il ne visitait de temps en temps les diverses localités de son département.

L'impossibilité où il est de le parcourir constamment et de se trouver à la fois dans les diverses régions de sa province, l'oblige à déléguer une partie de ses pouvoirs à des agents, qui l'informent de tout ce qui se passe et le mettent à même de prendre ou de provoquer des décisions raisonnées. De là, l'institution des subdélégués, qui se fit comme celle des intendants par la force des choses, et qui remonte à l'époque où l'autorité de ceux-ci devint permanente. La commission de Claude Vignier en 1636 lui donne pouvoir « de commettre et subdéléguer en Champagne pour l'exécution de la présente, au cas où il n'y pourrait vaquer, tel des officiers du roi ou autres personnes que bon lui semblerait [1]. » En 1637, l'intendant d'Amiens nomme un subdélégué à Corbie [2]. La nomination de ces agents, par la suite, dut être agréée par le ministre, à qui ils pouvaient en appeler en cas de révocation [3]. Ils furent choisis d'ordinaire, parmi les élus [4], les juges des présidiaux, même les trésoriers de France et les maires [5],

1. D'Arbois de Jubainville, p. 204.
2. Boyer de Sainte-Suzanne, p. 270. — Merlin donne deux textes de commissions de subdélégués en 1771 et 1773. (*Traité des droits,..* t. III, p. 145, 146.)
3. A. de Boislisle, *Corr. des contr. gén.*, t. III, n° 1084.
4. Les états de Mâconnais se refusent en 1709 à recevoir un élu, parce qu'il est subdélégué. (*Ibid.*, n° 531.) — Dans le Roussillon, ces places sont données aux viguiers. — *Inv. Arch. Lot*, C. 108.
5. *Nouvelles recherches sur la France*, 1766. Plusieurs des notices de ce recueil ont été rédigées par des subdélégués.

parfois parmi des avocats et d'autres gens de loi. Leur nombre dépendait de l'importance de la province, de la convenance et de la volonté de l'intendant. On pouvait en établir et en supprimer suivant les besoins. C'est ainsi qu'en 1735 les communautés qui dépendaient du gouvernement de Mont-Dauphin demandaient avec instance le rétablissement d'une subdélégation supprimée, tandis que d'autres influences se manifestaient pour le maintien de la suppression [1]. C'est ainsi que la subdélégation de Vesoul, qui se composait de plus de 500 villages, fut successivement divisée par plusieurs intendants en deux, en trois, puis ramenée à deux, enfin à l'unité; ce qui suscita de vives plaintes de la part des administrés [2]. Généralement, il y eut un subdélégué dans chaque chef-lieu d'élection, de diocèse ou de viguerie. Mais les élections étaient d'étendue fort inégale; comme dans la généralité de Tours on en trouvait qui comptaient 344 paroisses à côté d'une autre qui n'en avait que 47, on dut porter à 24, au lieu de 16, le nombre des subdélégués. En Auvergne, leur nombre varia de 22 à 17 dans les sept élections de la généralité. En Bourgogne, chaque bailliage royal eut d'abord son subdélégué; on en compta 22, puis ce nombre fut porté à 34. En Bretagne, il y en eut 62. L'édit de 1704 en créa 54 en Provence [3].

1. Bibl. nationale, fr., 8374.
2. Arch. nationales. vol., II. 724.
3. Chevalier, *La Touraine*, p. 226. — Cohendy, *Mémoire historique sur l'administration de la province d'Auvergne*, p. 20

Leurs attributions pouvaient être très étendues. Une commission donnée par un intendant en 1645 confère à un subdélégué tous les pouvoirs dont il est gratifié lui-même, notamment de rendre la justice sur les questions de finances et de contestations de gens de guerre, sauf appel[1]. Colbert n'était pas partisan de ces attributions étendues et générales; il n'admettait pas que l'intendant les conférât sans réserve. « Les subdélégués, disait-il, abusent très souvent d'un pouvoir qu'ils ne connaissent pas et qu'ils étendent autant que leurs fantaisies, leurs passions et leurs intérêts leur suggèrent. C'est un grand abus. » « Il est vrai, écrivait-il à l'intendant de Bordeaux, que votre commission vous donne pouvoir de subdéléguer; mais l'intention du roi n'a jamais été que pour des affaires momentanées. » Aussi recommandait-il de se servir le moins possible de ces agents, d'en restreindre le nombre, et de ne point leur donner d'autorité judiciaire, si ce n'est pour l'instruction. « Ils ont, disait-il, des intérêts particuliers, des affections ou des haines, qui ne conviennent pas pour rendre la justice. » Il recevait souvent des plaintes de leur conduite, et il voulait que les intendants l'examinassent avec grand soin. En 1688, Le Pelletier se plaignait des subdélégués, qui ne devaient rien prendre des par-

---

à 41. — Lamare, *Inv. Arch. Côtes-du-Nord*, Intr., p. 40. — Turgot voulut en 1709 réduire de 31 à 21 les subdélégués de la généralité de Moulins. (A. de Boislisle, t. III, n° 564.) — En Corse, il y a dix provinces et douze subdélégations. (Arch. nationales, K. 1228.)

1. Garnier, *Inv. Arch. Côte-d'Or*, p. XII. — Du Bouëtiez de Kerorguen, t. I, p. 214. — Marchand, p. 124.

ties et faisaient souvent des procédures irrégulières[1].

Les subdélégués n'en subsistèrent pas moins, parce que leurs fonctions étaient utiles et même nécessaires. Surtout avec la difficulté des moyens de communication, il était indispensable que les intendants, dont les départements étaient souvent très vastes, eussent de tous côtés des auxiliaires capables de les renseigner et de les seconder. Ces auxiliaires remplissent auprès d'eux le rôle qu'eux-mêmes jouent auprès du pouvoir royal. Ils sont essentiellement révocables, et peuvent voir étendre ou diminuer leurs pouvoirs selon la volonté de l'intendant, qui les donne ou les retire. Choisis parmi les magistrats et les hommes de loi, ils n'ont aucune prérogative, aucune préséance parmi les autres magistrats, à moins qu'une commission particulière ne leur donne le droit de représenter l'intendant dans une circonstance déterminée. Il en fut de même du droit de rendre la justice; l'usage s'établit qu'ils ne pouvaient l'exercer que dans des cas spéciaux, en vertu d'instructions spéciales; d'ordinaire, ils n'avaient que le droit de référer[2].

1. Colbert, *Lettres*, t. IV, 108. — Sainte-Suzanne, p. 29-30. — Bibl. nationale, fr., 8824. — Foucault, p. 42 et 220. — En 1715, un procureur général à la cour des aides de Paris se plaint des subdélégués, qui sont « gens très dangereux et maîtres absolus dans les provinces. » (A. de Boislisle, *Correspondance des contrôleurs généraux*, t. III, n° 1776.) — Colbert recommandait aussi de choisir les subdélégués en dehors de la province (Comte Le Bret, p. 45). — Clément, *Hist. de Colbert*, t. II, p. 11, 12.
2. *Mémoire sur les fonctions des subdélégués d'intendance.*

Toutes les autres matières d'administration, qui étaient du ressort de l'intendant, étaient dans leurs attributions; ils informaient, ils transmettaient et au besoin ils exécutaient. Ils prenaient part aux opérations de la répartition et de la levée des impôts, à la surveillance des travaux publics, des affaires des communautés, des logements et des approvisionnements militaires, au tirage au sort de la milice, à la police, aux encouragements à donner à l'agriculture, au commerce et à l'industrie; ils devaient se préoccuper des questions qui intéressaient la subsistance et la santé du peuple, l'instruction, la tranquillité publique, les mœurs et la religion; enfin, ils veillaient à l'exécution des lois et des édits qui leur étaient transmis souvent par exprès. Leur correspondance, d'ordinaire très suivie avec l'intendant, jouissait de la franchise postale, à partir de 1705[2].

Leurs fonctions ne sont pas une sinécure. A chaque instant, ils ont des états à remplir, des renseignements à envoyer. En 1705, on prie les intendants d'envoyer des faits divers à la *Gazette*, et naturellement les intendants s'adressent aux subdélégués pour leur demander de leur en faire connaître[3]. Leurs archives, dont les états de Bourgogne ordonnèrent l'inventaire en **1787**, témoignent de leur zèle, de

Code de la police, 1767, t. II, p. 1 à LIV. — Voir aussi *Instruction pour MM. les subdélégués*, imp. par ordre de l'intendant de Bretagne, 1788, in-4° de 68 p. — *Inv. Arch. Ille-et-Vilaine*, C. 8.

1. Ordonnance de 246 liv. 5ˢ, pour frais d'exprès et vacations aux subdélégués du Dauphiné. Bibl. nationale, fr., 8377.
2. Lettre de Chamillard, du 7 septembre 1705. Bibl. nationale, 8881.
3. Tocqueville, *l'Ancien Régime*, p. 122.

leur intelligence et de la diversité de leurs connaissances[1].

Souvent, ils ont des missions difficiles à remplir, et l'intendant peut être obligé de les remplacer, s'ils manquent des aptitudes nécessaires. En 1711, le subdélégué de Cahors est révoqué, parce qu'il « ne sait, dit l'intendant, ni lire, ni écrire, ni parler, » et que c'est « un parfait imbécile ». En 1725, l'intendant de Languedoc n'hésite pas à révoquer le subdélégué de Toulouse. « Il faut, dit-il, des qualités spéciales pour savoir conduire les esprits... » Parfois aussi les subdélégués sont en lutte avec les évêques et les magistrats; celui de Nimes cherche à rendre moins onéreuse à la population « la despoticité » de l'évêque; l'intendant le soutient énergiquement, comme il soutient celui de Carcassonne, qui rencontre les mêmes difficultés[2]. En 1727, celui d'Entrevaux signale « l'oppression tortionaire » qu'exerce sur lui l'évêque de Glandève. Celui-ci veut faire chasser le cuisinier du subdélégué, parce qu'il vit en concubinage avec sa servante; il le fait poursuivre pour des faits plus sérieux, et condamner par le parlement d'Aix pour avoir perçu des frais qui ne lui étaient pas dus comme juge royal[3]. Ailleurs, ce sont des querelles de compétence avec les tribunaux ordinaires. Un joueur de violon ayant insulté un maître de poste, le subdélégué s'en empare, malgré les pour-

---

1. *Inv. Arch. Côte-d'Or*, C. 414.
2. A. de Boislisle, t. III, n° 1084. — Roschach, t. XIII, p. 1000 et 1011.
3. Bibl. nationale, f. fr., 3840.

suites ordonnées par le bailliage de Vienne, parce qu'une insulte à un maître de poste est de la compétence de l'intendant[1]. Leurs rapports avec les officiers de l'armée soulèvent aussi des difficultés. Un subdélégué ayant été chargé de transmettre à des officiers l'ordre de rejoindre leur corps, reçut de l'un d'eux une réponse dont il fut piqué. L'intendant d'Aix essaya d'arranger l'affaire. « Le subdélégué, écrivait-il, au contrôle général, a droit à des excuses. Sans doute, ajoutait-il, ce sont des bagatelles; mais on y est si sensible en Provence qu'il faut entrer dans la faiblesse du pays, quand c'est par rapport au service qu'on a reçu une insulte[1]. » En 1716, le subdélégué de Longwy est attaqué par le gouverneur. « S'il était condamné, écrit l'intendant de Metz, Harlay de Cély, le subdélégué serait ruiné et perdu, et l'intendant déshonoré dans l'esprit ». Ils obtiennent gain de cause; mais l'intendant écrit au gouverneur que le subdélégué « ira le voir et s'efforcera de lui plaire[2] ».

Les charges de subdélégués furent érigées en offices en 1704. Quoique ces offices dussent être donnés au choix, et non aux enchères, cette mesure, qui précisa leurs attributions[2], changea le caractère de leurs fonctions, qui devenaient indépendantes de

1. Bibl. nationale, fr., 8454, 8882. — Voir *la Vie militaire sous l'ancien régime*, t. II, p. 235 à 237. — Sémichon, *Histoire d'Aumale*, t. I, p. 267 à 270.

2. Bibl. nationale, fr., 11382. — En 1708, le ministre révoque, malgré les protestations de l'intendant, le subdélégué de Moissac qui a été en lutte avec l'avocat du roi. (A. de Boislisle, *Correspondance*, t. III, n° 68.)

l'autorité des intendants.[1] Elles ne furent pas très recherchées d'ailleurs. Dans le Béarn, on en demandait 10,000 francs; on en offrait 3,000. Les gages devaient être taxés à raison d'un denier par livre des tailles. En Provence, un grand nombre ne se vendit pas; les autres furent adjugées à des prix variant entre 24,000 et 3,000 francs. Dans la partie montagneuse de la province, l'intendant doutait qu'on trouvât des acquéreurs. En 1712, on demande aux titulaires des sommes assez élevées, différentes selon l'importance de leur charge, sous le prétexte de leur donner des augmentations de gages. De nouvelles prérogatives, comme celle de présider les assemblées des hôtels de ville en Provence, leur furent accordées à cette occasion. Toutes ces mesures, qui étaient motivées par des expédients financiers, entraînèrent pour l'administration des inconvénients auxquels on remédia en 1714 par le remboursement des offices. Les intendants rentrèrent dès lors dans le droit, qu'ils exercèrent jusqu'en 1790, de nommer eux-mêmes leurs subdélégués et de les choisir parmi les hommes « les plus capables de les soulager et de les servir[2] ».

Pendant longtemps, les fonctions des subdélégués furent plutôt honorifiques que lucratives; elles étaient remplies par des hommes considérés dans leur pays, jouissant par eux-mêmes et par leur famille d'une influence réelle. En Lorraine, en Fran-

1. *Traité des droits*, t. III, p. 441. Les charges de greffiers de subdélégations le furent aussi en 1707. (*Ibid.*, p. 446.)
2. Bibliothèque nationale, fr., 8963, 8897, 8892, 8899, 8902.

che-Comté et dans d'autres provinces, ils sont recrutés parmi les officiers de justice, connaissant bien la législation et sachant rédiger leurs ordonnances[1]. Si l'on peut citer un subdélégué de Picardie, condamné à neuf ans de galères et à 10,000 francs d'amende pour concussion, exactions et violences, d'ordinaire peu de plaintes sont formées contre eux. D'abord, ils ne recevaient pas de traitements, mais des remises sur les adjudications qu'ils présidaient, des vacations pour certains déplacements, et parfois des gratifications de l'État ou de la province. « Ils recherchent leur place, dit un publiciste, pour avoir des exemptions, des privilèges, des droits, des présents... et surtout de la considération; ils ont une table bien servie, et souvent envoient pour asseoir les tailles dans les campagnes leurs commis, toujours disposés à favoriser les cabaretiers qui les reçoivent bien[2]. » L'insuffisance de leurs honoraires, suivant un intendant de Bourgogne, portait à un grand nombre d'abus; elle avilissait en quelque sorte leur travail, puisqu'elle les obligeait à tendre la main pour recevoir ces honoraires de gens qui ne les donnaient qu'à regret; elle exposait les plus honnêtes à des soupçons presque toujours mal fondés, et dégoûtait souvent des personnes distinguées par leur mérite

---

[1]. Arch. nationales, H. 724. — *Traité des droits*, etc., t. III, p. 444.

[2]. *L'Ami des Français*, p. 132. — Boulainvilliers, avec sa violence habituelle et passionnée, qualifie les subdélégués de « derniers des hommes, revêtus de tout le pouvoir de la Monarchie ». Cette institution, selon lui, « livre le peuple à l'esclavage le plus dur, la noblesse à la honte d'une dégradation continuelle, et toute la campagne

et leurs qualités de prendre ces places[1]. Aussi, quoique certains intendants fussent d'avis de ne leur donner que des gratifications proportionnelles à leurs services[2], la tendance se répandit de leur assurer des traitements fixes, comme dans les Flandres, où ils reçurent environ 1,000 et 1,200 francs chacun; comme en Languedoc, où leurs émoluments varièrent de 200 francs pour celui de Pézenas, jusqu'à 1200 pour ceux de Toulouse et du Puy; comme en Auvergne, où ils s'élèvent à 2,000 francs[3]. Ces chiffres indiquent qu'ils avaient plutôt le caractère d'indemnités que de rémunération; aussi les honoraires ne furent-ils pas totalement supprimés. Dans des circonstances exceptionnelles, les subdélégués pouvaient obtenir une pension du roi, comme celle qui est accordée en 1784 à un subdélégué que ses quarante-cinq ans de services font regarder comme le plus ancien du royaume[4]. Un autre, âgé de quatre-vingt-cinq ans, et ayant servi également quarante-cinq ans, demandait de transmettre à sa postérité la noblesse que le roi lui avait accordée personnellement. Lorsque l'édit de 1715 supprima les anoblissements accordés depuis 1689, une exception

au pillage de ces officiers et de leurs créatures. » (*État de la France*, Préface, t. I, p. v.)

1. Garnier, *Inv. Arch. Côte-d'Or*, Intr., p. 12.
2. D'Aube, p. 620 à 623.
3. Arch. nationales, H. 695. — Roschach, t. XIII, p. 1418. — Cohendy, p. 21. — Dans la généralité de Paris, 10,070 francs sont affectés aux subdélégués. (A. de Boislisle, Int., p. xcii.) — *Inv. Arch. Ille-et-Vilaine*, C. 6. — La ville de Bayonne alloue 300 fr. au subdélégué pour son logement. (Arch. nationales, H. 1164.)
4. Arch. nationales, H. 190.

fut faite néanmoins en faveur d'un subdélégué de Provence¹. L'anoblissement était pour ces agents utiles et fidèles une sorte de décoration qui pouvait être héréditaire, et qui pour beaucoup était la plus précieuse des récompenses².

On peut voir dans les subdélégués les prédécesseurs des sous-préfets du dix-neuvième siècle ; mais nos institutions actuelles ne contiennent aucune fonction analogue à celles des correspondants nommés par l'intendant, sur la présentation des subdélégués, dans certaines parties de l'Auvergne, et qui étaient chargés à peu près uniquement de la transmission des ordres dans des régions où les moyens de communication étaient difficiles³.

1. Bibl. nationale, fr., 11371. — Arch. des affaires étrangères, France, n° 1732.
2. Tocqueville dit à tort : « Le subdélégué est toujours un roturier. » (p. 78.) On en citerait beaucoup appartenant à la noblesse de robe provinciale. Voir A. de Boislisle, *Correspondance des contrôleurs généraux*, t. III, n° 588.) — On en cite qui restent longtemps en fonctions, et s'y perpétuent de père en fils. De 1707 à 1790, il n'y eut que deux subdélégués dans l'élection de Troyes, Pierre Paillot et Pierre-Jean Paillot, tous deux nobles. (D'Arbois de Jubainville, p. 21.)
3. Cohendy, *Mémoire historique sur l'administration en Auvergne*, p. 21-22.

CHAPITRE IV

LES ATTRIBUTIONS JUDICIAIRES.

Mission des intendants d'assurer l'exécution des lois. — Droit de siéger au parlement. — Juridiction des intendants. — Arrêts du conseil. — Rôle justicier sous Louis XIII. — Bellejamme en Picardie. — Apparition des parlements. — Autorité des intendants sous Louis XIV. — Recommandations de Colbert. — Utilité de la connaissance des lois. — Maximes des intendants. — Honoré Courtin. — Appui des intendants invoqué par des bailliages. — Assemblées. — Magistrats et gradués. — Causes qui leur sont déférées. — Faux et faux monnayeurs. — Modification du rôle des intendants à partir de Louis XIV. — Mission de surveillance et de contrôle. — Rapports avec les cours de justice.

L'intendant peut être regardé comme l'agent général du roi dans sa province; les attributions de l'autorité centrale lui sont déférées, sauf le commandement supérieur militaire et la décision en dernier ressort pour la plupart des affaires, notamment pour la justice ordinaire. Mais là où cette justice fait défaut, il doit y suppléer; car sa principale mission est d'assurer l'exécution des lois et de faire régner la justice souveraine dans les services publics. Membre du conseil du roi, qui se réserve la haute connaissance de toutes les matières sur lesquelles il n'a pas été établi de juges, il en est l'organe, et rend sur ces questions et sur d'autres encore des arrêts dont on peut faire appel au conseil[1].

Le texte de sa commission le lui recommande expressément, au nom du roi : « Voulons et entendons, dit le roi, que vous puissiez pourvoir à tout ce qui concerne le bien de notre service, l'observation de nos ordonnances... et le bien et le devoir de nos sujets ». Aussi lui accorde-t-il « toute juridiction qui n'est pas attribuée à quelque autre tribunal, droit d'inspection et de suite sur tout ce qui se passe dans les bureaux des finances, dans les présidiaux et dans toutes juridictions royales subalternes, pour connaître de toutes injustices, foules et oppressions que les sujets du roi pourraient souffrir des officiers et ministres de la justice, par corruption, ignorance ou autrement ». Il est même enjoint « aux substituts des procureurs généraux de lui déclarer les contraventions et abus qui auraient été commis dans l'étendue de leur ressort, même de lui justifier des réquisitions et diligences qu'ils auront faites pour la réformation des abus et contraventions[3]. » Les gouverneurs et les lieutenants doivent lui prêter main-forte; les baillis, les sénéchaux, les officiers municipaux lui obéir. En outre, il doit « faire vivre et maintenir en paix » les officiers civils et judiciai-

---

1. Mémoire de Richer d'Aube. — Voir aussi R. Dareste, *la Justice administrative en France*, chap. V.
2. Mémoire de Richer d'Aube, p. 3.
3. Commission de Choisy, 1638. D'Arbois de Jubainville, p. 208.

res, et empêcher leurs exactions et leurs concussions.

C'est donc en justicier et en pacificateur qu'il apparait, à côté des officiers de justice, représentant comme eux une part de la souveraineté, mais plus directe, plus étendue et plus active. Il a droit d'entrée dans les parlements comme dans les sièges présidiaux; dans ceux-ci, il préside, quand il le juge à propos, « quelque matière qui s'y agite ». Il a droit d'assister aux conseils que tiennent les gouverneurs, les commandants et les lieutenants généraux; il y donne son avis. Le conseil du roi peut casser les jugements des tribunaux s'ils sont contraires aux lois générales et aux coutumes; l'intendant, membre du conseil, agit en son nom; le roi, juge suprême, peut le commettre pour livrer toute contestation à sa décision, et cette décision ne peut être réformée que par le conseil. Sa juridiction ne s'étend pas seulement sur les civils, mais sur les militaires coupables de crimes de droit commun ou de désordres dont souffrent les populations urbaines et rurales[1].

Il est à remarquer que la plupart des jugements rendus par les intendants ne le sont pas en vertu de leur commission générale, mais en vertu d'arrêts du conseil spéciaux, qui leur confèrent d'instruire et de poursuivre une affaire déterminée[2].

Sans doute, l'intendant représente la force, mais la force du droit général contre la force des droits

1. D'Aube, p. 3, 4, 20. — Expilly, t. IV, p. 501.
2. *Inv. Arch. Hérault.* C. 1122 à 1370.

particuliers de la noblesse et de la magistrature. Aux débuts de son autorité, il promènera dans les armées le glaive de la justice royale, que la magistrature ordinaire n'aurait pas eu l'énergie de tenir, parce qu'elle n'aurait pas senti derrière elle l'impulsion d'une volonté supérieure. Il ira frapper les chefs coupables, à la tête même de leurs troupes; il les enverra à l'échafaud pour trahison, lâcheté, faiblesse devant l'ennemi, violences excessives. Le Maistre de Bellejamme condamne à mort et fait exécuter le gouverneur d'Arras, Saint-Preuil, parce qu'il avait laissé massacrer une garnison espagnole qui s'était rendue, et qu'il avait exercé des violences sur les habitants comme sur les officiers du roi. Saint-Preuil mourut avec noblesse, éveillant de vives sympathies autour de sa personne et de sa mémoire [1]; Bellejamme n'en avait pas moins agi, en vengeur du droit des gens et du droit public outragés.

Quand il était arrivé à Amiens en 1637, tout était en désordre : le président du présidial ouvrait les prisons comme il l'entendait; la maréchaussée n'agissait point; le lieutenant criminel fabriquait de la fausse monnaie; l'assesseur vendait la justice; le receveur des domaines spéculait sur les bois, les accaparait et les vendait à des prix excessifs. Les trésoriers refusaient de livrer des comptes à l'intendant. Il fallut que celui-ci remédiât aux abus, surmontât les résistances; et dans quelles circonstances? Au moment où la guerre et la peste ravageaient la Pi-

---

1. Boyer de Sainte-Suzanne, p. 288 à 301.

cardie, Bellejamme, intendant de l'armée comme de la province, devait juger à la fois les militaires et les civils avec une énergie que les événements imposaient [1].

On conçoit comment des fonctionnaires, investis de pareils pouvoirs, furent accueillis par les officiers qui étaient en possession de l'autorité judiciaire et militaire, à une époque où les liens de la centralisation étaient à peine serrés, comme nous l'avons vu plus haut [2]. Les parlements refusèrent d'abord d'enregistrer les commissions des maîtres des requêtes; Louis XIII décida qu'elles seraient exécutoires sans être enregistrées. Des parlements résistèrent; Richelieu cassa leurs arrêts. A Rouen, le parlement décréta d'ajournement personnel l'intendant, et d'accord avec le gouverneur, le força de se retirer des états. En 1643, il élève plus haut la voix pour protester contre sa commission, qui « est toujours au-dessous d'une cour souveraine parlant au nom du roi. » Les intendants, en robe rouge, en ceinture dorée, suivis de gardes de la prévôté, qui portent parfois le pistolet au poing [3], semblent aux yeux des cours de justice la personnification du pouvoir exécutif empiétant sur le pouvoir judiciaire. Ainsi applaudirent-elles, lorsque la Fronde triom-

1. Boyer de Sainte-Suzanne, p. 249 et suiv.
2. Liv. II, ch. II. — Hanotaux, p. 128. — De Robillard de Beaurepaire, *Cahiers des états de Normandie*, t. III, p. 417, 114.
3. Bibl. de Troyes, man. 713. — Boyer de Sainte-Suzanne, p. 226, 16, 101. — Nic. Goulas, *Mémoires*, t. II, p. 260, 311. — Roschach, t. XIII, p. 9, 421-23.

pha, à la déclaration royale de 1648 qui les supprima. « Le ministère, s'écrie le cardinal de Retz, se sentit toucher la prunelle de l'œil, » par cette mesure. Elle laissa pourtant subsister des intendants en Languedoc, en Bourgogne, dans le Lyonnais, la Picardie et la Champagne, tout en leur enlevant la levée des deniers et la juridiction contentieuse. Les services des autres avaient été trop appréciés pour que Mazarin y renonçât, et lorsqu'il eut recouvré son autorité en 1654, il s'empressa de les rétablir.

De nouvelles tentatives de résistance se manifestèrent dans les parlements. En 1659, le parlement de Bourgogne réprimanda aigrement l'intendant Bouchu, en l'accusant d'avoir en toute rencontre agi au désavantage tant du parlement que de toute la province. L'année suivante, il demanda instamment son remplacement, en rappelant qu'il avait toujours desservi « le parlement, soit en général, soit en particulier[1] ». Bouchu fut maintenu. Le pouvoir royal devait avoir le dernier mot sous le gouvernement personnel de Louis XIV, et l'autorité des intendants fut désormais incontestée.

Il fut même nécessaire de leur rappeler qu'elle avait des bornes. « Les intendants, écrivait Colbert en 1682, ont souvent prononcé des jugements et rendu des ordonnances sur des matières sur lesquelles Sa Majesté ne leur a donné aucun pouvoir... Il n'y a pas de plus grand défaut que celui-là. » Aussi avait-il déjà dit en 1674, à un autre intendant :

[1]. Bibl. de Troyes, man., 686, fol. 62 et 66

« Votre principale application doit être de bien connaître l'étendue du pouvoir que le roi vous a donné. Pour cela, il faut lire perpétuellement votre commission, comme aussi tous les articles qui parlent du pouvoir des maîtres des requêtes dans les provinces[1]. »

L'intendant devait aussi connaître les lois qu'il était chargé de faire observer, et cette tâche n'était pas des plus faciles. « Beaucoup de lois, en France, dit le maître des requêtes d'Aube, qui semblent bonnes, sont demeurées sans exécution, non par le défaut d'attention des agents chargés de les appliquer, mais parce qu'on a reconnu qu'elles n'avaient pas été étudiées avant d'être formulées. » Aussi l'intendant était-il en droit de faire observer au roi les inconvénients que pouvait entraîner dans leur province l'application de certaines lois nouvelles[2]; dans plus d'une circonstance, un édit général fut mis en vigueur dans une province, tandis qu'il ne l'était pas dans une autre. Il y avait aussi des régions où les actes de l'autorité venaient s'émousser contre les coutumes et la force d'inertie des autorités locales. « En ce pays, écrivait l'intendant de Bérulle, l'on ne connaît pas les édits et les déclarations, et nous n'en voyons aucun d'exécuté... La cour des aides ne les enregistre pas; la plupart des juges ignorent l'ordonnance[3]. » Il n'en fut pas toujours ainsi; mais le gouvernement permit souvent de contreve-

---

1. Bibl. nationale, fr., 8822. — Colbert, Lettres, t. IV, p. 109.
2. D'Aube, p. 126, 133.
3. Arch. nationales, G 7. 102.

nir par exception à ses ordres, et dans certains cas, de « faire plier doucement la loi dans tous les sens¹. »

L'intendant Bosquet, dans une harangue aux états de Languedoc, se comparait fièrement au préteur romain, faisant porter devant lui, à son entrée dans sa province, le texte des lois qui devaient diriger sa conduite; il accentuait en termes véhéments la subordination de toute affection particulière aux souveraines exigences de l'état. Plus d'un de ses prédécesseurs avait sacrifié même les intérêts de la justice, lorsque, comme Isaac de Laffemas, ils se faisaient les exécuteurs des volontés implacables de Richelieu, en présidant des commissions dont les jugements étaient dictés d'avance; mais il en était aussi qui surent résister à des ordres qui blessaient leur conscience, comme l'intendant Honoré Courtin, qui donna sa démission pour ne pas condamner à mort, d'après l'injonction du roi, un aventurier qui avait été compris dans l'amnistie de la paix des Pyrénées. Courtin quitta les intendances, mais fut employé dans la diplomatie. Son successeur, Louis de Machaut, fut plus docile; le présidial d'Amiens, qui l'assista dans son jugement, envoya l'aventurier à l'échafaud, par seize voix sur dix-sept².

Il était rare, mais il n'était pas impossible de voir les bailliages recourir à l'intendant pour faire réprimer les abus par des membres des juridictions inférieures. En 1755, le bailli du duché d'Aumont « faisait emprisonner sans sujet quantité de justiciables,

1. Tocqueville, p. 125.
2. Boyer de Sainte-Suzanne, p. 116, 122, 292 et suiv.

les écrasait par des amendes, faisait des tournées dans les villages de son ressort assisté de quantité de gardes armés, qui, de son ordre, tiraient les chiens dans les maisons, enfonçaient les portes fermées... »
Le procureur du roi du bailliage de Troyes, voulut poursuivre le bailli d'Aumont; mais celui-ci, soutenu par le duc d'Aumont, fit déclarer le bailliage incompétent et l'intima au Parlement, de telle sorte que le bailliage en fut réduit à se plaindre à l'intendant de l'impuissance où il était d'agir à l'égard d'un magistrat de village influent et protégé[1].

En général, les intendants ne jugeaient pas seuls; ils étaient assistés de magistrats des présidiaux et des sénéchaussées, ou de gradués, en nombre plus ou moins grand. Quelques-uns aimaient mieux prendre pour assesseurs des gradués que des magistrats; l'un d'eux les trouvait plus désintéressés et recourait toujours à eux, depuis qu'il avait trouvé dans une sénéchaussée trop de complaisance pour les accusés[2]..
La plupart des affaires soumises aux intendants étaient criminelles; ce n'est que par exception qu'ils étaient appelés à intervenir dans les causes civiles. Cependant, rien n'était plus varié que les causes qui leur étaient déférées : les unes touchent à l'administration des finances, à la levée des impôts, aux douanes, aux gabelles; c'est ce qu'on appellerait aujourd'hui le contentieux administratif : d'autres à la police, aux querelles, aux attroupements, au

1. Arch. de l'Aube, C. 1831. Le subdélégué, consulté, attribue l'animosité du bailliage à des querelles particulières.
2. Lettres de Le Bret, 1715. Bibl. nationale, fr., 11380.

recrutement; plusieurs à des affaires toutes personnelles, à des faillites, à des charivaris, à des successions[1], aux manufactures, au commerce.

Laffemas, en 1633, prononce en appel sur des sentences de juges seigneuriaux; il ordonne la destruction d'un libelle « plein de blasphème et de toute impiété[2] ». Pellot, en 1666, fait emprisonner et pendre des faussaires; il fait incarcérer de gentilshommes qui se mêlent de voler, d'assassiner et de battre; il poursuit des juges prévaricateurs; mais ceux-ci ont le crédit de faire déférer leur affaire à un intendant voisin, qui les acquitte[3]. En 1682, Le Bret fut chargé avec Basville de poursuivre des faux-monnayeurs devant tel présidial qu'il choisirait « afin de rendre le jugement plus authentique. » Les accusés, qui étaient des « officiers en l'élection » d'Angoulême, étaient protégés; des témoins furent soupçonnés d'avoir été gagnés; et malgré l'avis et la conviction de Le Bret, le présidial de la Rochelle prononça l'acquittement[4].

La répression des faux de tout genre, fausse monnaie, fausses commissions, faux en écritures publiques, est du ressort de l'intendant. Foucault fait pendre deux individus qui ont escroqué des marchands et des notaires avec de fausses commissions

---

1. *Inv. Arch. Hérault*, C. 1177 à 1195. — Ils jugent aussi des faillites de comptables publics. (*Traité des droits*, t. III, p. 134 à 140.)
2. D'Arbois de Jubainville, p. 198 à 200.
3. O'Reilly, *Mémoires sur Claude Pellot*, t. I, p. 361.
4. Cette affaire donna lieu à une nombreuse correspondance entre la cour et Le Bret. Dans le cours du procès, Basville fut remplacé par Foucault. (Bibl. nationale, fr., 8822.) — Foucault, p. 82.

du roi; il fait appliquer à la question et pendre un insigne faussaire[1]. Legendre va passer cinq jours à Pau pour juger des faux monnayeurs[2]; il poursuit un individu de Bayonne, qui fabrique de doubles pistoles dans un vaisseau en rade de Saint-Sébastien[3]. Un autre intendant fait arrêter deux prêtres prébendés d'Orthez qui recélaient des instruments propres à faire de la fausse monnaie[3]. On en fabriquait jusque dans les hôtels des monnaies de l'État. Un maître des monnaies d'Aix est accusé de frapper des écus au dessous du titre, de connivence avec des marchands qui les écouleront en Orient; ailleurs, un directeur est condamné à trois ans de galères et à la restitution des sommes détournées[5]. Les intendants poursuivent aussi et vont même jusqu'à condamner à mort les billonneurs, qui font, sur les frontières, un trafic interdit de monnaie avec l'étranger[4].

La fin du règne de Louis XIII et les débuts du long règne de Louis XIV, c'est l'époque pour ainsi dire tragique des intendants; surtout, sous Richelieu, ils passent dans les provinces rapidement, y faisant sentir le poids de l'autorité royale à coup d'arrêts, quelquefois meurtriers. On pourrait presque les comparer aux conquérants, qui s'établissent par la violence, et se maintiennent ensuite par la sagesse et

1. Foucault, p. 86, 51.
2. Bibl. nationale, fr., 11381.
3. A. de Boislisle, t. III, n° 189.
4. Bibl. nationale, fr., 8835. — Arch. nationales, G⁷, 104.
5. A. de Boislisle, t. II, n° 417. — Bibl. nationale, fr., 8378.

la modération de leurs lois. A partir du ministère de Colbert, ils ont moins à condamner, moins à réformer; ils administrent davantage; ils restent plus longtemps dans la même province; ils jugent encore, mais plus rarement, et leurs sentences n'ont plus le même caractère de rigueur inexorable que dans les premiers temps.

Ils conservent toujours auprès des cours de justice une mission de surveillance et de contrôle. Ils sont tenus de rendre compte au roi de leur attitude politique et de leur conduite professionnelle; ils envoient des notes sur « les intérêts et les qualités de leurs principaux officiers ». Ils doivent signaler si ceux-ci rendent la justice avec intégrité ou s'ils sont accessibles à la corruption, et dans quels cas; s'ils se sont rendus coupables « de quelque injustice manifeste qui ait tourné à l'oppression du faible, par la faveur de quelque ami, parent ou quelque autre considération aussi vicieuse ». La longueur des procès, l'excès des épices, doivent être également dénoncés par eux[1]. Lorsque Foucault fut envoyé en Béarn, il s'occupa sans relâche de réformer les abus du parlement de Pau; il stimula la négligence du procureur général, qui, pendant des années, laissait des accusés en prison sans terminer leur procès; il fit exécuter un condamné que des influences personnelles cherchaient à dérober au châtiment[2]. Un de ses collègues intervient pour faire donner une réparation par écrit à une demoi-

1. Bibl. nationale, fr., 22196. — Voir plus haut, liv. II, ch. II.
2. Foucault, p. 102, 110.

selle qui a été victime d'une arrestation arbitraire et brutale [1]. L'intendant stimule l'activité des juges. Tous les six mois, il envoie au ministre un état de tous les crimes dignes de mort ou de peines afflictives, et le ministre adresse en retour des observations sur ceux dont la poursuite a été négligée [2].

Les rapports des intendants avec les cours de justice furent souvent corrects et courtois. Lorsque Legendre prit place au parlement de Pau, il débuta par la harangue d'usage; puis il traita « toutes les affaires qui pouvaient faire quelque schisme », et les résolut à l'amiable. Après quoi, il donna à dîner à une grande partie des membres du parlement; ce qui lui permit de dire : « Nous nous sommes séparés très bons amis [3]. » Mais l'antagonisme naturel des deux pouvoirs administratifs et judiciaires se manifesta toujours, à diverses reprises jusqu'à la Révolution, par des conflits qui suscitaient de longs démêlés [4]. Plus d'une fois, les intendants eurent à faire enregistrer des édits que les cours repoussaient; ils eurent à lutter contre des hostilités ouvertes ou déguisées; s'ils échouèrent par exception, ils firent le plus souvent triompher sans violence les volontés souveraines qu'ils étaient chargés de faire exécuter.

1. *Inv. Arch. Ille-et-Vilaine*, C. 17.
2. *Inv. Arch. Côte-d'Or*, C. 396... *Hérault*, C. 1569 à 1591.
3. Bibl. nationale, fr., 11381.
4. Tels furent les démêlés de Lamoignon de Courson avec le parlement de Bordeaux en 1716. (Arch. nationales, G 7 10.)

CHAPITRE V

LA POLICE.

Juges de police. — Lieutenants généraux de police. — Contrôle des intendants sur les commissaires de police. — Enquêtes. — Police internationale. — Renseignements sur les pays étrangers. — Conflits et transactions sur les frontières. — Esprit de rébellion. — Répressions des troubles. — Police des grands chemins. — Vols à main armée. — Juridiction prévôtale. — Archers de maréchaussée. — Leur rôle. — Vagabondage et mendicité. — Dépôts de mendicité. — Liberté individuelle. — Lettres de cachet. — Actes arbitraires. — Mesures prises dans l'intérêt des familles. — Enquêtes. — Aventuriers. — Immoralité. — Injures. — Prisons d'État. — Prisons royales. — Geôliers. — Nourriture des détenus. — Prisonniers pour dettes. — Enquêtes sur les prisonniers. — Arbitrage des intendants. — Jeux. — Loteries.

L'intendant intervenait dans la police plus encore que dans la justice; car il rentrait dans sa mission de prévenir plutôt que de châtier. Sur ce terrain, il empiétait quelque peu sur les attributions des corps et des magistrats en possession du droit de faire des règlements et de les appliquer; il les en dépouillait rarement, mais il en prenait sa part, soit par le contrôle, soit par l'exécution; il provoquait sur certains points des arrêts du conseil qui lui donnaient le dernier mot quand il le jugeait utile; il abandonnait aux autorités judiciaires et municipales les questions subalternes et courantes de police urbaine et rurale ; mais il se réservait les affaires où l'État, la sécurité publique et l'honneur des familles étaient intéressés.

La police fut exercée jusqu'à la fin du dix-septième siècle par les juges ordinaires ou les officiers municipaux entre lesquels s'élevaient parfois des conflits. Pour y remédier, des offices de lieutenants généraux de police furent créés dans les principales villes, en 1699; comme ils furent souvent rachetés par les bailliages ou les échevinages[1], l'édit qui les créa précisa leurs attributions, sans cependant établir l'uniformité des juridictions. Des commissaires de police, chargés des différents quartiers d'une ville, furent placés sous leurs ordres. L'intendant avait sur eux le droit de contrôle qu'il exerçait sur tous les fonctionnaires. En 1734, celui de Grenoble demandait au chancelier d'interdire et de contraindre à se défaire de sa charge un commissaire, qui « exerçait ses fonctions avec tant de rigueur et de vexations qu'il coûtait plus cher à la ville qu'une quadruple capitation. » Sur cent procès-verbaux qu'il dressait, le procureur du roi n'en poursuivait pas le quart. Le lieutenant-général avait voulu l'in-

1. Guillaume de Chavaudon, déjà lieutenant général du bailliage et plus tard lieutenant de roi à Troyes, achète avec quatre autres magistrats l'office de lieutenant général de police, pour l'exercer conjointement avec eux. Ce marché est ratifié par lettres patentes. (*Un magistrat de province sous Louis XIV*, 1887, p. 8. Extrait de la *Revue historique*.)

terdire, mais le commissaire n'en était pas moins resté en fonctions[1]. En pareil cas, l'intervention de l'intendant, protecteur des intérêts des opprimés, était nécessaire.

C'est à lui que les ministres s'adressent lorsqu'il s'agit d'arrêter un personnage suspect, d'empêcher un acte qui pourrait avoir des conséquences internationales fâcheuses. En 1688, on signale à l'intendant de Provence un cordelier de Côme, Carlo Ambrosio, qui vient de Rome. On lui envoie son portrait au crayon. Il a des intentions dangereuses que sa détention fera connaître. Il faut donc l'arrêter, le garder étroitement et le fouiller. L'affaire est d'importance. » En 1715, on demande des renseignements confidentiels sur l'abbé Patrice, camérier du pape, qui a rempli plusieurs missions en Italie. Plusieurs lettres sont échangées à ce sujet. En 1716, c'est une information ordonnée à Orange, contre un Anglais soupçonné d'avoir « de mauvais desseins contre le chevalier de Saint-Georges. » En 1719, Dubois prescrit d'arrêter les ducs de Marr et de Perth, s'ils traversent le royaume. L'intendant fait quelquefois l'enquête lui-même. Celui de Béarn va voir un étranger d'allure suspecte, qui est descendu dans un hôtel; il le trouve tout ému, et comme il ne peut tirer de lui aucune justification sur son

---

1. *Code de la police*, 1767, t. I, p. 1 à 22. — Bibl. nationale, fr., 8458. — En 1740, Fontanieu veut que l'on engage le premier président à contraindre les juges de police à remplir leurs devoirs en se transportant de temps en temps sur les lieux : « J'y supplée, dit-il, autant que je peux par mon subdélégué; mais en fait de police, il n'a pas de juridiction. » (Ibid., 8467.)

identité, il le fait arrêter et s'empresse de demander à son sujet des instructions à Paris[1]. En **1717**, l'intendant est chargé d'empêcher l'évasion des traitants que poursuit la chambre de justice, dans le but de leur faire rendre gorge ; mais en même temps il sert d'intermédiaire à ceux qui demandent des réductions[2].

Dans les départements voisins de la frontière, il surveille les pays adjacents; il transmet les informations qu'il en reçoit. L'intendant de Metz a l'œil sur la Lorraine; celui de Strasbourg sur l'Allemagne; celui de Grenoble sur la Savoie; celui de Pau sur l'Espagne. Aussitôt que De Harlay de Cely arrive à Metz en **1716**, il va passer trois jours à la cour de Lorraine; il y apprend que le duc avait reçu 300,000 l. de Mercy pour l'entretien de deux régiments levés dans ses états pour le compte de l'empereur; un troisième est en formation; la duchesse est opposée à l'influence allemande que subit le duc. Fontanieu écrit de Grenoble en **1726** : « La Savoie est épuisée. Le duc y passe tous les ans environ six semaines et n'en sort point sans emporter tout l'argent qu'il peut ramasser. » Legendre noue, de l'aveu du gouvernement, des relations avec un Espagnol de qualité, retiré à Pau, afin d'en tirer des renseignements sur les intrigues de la cour d'Espagne. Il

---

1. Bibl. nationale, fr., 8831, 11380, 11374, 8914, 11377, 11378. — Foucault fait arrêter en 1681 un espion du prince d'Orange et l'envoie à la Bastille. (*Mém.*, p. 272.)

2. *Inv. Arch. Hérault*, C. 1592 à 94.

donne des nouvelles de la santé du roi et de la reine, en entrant dans de curieux détails. Il dit, en juillet 1716, que la reine régente et les Italiens font passer tout l'argent qu'ils peuvent en Italie; « si cela continue, ajoute-t-il, les Espagnols ne seront plus en état de faire grand bien, ni grand mal à personne. » La reine douairière, qui séjourne à Bayonne, est l'objet de sa surveillance incessante; il signale les scènes qui se passent dans sa « cour orageuse »; ses réceptions, « où il n'y a pas un plat dont on peut manger », mais où l'on danse beaucoup et l'on se retire fort tard. Le régent voudrait qu'elle choisît une autre résidence que Bayonne et le lui fait savoir; mais la reine s'y trouve bien et ne se décide pas à partir, malgré les démarches du gouverneur et les insinuations discrètes de l'intendant.

Celui-ci peut être amené à s'occuper de difficultés qui s'élèvent sur les frontières, soit entre les personnes, soit pour les questions de limites. En 1716, les habitants de Fontarabie et ceux d'Hendaye se disputent l'usage de la Bidassoa, qui jusqu'alors avait été libre et commune entre les deux nations. Les habitants de Fontarabie capturèrent une pinasse qui appartenait à un habitant d'Hendaye. Legendre écrivit directement à Alberoni, qui ordonna la restitution de la pinasse. Il s'entend aussi avec les autorités de l'autre côté de la frontière pour réprimer des enlèvements de bestiaux et des violences commises par des villageois des deux nations; il fait arrêter et il juge des fabricants de fausse monnaie espagnole. En 1717, il fut nommé commissaire pour une rectification de frontières près de Roncevaux; la conférence eut lieu dans une salle construite sur un ruisseau, qui servait de limite aux deux pays, et malgré la chaleur extrême et le peu d'activité des Espagnols, les séances durèrent huit heures par jour pendant douze jours. Ajoutons que Legendre était pressé d'en hâter la conclusion, étant logé dans une grange, couchant dans la paille, au village voisin d'Arnéguy, « le plus affreux séjour de l'univers[1]. »

En cas de guerre, la surveillance de l'intendant redoublait; il devait signaler les préparatifs qui se faisaient au delà des frontières. Il faisait saisir les biens que les ennemis résidant en France y possédaient[2]. Après la guerre, il intervenait dans le règlement des indemnités, que les habitants réclamaient pour les dégâts et les pertes qu'ils avaient subis.

A l'intérieur, l'intendant, sur les ordres de la cour, surveille les mouvements de rébellion qui pourraient se produire. En 1717, des libelles circulèrent en Béarn et en Gascogne, tendant à soulever la noblesse et le peuple. « Il faut tout craindre de la misère où la noblesse est réduite aujourd'hui, écrivait Legendre; le peuple est si misérable que le moindre mouvement coloré du prétexte de le soulager serait capable de le soulever. » Aussi prend-il

---

1. Bibl. nationale, fr., 8470, 11382, 11381. — En 1702, Le Bret fut également chargé de régler à Arnéguy une question de frontières avec des commissaires espagnols. (Comte Le Bret, p. 62, 63.)
2. Bibl. nationale, fr., 8456, 8834, 8886, 8895.

des mesures pour empêcher l'effet des « écrits diaboliques, » qui sont répandus. Il recommande de faire payer les troupes, et se concerte avec le gouverneur pour une répression qu'il n'a pas d'ailleurs à exercer. En Languedoc, Basville dénonce des bourgeois de Castelnaudary qui se réunissent chez l'un d'eux pour déclamer contre le gouvernement et les impôts; Basville croit qu'il serait bon d'exiler un sieur Darcher, qui est leur coryphée. Le duc de Noailles n'admet pas cette manière d'agir et fait venir Darcher à la cour pour entendre ses raisons.

Dans certains cas, la répression à main armée est nécessaire. Des troubles éclatent dans une communauté de la généralité de Montauban. Le juge et les consuls empêchent d'arrêter les coupables; ils font même enlever les serrures de la prison. L'intendant envoie deux compagnies de dragons dans la localité; il s'y rend lui-même, préside au jugement des perturbateurs, pendant neuf séances, dont la moindre est de quatre heures, et les condamne à diverses peines, entre autres à trois ans de galères et à des amendes honorables.

C'est encore l'intendant qui est obligé d'intervenir à Castellane, où des cris, des tambours et des coups de fusil ont troublé la procession de la Fête-Dieu. Le lieutenant-général a donné raison aux perturbateurs. La ville est en pleine confusion. Le roi ordonne une enquête à la suite de laquelle un avocat est banni et d'autres notables sont envoyés dans des citadelles[1].

1. Bibl. nationale, fr., 11381, 11380, 11377, 8895.

Assurer la sécurité des routes et des villes, est une des missions des intendants. A certaines époques, ce n'est pas une sinécure. On signale des bandes de voleurs dans diverses provinces, même dans des villes, comme Marseille. La province vote en 1714 une prime de 100 francs à toute personne qui arrêterait un voleur; tant le nombre de ceux-ci est grand. Des bohèmes parcourent la Gascogne, volant les vases sacrés. On envoie contre eux des détachements de troupes, et les communautés sont invitées à « s'éveiller » pour chasser ces brigands. Des attaques à main armée sur les grands chemins sont parfois signalées. En 1686, la voiture de l'élection de Mauriac, contenant 11,000 francs, est dévalisée. En 1714, on signale des vols et des meurtres sur une route, « à un endroit où des bois viennent à une toise du pavé. » L'intendant donne ordre d'arracher le bois, et comme il s'agit de l'intérêt public, aucune indemnité ne sera due au propriétaire. En 1716, le fourgon du messager de Caen à Rouen est dépouillé de 40,000 francs qu'il contient par quinze cavaliers masqués, qui l'arrêtent sur le grand chemin, à deux heures après midi. En 1717, le carrosse de Dijon est également volé par des cavaliers masqués. En 1727, il en est de même de celui de Guéret[1]. En pareil cas, l'intendant informe et fait poursuivre par la prévôté; il se rend même parfois sur les lieux, à cheval, avec le receveur général et des archers.

La répression des crimes commis sur les grands

---

1. Arch. nationales, G 7. 480, 128, 414.

chemins appartenait aux prévôts généraux des maréchaux, qui les jugeaient avec un assesseur, et siégeaient dans les présidiaux après le lieutenant criminel. Ils avaient quelquefois un procureur du roi attaché à leur juridiction[2], dans laquelle l'intendant pouvait intervenir, pour instruire ou pour juger. Les prévôts ont sous leurs ordres les archers et les cavaliers de la maréchaussée, sur qui l'intendant peut compter pour exécuter ses sentences. Il les passe en revue, chaque année, en Bourgogne[3]; et trop souvent, il est amené à constater qu'ils ne sont pas en état de remplir leur tâche; la quantité et la qualité leur font souvent défaut.

En 1645, l'intendant Balthasar oblige quatre diocèses du Languedoc à entretenir douze archers de maréchaussée pour assurer la sécurité des routes. En 1716, l'intendant de Rouen écrivait : « On ne peut compter sur les services de la maréchaussée; les archers qui la composent sont des laboureurs dispersés de côté et d'autre dans les villages; et ordinairement, avant qu'on puisse les rassembler, les voleurs sont loin. « Dans la généralité de Caen, on déplorait leur inertie, qui provenait de l'irrégularité du paiement de leurs gages, et l'on désirait qu'ils pussent souvent monter à cheval « pour intimider les personnes de mauvaise volonté. » Étaient-

---

1. Bibl. nationale, fr., 11378, 11381.
2. *La Maréchaussée de France ou Recueil des ordonnances...*, in 4°, 1697. — *Encycl. méthodique. Jurisprudence*, t. VII, 141, t. III, p. 305. Il y avait 35 prévôts généraux en 1780.
3. On y compte les 11 compagnies et les 27 brigades de la maréchaussée. (*Inv. Arch. Côte-d'Or*, C. 256.)

ils aussi toujours très honnêtes, et ne pourrait-on citer parmi eux, à titre exceptionnel sans doute, des cavaliers qui, dans le Dauphiné, ont saisi et vendu à leur profit quatre-vingts chèvres; méfait pour lequel on les condamne à la prison [1]?

Le rôle de la maréchaussée n'était pas toujours facile; il ne fallait pas qu'elle s'attaquât légèrement à un gentilhomme. En 1729, un bourgeois de Troyes, menacé et injurié dans la rue par un certain comte de Villiers, le fit arrêter par un brigadier et un archer de maréchaussée, qui le prirent au collet « en commettant en sa personne, dit un rapport officiel, les excès ordinaires à ces sortes de gens-là ». La maréchaussée voulut poursuivre Villiers; Villiers, qui se fit reconnaître et relâcher, voulut poursuivre la maréchaussée. Le président du présidial soutint Villiers. Le subdélégué fit une enquête. L'affaire alla jusqu'à l'intendant et au ministre, qui furent tous deux d'avis « d'arrêter l'affaire par voie de conciliation [2] ».

Les prévôts étaient chargés de la répression du vagabondage et de la mendicité. Colbert recommandait aux intendants de faire prendre et juger par eux les bohèmes qui se livrent au vol. Il ordonne plus tard de faire arrêter les vagabonds et de les mener aux galères sans autre forme de procès [3]; pro-

---

1. Roschach, t. XIII, p. 196. — Bibl. nat., fr., 11378 et 8458. — Voir aussi : A. de Boislisle, t. III, n° 540.
2. Arch. de l'Aube, C. 1832.
3. Colbert, *Lettres*, t. IV, p. 141. — Bibl. nationale, fr., 8828. — Clément, *la Police sous Louis XIV*, p. 234.

cédé arbitraire que ne justifie pas le besoin que l'on avait de rameurs pour les galères du roi. En cas de rébellion, on formait aussi « des chaînes » de forçats pour les envoyer dans les ports de mer [1]. La mendicité était une des plaies du dix-septième et du dix-huitième siècle. Un consul de Gascogne, qui était médecin, louait un intendant d'avoir été envoyé dans la province « pour la purger de tous les fainéants et gens de mauvaise vie; l'oisiveté, selon Hippocrate, étant la cause des humeurs peccantes [2]. » Sous la Régence, en 1719, on songea à renfermer les vagabonds et les mendiants dans des hôpitaux [3]. Cette mesure, qui fut longuement étudiée, fut réalisée en 1724. Tous les mendiants valides et invalides durent être enfermés dans des hospices où ils étaient astreints à un travail régulier. La loi fut exécutée presque partout, mais d'une manière inégale et incomplète. En 1727, on se plaignait des désordres commis par les mendiants répandus dans les campagnes, et le ministre recommandait de les faire arrêter, en publiant de nouveau la déclaration de 1724. En Dauphiné, 307 étaient entrés dans sept hôpitaux. La maréchaussée témoignait une répugnance excessive à les arrêter; on ne trouvait pas d'archers pour les garder; les travaux auxquels on les astreignait ne rapportaient pas, étant donnée la stagnation de l'in-

---

1. O'Reilly, t. I, p. 383. — Le passage des chaînes était sous la surveillance des intendants. (*Inv. Arch. Hérault*, C. 1595... *Côte-d'Or*, C. 398 à 1605.)
2. Foucault, p. 25.
3. Bibl. nationale, fr., 8914.

dustrie. Aussi coûtent-ils trop cher; leur nourriture est évaluée à 4 et 6 sous, tandis que celle du soldat ne monte qu'à 5 sous; pour 20 francs, on leur fournit un habit complet. L'intendant estime qu'il y a sous ce rapport des réformes à faire et, qu'il faut remédier aux infidélités des préposés aux hôpitaux. « La plupart, dit-il, croient gagner le ciel en volant pieusement le roi [1]. » Les locaux d'ailleurs étaient insuffisants dans bien des cas, et le trésor royal cessa, en 1734, de fournir des fonds pour l'entretien des « renfermeries » de mendiants. Plus tard, en 1767, on établit des dépôts de mendicité, qui au nombre de trente-trois, renfermaient environ sept mille pauvres. Dans ces dépôts, ils n'étaient pas retenus pendant toute leur vie comme dans les renfermeries; les vagabonds, qui travaillaient avec assiduité, étaient relâchés plus promptement, et l'on ne gardait pas les mendiants qui avaient demandé l'aumône accidentellement ou qui pouvaient trouver quelque secours dans le lieu de leur domicile. Sous Louis XVI particulièrement, on s'efforça d'atténuer les abus de l'autorité prévôtale à l'égard des misérables et des vagabonds; loin de renouveler les ordonnances contre les pèlerins, qui pour se soustraire au travail, parcouraient les campagnes en prétextant un but édifiant à leur voyage, on déplorait même les méprises et les actes arbitraires que pouvait commettre la maréchaussée; mais on déclarait, que si nous

---

[1]. Correspondance de Fontanieu. Bibl. nationale, fr., 8365, 8367, 8368, 8471, 8475. — D'Aube, Mémoire, p. 516-538. — *Inv. Arch. Côte-d'Or*, C. 394... *Lot*, C. 838 à 922.

n'avions pas au même point que les Anglais, le respect de la liberté individuelle, nos grands chemins présentaient à cette époque une sécurité que n'avaient point les leurs, parce que notre police avait plus de force et d'activité[1].

La liberté individuelle n'était point alors regardée comme le premier des droits; on la sacrifiait trop aisément à des considérations que l'on estimait d'ordre supérieur. Il paraissait légitime de priver un homme de sa liberté dans l'intérêt de l'État, du bon ordre et de la morale. « Le roi, disait-on officiellement en 1759, peut, sans donner atteinte aux lois, user du pouvoir qui réside en sa personne, par des voies d'administration dont qui que ce soit ne doit se dire exempt dans le royaume. » C'était la théorie des lettres de cachet, qui devaient être signées du roi, mais qui l'étaient quelquefois en blanc, de telle sorte qu'elles étaient laissées à l'arbitraire des ministres et de leur subordonnés. « Il en résulte, disait au roi la cour des aides en 1770, qu'aucun citoyen dans votre royaume n'est assuré de ne pas voir sa liberté sacrifiée à une vengeance[2]. » Les intendants sollicitaient et transmettaient des lettres de cachet, qui étaient expédiées pour les causes les plus diverses. De même qu'on enfermait à la Bastille les gens de lettres et les libraires, on emprisonnait en province des imprimeurs, et pour quel délit? pour avoir imprimé, par exemple, des écrits

---

1. Necker, *De l'Administration des finances de la France*, t. III, p. 130-133.
2. Comte de Luçay, *les Secrétaires d'État*, p. 563.

d'un archevêque exilé, qui ne contenaient paraît-il, aucune nouveauté sur la religion[1]; on faisait enfermer des consuls pour des peccadilles, des officiers coupables de contrebande[2]; les uns, simplement parce qu'ils étaient de « mauvais sujets, » d'autres pour dissipation. Si quelques-uns auraient mérité d'être déférés à la justice ordinaire, pour l'assassinat d'un père par exemple, pour faux ou pour incendie, d'autres ont commis des crimes à coup sûr plus excusables; tel est « un chicaneur dangereux, » un homme convaincu « d'avoir embauché des ouvriers français et même des familles entières, » un personnage « soupçonné d'être contraire à la politique de l'État par les relations qu'il a avec des personnes inconnues[3]. »

Le plus grand nombre des lettres de cachet est motivé par le souci de l'honneur des familles et de la moralité, souci extrême à certaines époques; le roi croit agir en bon père de famille en faisant punir, par voie de correction paternelle, ceux de ses sujets dont la conduite peut être une honte pour leurs proches et un scandale pour autrui. Sur la demande de la mère d'un jeune homme, une fille, qui mène avec lui une vie scandaleuse, sera conduite aux Repenties de Lyon; la mère paiera les frais de capture, de conduite et de pension. Le cardinal de Fleury demande à Le Bret en 1731, s'il ne serait pas bon de faire mettre dans un hôpital deux sœurs, dont l'une

1. Bibl. nationale, fr., 8947.
2. Bibl. nationale, fr., 8457, 8942.
3. Chatel, *Inv. Arch. Calvados*, C. 315 à 326.

est de notoriété publique en relations avec un président au parlement d'Aix ; Le Bret est tout à fait de cet avis. Le cardinal lui demande aussi comment on pourrait faire cesser le scandale que donne le viguier d'Arles avec une jeune fille qu'il a débauchée. Un avocat d'Aix est accusé d'empoisonner lentement sa femme, à la « suscitation » d'une veuve de procureur, qui voudrait l'épouser. L'intendant, sur l'ordre du chancelier, fait une enquête, qui aboutit à l'envoi de la veuve dans un couvent[1]. Des filles et des femmes de qualité, dont l'inconduite est notoire, sont aussi enfermées dans des couvents, d'où elles s'évadent parfois[2]. Assez souvent, des jeunes gens sont incarcérés pour les empêcher de faire des mariages que leurs parents regardent comme déshonorants, soit à cause de l'inconduite de la jeune fille, plus fréquemment à raison de la bassesse de sa naissance ou de son défaut de fortune. Un intendant est d'avis de retenir en prison un jeune homme irréprochable, qui veut épouser une fille vertueuse, mais pauvre ; il espère ainsi le contraindre à entrer dans les vues du père, qui voudrait lui faire faire un mariage riche, afin qu'il pût « devenir capable d'acheter quelque charge considérable[3] ». On trouve même des jeunes gens, qui sont jetés en prison, sur la sollicitation de leur famille, par le seul motif qu'ils

1. Bibl. nationale, fr., 8830, 8831.
2. On demande de faire enfermer une demoiselle de bonne famille, qu'on voit journellement rire dans les rues et à l'église. (*Inv. Arch. Marne*, C. 1309.)
3. *Le Maréchal de Villars*, p. 238, 239.

auraient pu la déshonorer en embrassant l'état de comédien[1].

Le ministre et l'intendant, d'ordinaire, ne sévissent pas à la légère. Ils se refusent à faire enfermer une jeune fille noble qui veut épouser un paysan, parce que « l'extrême indigence où la laisse sa famille excuse en quelque sorte la bassesse de ses inclinations. » En 1728, un négociant de Marseille veut faire enfermer un de ses fils à cause de ses dérèglements ; le ministre prescrit de s'informer si ce n'est pas sa prédilection pour ses autres enfants qui le fait agir de la sorte. Même enquête pour un jeune homme, qui a volé son beau-frère et ne fréquente que des scélérats ; elle aboutit à le faire enfermer au château d'If, où ses parents consignent une somme qui doit payer sa nourriture pendant quatre mois, à raison de 4 sous par jour, ce que le ministre trouve bien modique. Dans d'autres cas, le ministre laisse libre l'intendant de faire emprisonner un fils de famille, « si ses dérèglements sont tels que son père les expose[2] ».

Il ne faut pas croire que les intendants soient toujours disposés à se faire les instruments des volontés des familles à l'égard de leurs membres. Celui de Caen n'admet pas qu'elles puissent s'ériger en juges et les faire détenir sans en dire les motifs. « Toutes les fois, écrit-il à un subdélégué, qu'il est question de priver quelqu'un de sa liberté, l'admi-

1. *Inv. Arch. Calvados*, C. 315 et suiv... *Ille-et-Vilaine*, C. 184... *Hérault*, C. 96 à 144... *Côte d'Or*, C. 2.
2. Bibl. nationale, fr., 8935, 8831, 8921.

nistration ne doit déférer aux instances qui lui sont faites que d'après la connaissance des faits et l'examen le plus sévère[1]. » « Harcelée de sollicitations, dit un historien moderne, elle n'accorde qu'après une enquête sérieuse les lettres de cachet qu'on lui demande; elle résiste aux requêtes mal fondées; elle ne frappe que les individus qui, dans les idées du temps, méritaient d'être séparés de la société. La manière dont elle procède est plus rapide, moins bruyante et plus favorable aux particuliers que les tribunaux[2]. » Ce n'est pas sans hésitation et à la légère qu'un intendant prendra des mesures rigoureuses contre un étranger, même lorsqu'il le soupçonne d'être un aventurier dangereux. En 1716, on vit arriver à Bayonne, dans une charrette, comme des marchands d'orviétan, deux gentilshommes, qui avaient épousé, disaient-ils, les filles d'un président en l'élection du Mans. L'un d'eux se faisait appeler le marquis de Carraccioli; l'autre, le chevalier de Strada. Le premier fit arrêter le second, en l'accusant de rapt, auprès du gouverneur. L'intendant Legendre va voir le prisonnier et son accusateur; le premier lui avoue qu'il a pris un faux nom; le second, Carraccioli, lui fait l'effet « d'un aventurier, d'un discoureur, d'un mauvais meuble dans le royaume qui porte avec lui des passeports du roi dont il a falsifié la date »; il se donne pour grand chi-

1. *Inv. Arch. Calvados*, C. 326.
2. Dupuy, *La Bretagne au dix-huitième siècle... Lettres de cachet. Bulletin de la Société académique de Brest*, 2ᵉ série, t. IX, p. 167.

miste, et l'on se demande s'il appartient bien à la famille des Carraccioli. L'intendant est d'avis de l'expulser; mais il n'ose visiter ses coffres et ses papiers, sans un ordre du duc d'Orléans. Il en réfère à plusieurs reprises à Paris, et finit par recevoir un ordre d'expulsion qu'il signifie à Carraccioli « avec toutes les honnêtetés imaginables. » L'aventurier disparaît avec empressement, abandonnant à Bayonne, sans ressources et dans un état de grossesse avancée, sa femme et sa belle-sœur, que le gouverneur et l'intendant sont obligés de défrayer de tout, en attendant qu'elles puissent retourner chez leur père, le président en l'élection du Mans[1].

En 1716, le duc de Noailles donne ordre à tous les intendants de faire arrêter un sieur de Marnay, qui se recommande de son nom pour se faire remettre des secours. Marnay est arrêté à Metz. Le subdélégué général, en l'absence de l'intendant, se saisit de ses papiers, qu'il ouvre devant lui, en prison; il l'interroge, il le trouve plus malheureux que coupable. C'est un ancien officier, qui n'a pu obtenir de pension, et en est réduit à aller chercher de l'emploi en Allemagne. Le duc de Noailles ordonne qu'on l'élargisse. L'intendant le fait conduire à l'hôtel, le fait habiller à neuf, le défraie de tout, et lui remet 300 francs pour se rendre à la Rochelle, où il s'embarquera[2].

L'intendant de Bretagne reçoit, en 1746, une mission d'une toute autre nature. Il doit transmettre

1. Bibl. nationale, fr., 11381.
2. On dépensa pour lui 969 francs. Bibl. nationale, fr., 11382.

à une demoiselle Desforges, qui est au théâtre de Nantes, l'ordre du roi de débuter à la Comédie française, et lui faire entendre qu'elle n'a d'autre parti à prendre que d'obéir[1].

L'intendant est souvent saisi de faits d'immoralité par le gouverneur et le ministre. En 1718, on lui transmet une lettre anonyme, où l'on compare Marseille à Babylone et à Sodome, où l'on signale des maisons de jeux, qui sont des foyers de corruption. Le ministre lui demande aussi s'il n'y aurait pas d'inconvénient à faire mettre sur le cheval de bois et au carcan les femmes de mauvaise vie qui reçoivent des forçats. L'intendant intervient, dans une autre circonstance, pour obliger un ingénieur à indemniser une fille de village dont il a eu un enfant[2].

Il pouvait faire incarcérer des hommes coupables de violences et d'insultes graves, quitte à en référer au gouverneur ou au ministre. C'est ainsi qu'il fait mettre en prison deux bourgeois du Luc qui avaient insulté et égratigné un chevalier de Saint-Louis; il peut envoyer dans une forteresse un officier, qui a insulté une dame[3]. Quelquefois, il se contentait de faire exiler, pour un temps déterminé, des personnes dont l'éloignement paraissait exigé par des raisons d'État, d'ordre public, de moralité et de famille. Lors de l'affaire de La Chalotais, plusieurs dames

---

1. Dupuy, *loc. cit.*, p. 157.
2. Bibl. nationale, fr., 8912, 8883.
3. Bibl. nationale, fr., 8910.

furent éloignées de Rennes, parce qu'elles y entretenaient une agitation dangereuse [1].

Sous le règne de Louis XVI, les lettres de cachet devinrent de plus en plus rares. Dans une circulaire empreinte d'un véritable esprit de sagesse, le baron de Breteuil n'admettait, en 1784, que les emprisonnements temporaires, pour fautes graves. En 1787, le roi interdit aux juges d'autoriser aucun emprisonnement sans condamnation régulière.

Les châteaux-forts étaient réservés aux nobles; les couvents, aux bourgeois et roturiers. Le ministre Saint-Florentin approuve Le Bret d'avoir fait mettre dans un couvent le fils d'un libraire de Marseille, « d'autant que les châteaux ne doivent pas servir à renfermer de pareilles gens. » L'entretien et les réparations des prisons d'État étaient du ressort de l'intendant. En 1720, l'on envoie à Le Bret le plan de la forteresse des îles Sainte-Marguerite, où sept salles ouvrent sur deux corridors voûtés à l'extrémité de chacun desquels se trouve une chapelle. Le gouverneur du fort demande que des travaux de maçonnerie soient faits pour empêcher les détenus de communiquer entre eux [2]. L'intendant ordonnait aussi, dans certain cas, aux municipalités, de fournir des meubles, des vivres et des gardes pour des prisonniers de guerre enfermés dans le château de leur ville [3].

---

1. Dupuy, *loc. cit.*, p. 160-164. — Bossard, p. 35. — *Inv. Arch. Ille-et-Vilaine*, C. 232 à 234.
2. Bibl. nationale, fr., 8940, 8915. — Voir aussi D. Mathieu, p. 268.
3. Ces dépenses devaient sans doute être remboursées par l'État.

Les prisons royales étaient sous la dépendance directe de l'intendant; il en décidait et en ordonnançait les dépenses. Si leur police intérieure était du ressort des juges, il devait visiter les auditoires et les prisons de sa province, pour voir si elles avaient besoin d'être réparées; il devait aussi faire établir des prisons seigneuriales dans les trop nombreuses localités où il n'en existait pas, certains seigneurs hauts justiciers trouvant plus avantageux de ne faire aucune poursuite afin de n'avoir pas à en supporter les frais [1]. Les prisons royales, mieux aménagées que celles des petites villes et des seigneuries, laissaient cependant à désirer; elles étaient souvent malsaines et en mauvais état; là, les femmes n'étaient pas séparées des hommes et l'on ne pouvait y dire la messe; ailleurs, il n'y avait pas de concierge, ce qui permettait les évasions. Les geôliers, qui étaient nommés par la justice, étaient soumis à la juridiction de l'intendant. Beaucoup d'entre eux n'avaient aucuns gages, et dans le Dauphiné, leurs appointements les plus forts ne dépassaient pas 120 livres [2].

Pour le M¹ˢ de Villaclara et d'autres, enfermés au château de Manosque avec leurs valets, elles sont réglées à 40 sous par jour pour la nourriture de chaque maître, à 15 sous pour celle de chaque valet. (Bibl. nationale, 8886.)

1. Ils font souvent opposition aux frais de justice auxquels ils sont taxés et que les intendants sont chargés de faire recouvrer. (*Inv. Arch. Hérault*, C. 1607 à 1614.)

2. D'Aube, Mémoire, p. 538 à 544. — Bibl. nationale, fr., 8830, 8366, 83761, 8881. — *Code de la police*, 1768, t. I, p. 22 à 25. — *Inv. Arch. Hérault*, C. 1539 à 1568. — D'Arbois de Jubainville, p. 118. A Bar-sur-Aube, le geôlier payait une redevance à l'État, au lieu de recevoir des appointements. — En 1787, on demandait un bail de

Sous Louis XVI, de grands efforts furent faits pour améliorer l'installation et l'hygiène des prisons et des maisons de force. Ainsi l'intendant Caumartin prit les mesures nécessaires pour séparer les sexes dans la maison de force de Besançon. Chaque prisonnier eut son lit, et les malades ne furent plus confondus dans la même infirmerie. Des salles spéciales étaient consacrées aux ateliers et aux repas, où du bon pain et une nourriture solide étaient distribués [1]. L'administration s'occupait de la nourriture des détenus ; en 1736, elle ne devait pas coûter plus de 3 sous par jour ; il ne leur était dû que du pain et de la paille. Des suppléments leur étaient fournis à leurs frais ou à ceux des personnes qui les avaient poursuivis [2]. Malgré les aménagements de locaux plus sains [3] et l'introduction d'une discipline plus équitable, beaucoup de prisons laissaient encore beaucoup à désirer, sous ces rapports, à la veille de la Révolution.

L'intendant pouvait adoucir les rigueurs de l'incarcération pour dettes, en donnant des sauf-conduits aux prisonniers qui demandaient à s'occuper pendant un temps déterminé de leurs affaires. Il devait visiter les prisonniers, s'enquérir de leur

---

99 ans pour l'office de viguier et concierge des prisons du bailliage de Vienne. L'entretien de quatre chambres et de la chapelle aurait été aux frais du preneur. (Arch. nationales, H. 669.)

1. *Voyage d'une Française en Suisse et en Franche-Comté*, 1790, t. II, p. 224.

2. Lettres d'Orry à Fontanieu, 1732. Bibl. nationale, fr., 8375.

3. On reconstruisit en 1787 les prisons de Vienne et d'Embrun. (Arch. nationales, H. 669.)

nombre, de la cause de leur détention, en informer parfois les ministres. Plusieurs attendaient en vain leurs procès; des prisonniers pour dettes mouraient de faim, parce que leurs créanciers ne leur fournissaient pas d'aliments[1]. Quelques-uns paraissent ignorer les motifs de leur détention; une femme, incarcérée depuis trois mois, écrit au ministre pour se plaindre d'être retenue sans pouvoir les connaître. Il arrive aussi qu'on garde des innocents par suite d'une confusion de noms. Ces erreurs, quand elles sont signalées, donnent lieu à des correspondances parfois fort longues entre le contrôleur général et l'intendant, et qui aboutissent généralement à la mise en liberté du prisonnier.

A certaines époques, notamment aux changements de règne, en 1716 et 1775, le ministre demandait un état détaillé des détenus dans les prisons de chaque département. Malesherbes, en arrivant au pouvoir, fit faire une enquête sur toutes les personnes enfermées en vertu de lettres de cachet, et d'après Sénac de Meilhan, n'en fit sortir que deux[2]. En 1725, le ministre Breteuil, dans le but de découvrir les assassins de trois Anglais, s'avisa de réclamer un état détaillé de tous les détenus dans le royaume, avec leur signalement, et de défendre de les mettre en liberté ou de les juger avant que ces états aient été vus par le roi[3]. C'était suspendre

1. *Inv. Arch. Calvados*, C. 315 et suiv. — Sainte-Suzanne, p. 329. — Bibl. nationale, fr., 8821, 8938, n. f., 3497.
2. Bibl. nationale, fr.; 11378. — Comte de Luçay, p. 563.
3. Lettre du 22 octobre 1723. Bibl. nationale, fr., 8925.

partout le cours de la justice, et la magistrature
protesta. L'intendant intervient aussi, dans un but
d'humanité, surtout lorsqu'il s'agit de gens incarcérés par mesure administrative; il transmet les
demandes de grâce que lui adressent des subdélégués pour des consuls, des imprimeurs ou d'autres
gens plus malheureux que coupables. Pour exciter
sa pitié, un cadet de famille lui écrira qu'il se jette
à ses pieds,.. « la larme à l'œil », parce que « portant l'épée au côté, » comme un homme de qualité
doit avoir, « il avait donné un coup d'estrama-
çon, » à un particulier avec lequel il avait eu querelle. L'intendant prononçait parfois l'élargissement.
Grignan écrit, en 1687, qu'un jeune homme avait
été enfermé par son ordre, depuis un an, au fort de
Notre-Dame de la Garde, pour une insulte faite à un
gentilhomme; celui-ci, avait demandé son élargissement, et Grignan écrivait à Le Bret : « C'est à
vous d'en donner l'ordre; et je dois seulement vous
dire qu'on peut faire finir le temps de la détention du sieur Fouquier, surtout puisque sa partie le
souhaite et que c'est un moyen de les réconcilier [1]. »
On considère l'intendant comme un arbitre, un tuteur, plutôt encore que comme un juge. Il peut
intervenir amiablement, dans les affaires des familles. Un ministre charge Le Bret de poursuivre les
intérêts particuliers d'un aide-major de la marine
qui ne peut se rendre en Provence; un autre lui demande de prendre en main ceux d'un cornette, qui

---

1. Bibl. nationale, fr., 8903, 8829, 8947.

a été frustré de la succession de son oncle. Il fallait cependant invoquer des raisons valables pour ne pas s'adresser aux juges ordinaires[1]. Au besoin, l'intendant réglait certains comptes contestés; c'est ainsi qu'il réduit à 600 livres une note de 1305 livres, dont une maîtresse d'hôtel demandait le paiement à la Chambre de commerce de Marseille, pour les frais de séjour d'un envoyé du roi de Perse[2].

L'État témoignait de sa sollicitude pour les intérêts des particuliers en interdisant les jeux de hasard, dont la répression était confiée aux juges ordinaires; mais les intendants étaient appelés à en signaler l'existence et à surveiller ceux qui s'y adonnaient, comme un sieur de Masseiny, qui avait été relégué à Senez pour avoir joué publiquement à Paris aux jeux défendus. Lorsque le procureur général n'a pas de preuves, ils peuvent même faire arrêter, sous l'approbation du roi, des bourgeois qui donnent à jouer dans plusieurs maisons d'Aix. « C'est aujourd'hui le métier de tout le monde, écrit-on en 1731. Les jeunes gens trouvent dans ces jeux de hasard des ressources, et ceux qui devraient être plus sages qu'eux en cherchent[3]... »

Les loteries furent en si grande vogue dans la seconde partie du règne de Louis XIV, qu'il fut nécessaire de prendre des mesures pour en restreindre l'usage et en réprimer les abus. Des officiers spé-

---

1. Lettres de Seignelay et de Torcy, 1687, 1711. Bibl. nationale, fr., 8830, 8895.
2. O. Teissier, *la Chambre de commerce de Marseille*, p. 47, 48.
3. Arch. nationales, G 7, 480. — Bibl. nationale, fr., 8897, 8941.

ciaux, assimilés aux commis des fermes, furent chargés de leur surveillance. La plupart d'entre elles avaient pour but de subvenir aux frais de construction des églises, des hôpitaux ou d'autres institutions charitables et religieuses. Une des raisons pour lesquelles on les autorisa avec plus de difficulté, était la concurrence qu'elles pouvaient faire à la loterie royale, qui devint une des ressources régulières de l'Etat à partir de 1700, ainsi qu'à d'autres loteries favorisées par le pouvoir, comme celles de la compagnie des Indes, dont la liste des numéros gagnants était communiquée au public dans les bureaux de l'intendant.

Celui-ci donnait son avis sur les demandes d'autorisations qui devaient être octroyées par des arrêts du conseil. Ainsi l'hôpital du Saint-Esprit de Marseille désirait établir une loterie qui lui procurerait 10 p. 100 de bénéfice sur les sommes souscrites et qui serait tirée tous les mois pendant un an. Il permettait la distribution des billets; il transmettait les plaintes que certaines loteries particulières suscitaient; comme celle de plusieurs diamants, estimés 15220 l., contre laquelle protestaient des orfèvres de la ville de Rouen et des religieuses qui prétendaient avoir dans la province le privilège exclusif de toute loterie. Celles-ci se plaignaient d'autant plus qu'elles avaient éprouvé une vive déception dans le placement des billets, et qu'il avait fallu réduire les lots en conséquence. Un arrêt du conseil était nécessaire pour homologuer une décision de l'intendant relatif à la liquidation d'une loterie autorisée par le roi pour la reconstruction d'une église[1]. Comme dans les mesures plus graves de la police, sa responsabilité était couverte par celle du conseil, dont il provoquait le plus souvent les décisions sans paraître les dicter.

L'arbitraire, qui était un des principaux vices de l'ancien régime, se manifestait surtout dans l'exercice de la police, où, même dans les pays doués d'institutions libres, il est difficile de l'éliminer. Se revêtant souvent de formes légales, il avait son correctif dans le caractère de l'intendant, qui sauf de rares exceptions, agissait sans passion, avec le souci de protéger l'intérêt des familles, de la société et de l'état, avec le désir d'atteindre des coupables que leurs privilèges ou des circonstances spéciales auraient fait échapper à l'action des lois; mais l'arbitraire avait le grave défaut de méconnaître la liberté individuelle, et lorsqu'aux approches de la révolution, la conscience du droit de chacun se fut éveillée dans les esprits, les lettres de cachet et les prisons d'État fournirent à Mirabeau et à d'autres publicistes le texte de brochures passionnées, qui, comme autant de coups de béliers, vinrent ébranler les anciennes institutions.

---

1. Bibl. nationale, fr., 8370, 11374, 11378, 11380. — *Inv. Arch. Côte-d'Or*, C. 312, 1821. — A. de Boislisle, *Correspondance des contr. gén.*, t. III, n° 177. — Seré-Depoin, *Trois catastrophes à Pontoise* en 1788, p. 87 à 100 — Delamare, *Traité de la police*, 1729, t. I, p. 420-435. — *Code de la police*, t. I, p. 64-73.

CHAPITRE VI

L'ADMINISTRATION MILITAIRE.

Protection des populations contre les excès des gens de guerre. — Les intendants veillent à la justice militaire. — Plaintes contre les officiers. — Étapes. — Passages des troupes. — Convois par corvée. — Approvisionnements militaires. — Logements et casernes. — Fortifications. — Corvées. — Recrutements. — Milices provinciales. — Marine.

La tendance à la suprématie de l'élément civil sur l'élément militaire, tout-puissant au moyen âge, s'accentue au dix-septième siècle, où le ministère de la guerre fut confié à des magistrats, dont le plus éminent fut Louvois. L'intendant, représentant du roi et de son conseil dans les provinces, exerce une partie de leur autorité sur l'administration de l'armée. De là ses attributions multiples qui portent principalement sur la police des troupes, leurs étapes, leur logement, leur approvisionnement, les casernes et les fortifications, les hôpitaux, les garanties de la liberté du recrutement et la levée des milices.

Protecteur né des populations, l'intendant doit, aux termes de sa commission, les mettre à l'abri des « injustices, foules et oppression des officiers et troupes militaires[1]. » Sous Louis XIII, il doit « prendre garde que les gens de guerre, qui seront dans sa province, y vivent avec discipline, sans aulcune foule et oppression... et faire et parfaire le procès aux coupables souverainement, et en dernier ressort, selon la rigueur des ordonnances, avec le nombre de juges portés par icelles[2]. » Les premiers intendants, comme nous l'avons vu[3], réprimèrent souvent, avec rigueur, les violences commises par les armées, les officiers et les soldats. A partir du règne de Louis XIV, la discipline fut plus strictement observée, et cependant, lors du passage en Bourgogne de l'armée qui marchait en 1668 à la conquête de la Franche-Comté, l'intendant reçut sur son compte dix-huit cents plaintes, tant des communautés que des particuliers[4]. En 1683, Louvois écrivait à l'intendant de Dauphiné : « Il est inutile de faire des négociations avec les troupes pour les obliger d'exécuter les ordonnances de Sa Majesté; si celles qui sont en Dauphiné ne les observent pas, vous n'aurez qu'à faire punir très sévèrement le premier qui y contreviendra, quand même ce serait celui qui les commande, qu'il faudrait en ce cas faire mettre en prison; et si c'était un soldat ou dragon, Sa Majesté désirerait que vous le fissiez pendre[5]. »

Les plaintes les plus variées affluèrent de tout temps contre les officiers. On pourrait dire d'un

1. Richer d'Aube, p. 455.
2. D'Arbois de Jubainville, p. 207.
3. Voir plus haut, t. II, p. 82, et *le Village*, p. 280 à 283.
4. Correspondance inédite de Bouchu, t. II, fol. 94, 171 v°.
5. Lettre du 8 novembre 1683, à Le Bret. Bibl. nationale, fr., 8824

grand nombre d'entre eux ce que Fontanieu écrit du commandant d'une place forte : « Il n'a d'autre défaut qu'une hauteur qui l'engage à se mêler souvent de ce qui ne lui appartient pas ; il en est de même de presque tous les militaires... [1] » Il est rare qu'un intendant ait des difficultés et même des querelles avec la garnison, comme il arriva à Harlay de Cély, à Metz ; il concilie les différends ; il réprime, de concert avec le commandant, les violences contre les bourgeois et les officiers municipaux ; il fait mettre en prison ou aux arrêts les plus coupables ; il menace de la saisie de leurs appointements les officiers qui se refusent à payer des dettes criardes [2] ; il se fait l'organe de plaintes dirigées contre un commandant qui s'approprie les chandelles du corps de garde et extorque de l'argent à ses soldats [3]. D'ordinaire, il n'agit lui-même qu'en cas d'insuffisance ou d'inertie de la justice militaire. Il devait engager à la répression légale des chefs qui étaient peu disposés à châtier sévèrement les excès de leurs subordonnés, lorsqu'ils les commettaient sur la population civile [4].

Ces excès se produisaient surtout lors du passage

1. Lettre du 22 avril 1740. Bibl. nationale, fr., 8467.
2. En revanche, il peut condamner les usuriers qui les exploitent à 300 francs d'amende au profit des hôpitaux. (Ord. de 1768, *Traité des droits*, t. III, p. 250.)
3. En 1713, un major, qui a fait arrêter un bourgeois, est mis en prison pour huit jours ; un officier, qui a « poussé les choses un peu loin » dans une bagarre, est condamné aux arrêts. (Bibl. nat., fr., 8902, 8910, 8933.)
4. Voir *la Ville sous l'ancien régime*, 2ᵉ édit., liv. V, ch. IV ; *la Vie militaire*, t. I, p. 240 à 242, t. II, p. 234 à 250.

des troupes, dont l'intendant indiquait les étapes au ministre, qui en arrêtait la liste. Il veillait à ce que les communautés d'habitants leur fournissent le logement, la nourriture, et les voitures nécessaires pour le transport des bagages. Des marchés étaient passés par lui avec des entrepreneurs pour que les fournitures des vivres leur fussent faites régulièrement; si les communautés en faisaient l'avance par voie de réquisitions, c'était à l'intendant à veiller à ce qu'elles fussent remboursées sans délai [1]; c'était à lui d'empêcher les exactions des troupes. « Il ne faut pas souffrir, écrivait Louvois à Le Bret, qu'elles exigent quoi que ce soit des habitants pour le jour où elles arrivent dans un lieu, parce qu'elles doivent subsister au moyen de leur solde [2]. » Belle maxime, qui n'était pas toujours appliquée. Les transports militaires que l'on faisait par corvée donnaient lieu à des abus, auxquels on cherchait à remédier dès le règne de Louis XIV [3]. On finit par les rémunérer. D'après l'initiative et l'exemple des intendants de Limoges et de Bordeaux, ils furent, à partir de 1778, confiés à des entrepreneurs dans toute la France, au moyen d'impositions spéciales mises sur les taillables [4].

1. En 1683, les communautés du Dauphiné n'étaient pas encore remboursées de l'étape de 1682, ni même d'une partie de celle de 1681. (Bibl. nationale, 8823.) La direction des étapes et la connaissance de leurs comptes exercée par les trésoriers, fut définitivement donnée aux intendants par un édit de 1716. (*Traité des droits*, t. III, p. 281.)
2. Lettre du 20 août 1683. (Ibid., 8824.)
3. Caffiaux, *Essai sur le Régime économique du Hainaut*, p. 396.
4. Arch. nationales, H. 91.

L'intendant ne s'occupait pas seulement des étapes et des corvées; il exerçait un certain contrôle sur les commissaires des guerres; il avait à pourvoir à tout : on lui demande des états des souliers des troupes; il procure des capotes aux sentinelles d'une ville forte; il signale le manque d'argent pour le payement des troupes dans sa province, et s'enquiert s'il peut en prendre sur le fond des gabelles[1]; il est même chargé par le ministre de la guerre de faire instruire les soldats, par le plus habile armurier de chaque place, à démonter les platines de leurs fusils[2].

Il y avait, comme on le sait, des intendants d'armée auprès des corps de troupes en temps de guerre; mais l'intendant de la province n'en était pas moins chargé de veiller à l'approvisionnement des troupes en garnison comme en marche; il réglait la dépense de leur nourriture; le receveur général en faisait l'avance, et on la remboursait par une imposition, connue sous le nom de quartier d'hiver, qui était levée sur les taillables, sur une simple lettre du ministre de la guerre[3]. Dans certains cas, les communautés rurales fournissaient des grains pour le pain de munition; celles de Franche-Comté envoyèrent ainsi, en **1716**, aux magasins du roi 4,000 sacs de

---

1. Bibl. nationale, fr., 8886, 8898. — A. de Boislisle, t. III, n° 14. Il doit s'informer en 1686 du nombre de pistolets qu'on fabrique à Saint-Étienne, « afin que Sa Majesté puisse juger si elle doit défendre d'en faire de nouveaux. » (Bibl. nat., 8828.)
2. En 1727. Bibl. nationale, fr., 8933.
3. Lettre de l'intendant de Courson, 1715. Bibl. nat., fr., 11376.

blé, dont la valeur fut déduite de leurs contributions de l'année [1].

Les logements militaires donnaient lieu à de fréquentes contestations. L'intendant statuait sur les exemptions réclamées, et condamnait à l'amende ceux qui ne pouvaient les justifier[2]; il cherchait à faire répartir équitablement par les municipalités la charge des logements, et réprimait, en cas de nécessité, les exigences des soldats et des officiers. En 1716, l'État voulut faire établir partout des casernes, même dans les petites villes et les bourgs qui servaient de gîtes d'étapes. L'intention était louable, mais impossible à réaliser. Des casernes furent construites dans les places fortes des frontières[3], sous la direction des intendants, qui en surveillaient les plans, en faisaient eux-mêmes le toisé et la réception, s'occupaient même de leur mobilier et de la fourniture des lits[4]. Les fortifications elles-mêmes étaient soumises à leur contrôle. Les ingénieurs, qui dépendaient du commissaire général des fortifications, leur étaient subordonnés; ils n'étaient chargés que de l'exécution. Aux intendants étaient réservées la con-

---

1. Bibl. nationale, fr., 11832.
2. R. Dareste, p. 133.
3. Voir *la Vie militaire*, t. I, ch. III. — Caron, *l'Administration des états de Bretagne*, p. 22 à 73.
4. Colbert, *Lettres*, t. V, p. 3, 4, 8, 39, etc. — Voir un mémoire de 1724 pour l'établissement de casernes en Dauphiné (Bibl. nationale, 8469); des devis et des plans pour la construction et le mobilier d'une caserne à Auch. (Arch. nat., H. 68.) — Turgot stimule aussi des établissements de ce genre et fait modifier des plans qu'il trouve trop ornés. (D'Hugues, p. 33 et 137.)

clusion des marchés, la distribution aux entrepreneurs des plans et devis, la surveillance et la réception des travaux. Aussi, lorsqu'ils entrent en fonctions, vont-ils visiter, souvent avec leur prédécesseur, toutes les places fortes de leur province, pour examiner l'état des remparts et juger des réparations nécessaires[1]. Ils font aussi des tournées avec les ingénieurs. En 1674, l'intendant de la Rochelle visite l'île de Ré avec Vauban, et s'entend avec lui pour tout ce qui concerne les fortifications de cette île.

C'est aussi aux intendants, et dans les pays d'états, aux élus, que le ministre demande des corvéables pour les fortifications. En 1673, l'intendant d'Amiens doit envoyer 2,600 habitants du gouvernement de Saint-Quentin travailler aux remparts de Guise; à la même époque, le roi demande aux élus de Bourgogne cent mille journées d'hommes pour fortifier Auxonne et démanteler d'autres villes. C'était peut-être exiger beaucoup, et le contrôleur général devait écrire à l'intendant pour stimuler le zèle des élus. L'intendant est ailleurs chargé de faire planter des arbres sur les talus des remparts, de régler les estimations des maisons et des terrains dont l'expropriation est exigée par les nécessités de la défense[2]. Il lui appartient de transmettre les devis des magasins à poudre et de signaler les dangers que présen-

---

1. Boyer de Sainte-Suzanne, p. 315. — Bibl. nationale, 8472, 8821, 8937. Arch. Nat, H. 68.
2. Colbert, t. V, p. 94, 68, 71, 142, 173. — En 1681, l'intendant de Béarn doit faire venir cent maçons du Limousin pour l'achèvement de la citadelle de Bayonne. (Bibl. nationale, fr., 8821.)

tent certains d'entre eux[1]. Il surveille aussi la construction des hôpitaux militaires en cas d'urgence; s'il ne se trouve pas de local convenable, il peut en installer dans les églises des couvents, mais non dans les églises paroissiales; en tout temps, il fait rembourser aux hôtels-Dieu civils les journées des soldats qui y sont admis, envoie l'état de ceux qui y meurent et règle le payement des médecins[2].

L'armée, comme on le sait, se recrutait par des enrôlements volontaires. C'était à l'intendant à signaler et à faire réprimer les violences et les fraudes des racoleurs, comme à les protéger contre les révoltes « de la populace », qui leur enlevait parfois leurs recrues. Dans les derniers temps, l'engagement n'était définitif que lorsque la nouvelle recrue avait déclaré, devant un subdélégué, qu'elle l'avait signé sans contrainte[3]. L'intendant donnait son avis sur les demandes d'admission à l'École militaire et aux Invalides; il pouvait être chargé de veiller aux traitements des officiers, aux dettes qu'ils contractaient, à leurs pensions et à celles de leurs veuves.

1. De Bardies, p. 38. — A. de Boislisle, t. III, n° 936.
2. D'Aube, Mémoire. — En 1707, le prix de la journée du soldat dans un hôpital est de 10 sous. Si un hôtel-Dieu, comme l'hôpital du Saint-Esprit de Marseille, refuse de recevoir des soldats atteints du scorbut, un ordre du roi l'y contraint. (Bibl. nationale, fr., 8884, 8836.)
3. Voir la Vie militaire, t. I, ch. II. — D'Arbois de Jubainville, p. 79. — Inv. Arch. Marne, C. 313. — Bibl. nationale, fr., 8883. En 1706, Le Bret fait une enquête sur un capitaine d'infanterie accusé d'enrôlement et de « transmarchement par force » de quelques paysans. Son père avait dû faire arrêter un capitaine qui avait levé une compagnie dont le roi n'était pas satisfait. (Ibid., 8836.)

La recherche des déserteurs était signalée à sa vigilance, et s'il ne réprimait pas seul et d'ordinaire les délits des soldats, il siégeait de droit dans les conseils de guerre, où il avait voix délibérative [1].

Les intendants pouvaient même s'occuper du recrutement des soldats pour les armées étrangères. En 1737, le ministre de la guerre leur écrivait : « Le roy serait très disposé à faire plaisir au roy de Prusse, en lui procurant quelques grands hommes pour ses gardes; si dans ceux que vous réformerez, il s'en trouve au-dessus de la taille de 5 pieds 6 pouces, vous leur proposerez de prendre parti au service de ce prince [2]. »

L'intervention de l'intendant fut surtout active, lorsqu'à partir de 1688, l'État eut recours au recrutement forcé, pour la formation des milices provinciales. Il fut chargé de fixer la quantité d'hommes que chaque communauté d'habitants et d'artisans fut appelée à fournir; il fut le juge des cas d'exemptions et des excuses; il punissait les réfractaires; ses subdélégués présidaient au tirage au sort, lorsqu'il fut substitué à la désignation par les habitants [3]. La convocation, l'équipement, l'armement des miliciens lui appartint; il désignait le lieu où ils devaient être assemblés et recevoir leurs armes, tirés d'arsenaux ou de magasins placés sous sa sur-

---

1. *Traité des droits*, t. III, p. 223 à 251. — L'intendant est aussi chargé de renvoyer au ministre la croix de Saint-Louis des chevaliers décédés.
2. *Inv. Arch. Ille-et-Vilaine*, C. 30.
3. D'Aube, Mémoire, p. 496 à 488.

veillance. Il avait aussi le droit de présenter les officiers, et d'ordinaire, ses présentations étaient acceptées par l'autorité supérieure [1]. Toute l'organisation de cette armée territoriale rentrait dans ses attributions, et quand, dans l'intervalle de leur service actif, les miliciens revenaient dans leurs foyers, ils devaient s'adresser à lui pour obtenir l'autorisation de se marier ou de s'absenter de leur village [2]. Dans les provinces maritimes, il s'occupait également des milices gardes-côtes; et s'il assurait l'exécution de la loi, à l'égard des populations, il les protégeait contre les vexations qu'elle pouvait entraîner. Lamoignon de Courson prenait le parti des gardes-côtes de la Guienne, rançonnés par leurs officiers. » Presque tous les officiers, écrivait-il, sont des paysans qui n'ont jamais servi, incapables de former ces gens-là; et ils ne les assemblent que pour trouver un prétexte de les inquiéter et d'exercer leur animosité [3]. »

L'administration de la marine n'était pas plus étrangère aux intendants que celle de la guerre. Même dans les provinces intérieures, ils pouvaient

1. Voir sur les milices ce que nous en avons dit antérieurement : *Le Recrutement territorial sous l'ancien régime*, in-8°, 1876; — *Le Village*, liv. IV, ch. III; *La Ville*, t. II, p. 95 à 98. — D'Arbois de Jubainville, p. 73 à 77. — J. Gebelin, *Histoires des milices provinciales*, 1882. — L. Hennet, *Les Milices et les troupes provinciales*, 1884. — *Inv. arch. Lot*, C. 514 à 799; etc.

2. Dans l'intendance de Limoges, Turgot permit aux communautés de payer une contribution pour rendre volontaire l'engagement de chaque milicien. (D'Hugues, *Administration de Turgot*, ch. VI.)

3. Bibl. nationale, fr., 11376. — Voir aussi A. de Boislisle, t. III, n° 1739. — Lamare, *Inv. arch. Côtes-du-Nord*, Intr., p. 42. — Caron, 2ᵉ partie, ch. II.

être appelés à s'occuper du choix et du transport des bois destinés à la construction des vaisseaux; ils veillaient au recrutement des hommes inscrits dans les classes de l'inscription maritime[1]. Leur juridiction s'étendait sur les cas de révolte et de piraterie; en 1710, l'intendant d'Aix juge les auteurs de la révolte d'un équipage armé en course; en 1716, celui de la Rochelle interroge un capitaine d'un brigantin, accusé de piraterie et incarcéré par ordre d'un commissaire de la marine. Ils pouvaient aussi procéder à la vente publique des prises faites par les corsaires; Foucault fait adjuger, en 1691, une prise de sucre au prix de 150,000 livres, et il fait observer que le roi n'aurait pas profité de cette vente, si elle avait été faite par les officiers de l'amirauté.

1. *Traité des droits*, t. III, p. 244. — Bibl. nationale, fr., 8891, 11375. — Foucault, p. 272.

CHAPITRE VII

LA TUTELLE DES VILLES ET DES COMMUNAUTÉS.

Intervention de l'État. — Administration des communautés d'habitants par elles-mêmes. — Liquidation des dettes. — Protection contre l'autorité seigneuriale. — Rôle des intendants à l'égard de la noblesse. — Indépendance et prétentions de celle-ci. — Répression de ses exactions et de ses violences. — Enquêtes des intendants. — Leurs jugements. — Procès faits par Bérulle. — Redevances féodales. — Réclamations contre les seigneurs. — Plaintes des seigneurs. — Contrôle par l'intendant des comptes des communautés et de leurs agents. — Officiers municipaux des villes. — Intervention de l'administration dans leur nomination. — Courson à Périgueux. — Charges municipales obligatoires. — Désordres dans la gestion communale. — Haute main des intendants sur cette gestion. — Ils protègent les intérêts communaux.

L'intervention de l'intendant dans les affaires municipales est parfois nécessaire, souvent utile, dans certains cas nuisible. La liberté communale est limitée, dans les grands états, par la loi supérieure de l'intérêt général; elle peut également être restreinte par la nécessité de la protéger contre l'incapacité ou la partialité des hommes entre les mains desquels est remise la gestion des intérêts locaux. Si le contrôle que détermine la loi est contenu dans de justes bornes, et s'il sait éviter l'arbitraire, il est difficile d'en contester la légitimité et d'en méconnaître les résultats salutaires.

On sait que les institutions municipales des villes et des villages n'étaient pas les mêmes avant la Révolution. Les villes avaient d'ordinaire des officiers municipaux, maires, échevins ou consuls; les villages et la plupart des bourgs s'administraient eux-mêmes, en se faisant représenter, dans certains cas, par des syndics nommés par l'assemblée générale de leurs habitants. Les habitants des communes rurales avaient pu souffrir de l'oppression de leurs seigneurs comme de leur propre incapacité. Ils avaient entamé des procès onéreux, ils avaient aliéné leurs biens communaux, ils s'étaient souvent endettés pour des causes diverses ; et lorsqu'après les guerres de la Fronde, Louis XIV voulut rétablir le calme et la règle dans son royaume, les intendants, auxiliaires de ses volontés bienfaisantes, s'efforcèrent de régler les procès, de soumettre au contrôle royal les emprunts et les aliénations de bien communaux, d'assurer aux communautés la possession de leurs biens, de liquider leurs dettes[1]. Travail immense, qui ne se terminait sur certains points que pour recommencer sur d'autres. En 1671, l'intendant Bouchu écrivait à Colbert qu'il y avait en Bourgogne 9,000

---

1. Voir *le Village sous l'ancien régime*, liv. I, ch. III, IV et V; et *la Ville sous l'ancien régime*, liv. I, ch. V et liv. III. Nous ne reproduisons pas ici ce que nous avons déjà dit sur les rapports entre les intendants et les municipalités. — Voir aussi Henry Babeau, *les Assemblées générales des communautés d'habitants du treizième siècle à la Révolution*, 1893.

créanciers à rembourser par 2,500 communautés[1]. En 1689, l'intendant de Provence et l'archevêque d'Aix proposaient de refaire, sur un nouveau plan, tout le travail de la liquidation des dettes, en annulant les liquidations antérieures; ce que le ministre repoussait, en faisant observer qu'une semblable manière d'agir pouvait avoir « de dangereuses conséquences ». Des instructions recommandaient aux commissaires départis de « régler et d'annuler toutes les dettes qui ne seraient pas bien fondées, de réduire les intérêts des autres, de chercher le moyen de les acquitter par des impositions, de sorte qu'en six ou huit ans toutes les villes du royaume fussent quittes de toutes dettes[2]. » C'était à coup sûr une illusion, surtout pour les villes, qui avaient plus de crédit et d'initiative que les communautés villageoises; mais on ne peut nier que, pour celles-ci, la tutelle des intendants réduisit notablement le chiffre de leurs dettes, lorsqu'elle ne parvint pas à les éteindre.

Les intendants de Colbert eurent aussi à protéger certaines communautés villageoises contre l'oppression et les violences de leurs seigneurs. Ils trouvaient devant eux la noblesse, dont ils étaient, par la nature de leur mission et la force des circonstances, les antagonistes et les modérateurs. Ils devaient

---

1. Bouchu, Corresp. inédite, t. III, fol. 81.
2. Bibl. nationale, fr., 8835, 22196. — En 1708, on demanda aux intendants un état des dettes des villes et communautés que les magistrats municipaux devaient certifier, sous peine de 1,000 fr. d'amende, en cas d'inexactitude. (A. de Boislisle, *Corr.*, t. III, p. 33.)

être les instruments des coups que leur porta l'autorité royale dans l'ordre politique comme dans l'ordre social.

Les guerres civiles de la fin du seizième siècle et de la Fronde avaient appris au pouvoir royal que la noblesse seule pouvait lui résister et mettre obstacle à son développement. Les masses populaires n'étaient pas en état de faire valoir leurs forces; la bourgeoisie, les parlements même ne pouvaient que protester sans agir. La noblesse avait encore ses armes et ses châteaux, que Richelieu s'efforça de faire démanteler par l'intermédiaire des intendants. C'est à ceux-ci que fut dévolue la tâche de surveiller, de contenir et de faire plier la noblesse à l'observation des lois. Aussi leur demande-t-on, sous Louis XIV, de signaler les principales maisons de leur province, leur rang, leurs alliances, leurs biens, leurs mœurs et leur conduite. On veut savoir quel est le crédit des gentilshommes sur leurs pairs et sur le peuple; on veut être renseigné sur leur influence comme sur leurs mérites, leurs services, et même sur les revenus qu'ils tirent de leurs terres. Il est important pour la cour de savoir s'ils cultivent leurs terres par leurs mains ou par celles de leurs fermiers, parce que c'est un indice de leur humeur guerrière ou sédentaire. Leur devoir, qui est en même temps la raison d'être de leurs privilèges, est d'aller à la guerre; quels sont ceux qui s'acquittent et s'affranchissent de cette charge[1]? L'intendant n'est pas,

---

1. Mémoire pour les maîtres des requêtes, commissaires départis pour les provinces. Bibl. nationale, fr., 22196.

comme le gouverneur, le grand bailli ou le sénéchal, le chef de la noblesse; il en est le contrôleur. Et comme il entre dans sa mission d'en signaler les vices et les abus plus souvent que les mérites, il s'attire souvent la haine et l'opposition de quelques-uns de ses membres les plus influents. Boulainvilliers se fait l'organe de leurs colères en accusant les intendants d'être les ennemis jurés de la noblesse, « qu'ils accablent pendant qu'ils la flattent, » et en allant jusqu'à leur reprocher de « l'insulter par la somptuosité de leurs repas [1]. »

Dans les pays d'états, ils se trouvent en présence d'un corps organisé, qui a ses assemblées, qui formule ses vœux et sait faire valoir ses prétentions. D'anciennes traditions féodales y persistent, comme dans le Béarn, où la noblesse prête au roi un nouveau serment de fidélité, foi et hommage, à chaque changement de règne [2]. Dans l'évêché de Coutances, les nobles forment un syndicat pour ne pas reconnaître les juges ordinaires dans un procès qu'ils ont avec l'évêque [3]; l'intendant est obligé de faire reléguer les deux gentilshommes qui ont suscité ce syndicat. En 1715, la noblesse de l'Agénois s'assemble, sans ordre du roi, pour demander une diminution de tous les impôts. C'est une prétention qu'un blâme formel de l'intendant réprime [4]. Il doit aussi savoir si les nobles favorisent ou empêchent les procé-

---

1. *État de la France*, Préface, t. I, p. v.
2. Bibl. nationale, fr., 11381.
3. Foucault, p. 38.
4. Bibl. nationale, fr., 11376.

dures des bailliages et des présidiaux, et de quelle manière ils exercent les droits de justice seigneuriale dont ils sont en possession.

On sait qu'une des plus précieuses prérogatives de l'intendant est de défendre les sujets de « toute foule et oppression; » l'oppression la plus fréquente et la plus onéreuse au dix-septième siècle est celle des paysans par leurs seigneurs. Il doit donc s'enquérir si ceux-ci « commettent des violences sur les habitants de leurs terres, » et dans le cas où il y en aurait d'impunie, en faire connaître les détails au roi. Colbert voulait surtout qu'on poursuivît les gentilshommes accusés de lever des droits indus, tels que péages, corvées et doubles tailles, sur leurs paysans [1]. On signalait surtout dans la généralité de Limoges « les violences des gentilshommes, mains-fortes et coqs des paroisses [2]. » En Bourgogne, c'est un seigneur qui veut faire réparer les fossés de son château, en s'appuyant sur son droit de guet et de garde. « Ce qui est une pure vexation, dit l'intendant Bouchu, et un sujet de rapine et de concussion [3]. » Des gentilshommes passent pour « faire un grand nombre de vexations sur les peuples; » ils en exigent des redevances doubles et triples de ce qu'il leur est dû. « Ce que vous pouvez faire de plus utile pour le service du roi, écrit Colbert à l'intendant, est de bien connaître tout ce qui se passe sur ce sujet, pour ensuite en rendre compte à Sa Majesté, afin

1. Colbert, *Lettres,* t. IV, p. 143.
2. Bibl. nationale, fr. 8821.
3. Bouchu, Correspondance inédite, t. II, fol. 165.

qu'elle puisse vous donner ses ordres et expliquer ses intentions sur ce sujet. Il est nécessaire que dans les différents voyages que vous ferez, vous vous informiez continuellement de tout ce qui se passe sur ces points, et que vous en fassiez des mémoires pour me les envoyer, parce que comme c'est une matière de juge ordinaire, Sa Majesté veut que vous reconnaissiez si ce désordre est tel et si général qu'il soit nécessaire d'y employer une autorité extraordinaire, comme celle de vous donner le pouvoir d'en informer et juger. »

Les faits furent jugés assez graves en cette occasion pour que Colbert envoyât à l'intendant un arrêt du conseil, qui lui permit de poursuivre les plus coupables. « Quoique vous ayez de la peine à trouver des témoins pour déposer contre ces gentilshommes, écrivait Colbert, vous aurez la satisfaction de voir qu'aussitôt qu'il y en aura un de puni, tous les paysans ne manqueront pas de vous déclarer facilement les violences de tous les autres[1]. » On pourrait citer, sous Louis XIV, d'assez nombreux exemples d'intendants faisant arrêter des nobles, qui ont exercé des violences sur les habitants de leurs villages, les ont maltraités et rançonnés. Foucault condamne à mort plusieurs d'entre eux, qui se sont rendus coupables de meurtres; l'un d'eux est décapité; d'autres pendus. Il fait emprisonner un gentilhomme qui a enlevé l'argent de la taille sur le grand chemin; un

---

1. Lettres de Colbert des 20 février et 8 novembre 1681. Bibl. nationale, fr., 8821.

autre, qui donne asile à des bohêmes dans son château. En 1716, un seigneur séquestre arbitrairement un notaire[1]. Un autre est accusé « de mettre ses sujets dans les basses-fosses de son château » et de ne pas payer 28,800 livres qu'il doit à la communauté des habitants[2]. Dans bien des cas, le seigneur est créancier de sa communauté ou plaide contre elle, et l'intervention de l'intendant est souvent efficace pour aplanir les difficultés et terminer les différends.

Les grands jours avaient réprimé, comme nous l'avons vu, les exactions les plus violentes; mais c'était un remède auquel on ne pouvait toujours recourir. Bérulle n'était pas d'avis, en 1685, de les faire fonctionner en Auvergne. « Il y a pourtant, disait-il, bien de ces petits gentilshommes qui tuent, maltraitent et s'emparent par autorité du bien du paysan et de tout ce qui les accommode. Il y a encore tous ces juges de village, procureurs d'office et coqs de paroisse qui, dans leurs manières font bien du mal. » Bérulle fait leur procès; « ce travail, dit-il, ne lui fait pas de peine et ne le charge point ». Des paysans se plaignent à lui des violences du maître valet du fermier de leur seigneur, qui les maltraite à coups de bâton et de baïonnette, tue leurs bestiaux à coups de fusil, exige d'eux des corvées qui ne sont pas dues. Bérulle, sur l'avis du contrôleur

---

[1]. Il le retient 30 heures dans son château, parce qu'il a reçu un acte de nomination d'un collecteur par les habitants d'une petite ville. (Bibl. nationale, fr., 11375.)

[2]. Foucault, p. 37, 39, 50, 85, 179. — Bibl. nationale, fr., 8831.

général, fait chasser ce maître valet[1]. L'intendant pouvait être désigné pour juger des violences commises par des seigneurs et leurs domestiques, comme pour régler les contestations « nées ou à naître » suscitées par les droits féodaux[2].

Plusieurs des redevances que les seigneurs tiraient des habitants remontaient seulement aux guerres de religion, où les villageois pour se faire protéger contre les violences des gens de guerre, s'étaient déclarés les hommes liges des gentilshommes, « taillables et corvéables à miséricorde », et s'étaient engagés à leur payer tribut. Ces sortes d'abus, qui s'étaient perpétués sur certains points, étaient signalés aux intendants et au roi. Le roi était bien loin; l'intendant était plus à portée, et c'est à lui qu'on écrivait pour obtenir justice contre les puissants. En 1707, les habitants d'un gros bourg de Provence lui adressent la supplique suivante : « Monseigneur, voiez une pauvre communauté qui, ne pouvant avoir aucune justice contre les opressions que son seigneur lui fait, est obligée d'avoir recours à Votre Grandeur pour lui demander qu'elle interpose son autorité, afin que ses juges veuillent seulement l'écouter[3]. » Ailleurs, on s'adresse directement au contrôleur général. « Je sommes, lui écrit-on, huit pauvres collecteurs... qui sommes contraints de vous porter

---

[1]. Arch. nationales, G 7, 102.
[2]. Bibl. nationale, fr., 8363, 8366. — Fontanieu doit connaître des contestations relatives aux cens et rentes du maréchal de Villeroy en Dauphiné.
[3]. Bibl. nationale, fr., 8836, 8884.

plainte contre M. le comte de Froullay... » Leur réclamation est renvoyée à l'intendant, qui la trouve fondée et prend des mesures en conséquence [1].

Si l'intendant intervient, comme il arrive souvent, dans l'intérêt public, le seigneur peut se plaindre à la cour, où ses réclamations trouvent parfois de l'écho. On avertit un intendant de mieux ménager la noblesse de sa province, et on le menace de faire connaître en cour « ses déportements avec elle ». En général, les intendants étaient en relations très courtoises avec les gens de qualité qu'ils recevaient à leur table, qu'ils visitaient dans leurs châteaux; et qui, au besoin, les traitaient de monseigneur. Ils donnaient parfois satisfaction à leurs plaintes, en forçant par exemple un syndic à demander pardon à un marquis; mais ils savaient aussi réprimer leurs usurpations. Un grand seigneur ayant obligé les habitants de plusieurs communautés à nommer des consuls de son choix, Foucault n'hésita pas à les casser et à rétablir les habitants « dans la liberté où ils étaient de se choisir des consuls [2] ».

L'effort constant des intendants fut de substituer, dans la communauté villageoise, leur contrôle à la tutelle seigneuriale; ils parvinrent au but qu'ils se proposaient, par une lutte patiente, prudente, mais successive et persistante [3]. Ce ne fut qu'au milieu du

---

1. A. de Boislisle, *Correspondance des contrôleurs généraux*, t. III, n° 1106.
2. Bibl. nationale, fr., 8898, 11372. — Foucault, p. 85.
3. Grâce aux intendants, selon Boulainvilliers, la noblesse perdit son autorité naturelle sur ses propres sujets, et fut tellement avilie

dix-huitième siècle qu'ils obtinrent, par des arrêts du conseil, le droit exclusif pour leurs subdélégués et pour eux d'arrêter les comptes, d'inscrire ou d'effacer tel article à leur gré, de recevoir les adjudications, de régler les contestations relatives aux élections des syndics, au besoin même, de nommer des syndics d'office. Ce n'était pas pour eux une sinécure, notamment pour l'examen annuel des comptes, au nombre de 2,000 dans la seule province de Lorraine[1]. Leur intervention réprime dans certains pays les malversations, les friponneries, l'inertie ou la partialité des consuls et des syndics; parfois, ceux-ci sont soutenus par les juges seigneuriaux, et l'intendant, malgré tout le pouvoir dont il dispose, est tenu en échec par un magistrat de village. En 1764, dans une paroisse de Champagne, à la suite de divisions dans une élection communale, le subdélégué fait nommer un nouveau syndic par l'assemblée d'habitants. Le lieutenant du juge local lui défend d'exercer ses fonctions. Le subdélégué informe l'intendant; celui-ci saisit le conseil du roi qui rend un arrêt annulant les décisions du lieutenant. Le lieutenant, à qui l'arrêt est notifié, n'en tient aucun compte. Le subdélégué n'a d'autre ressource que d'aller se plaindre au seigneur, en lui représentant la conduite irrégulière de ses officiers, qui « ne

que les seigneurs devaient « demeurer à jamais exclus du droit de diriger et de conduire cette populace aveuglée. » (*État de la France*, Préface, t. I, p. v.)

1. D'Arbois de Jubainville, p. 125 à 131. — Mathieu, p. 265. — Marchand, p. 120. — Sainte-Suzanne, p. 334.

cherchent qu'à piller ses vassaux; » le seigneur fait venir son lieutenant, le tance, tout en l'approuvant peut-être au fond; mais celui-ci se garde bien de restituer les amendes que l'arrêt du conseil l'obligeait à rendre, et persiste à s'immiscer dans le règlement des comptes de communautés. La toute-puissance de l'administration royale venait s'émousser contre la force d'inertie d'un petit magistrat local, que son obscurité même protégeait [1].

Elle se heurtait dans les villes contre d'autres influences. Les villes avaient rarement à souffrir de l'oppression des gentilshommes qui, sauf dans certaines régions du Midi, n'y exerçaient qu'un pouvoir secondaire ou nul; mais elles pouvaient être dominées par des familles de magistrats et de marchands, qui se perpétuaient dans les charges municipales au détriment des intérêts publics. D'Argenson, dans son intendance de Hainaut, fait cesser des abus de ce genre qui nuisaient aux peuples « en enorgueillissant quelques coquins de bourgeois, » dont la magistrature dégénérait, suivant lui, en tyrannie [2].

En revanche, le cardinal de Fleury recommande en 1730 de continuer dans leurs fonctions les consuls d'Aix. L'un d'eux est le seul capable de s'acquitter de l'affouagement. « J'ai eu quelque peine, avoue le cardinal, de le voir trois ans de suite dans le chaperon; mais cette ville est si dépourvue de sujets, qu'on ne pourrait y substituer aucun tant soit peu digne de le remplacer. Si vous n'y trouvez donc

1. *Grosley magistrat*, 1882, p. 12 à 14.
2. *Mémoires*, t. I, p. 45.

point d'inconvénient, écrit-il à Le Bret, je vous supplie de leur écrire qu'ils feront bien de continuer encore les consuls, pour cette année seulement et sans conséquence. Cet avis de votre part sera plus doux qu'une lettre de cachet, et aura pourtant le même effet[1] ».

Du choix des maires et des consuls dépendait la prospérité des villes. L'intendant Legendre disait avec raison qu'il importait « de remplir les consulats des gens les plus capables, parce que ce sont les boussoles des peuples ». Aussi, tantôt les intendants interviennent-ils pour faire élire un candidat désigné par eux ou par quelque grand personnage[2], tantôt même pour le faire nommer par lettre de cachet. Leur rôle le plus habituel est d'assurer les nominations contre les brigues et les cabales, de maintenir les anciens usages électoraux, de veiller à l'exécution des lois qui modifient, pendant un certain temps, le recrutement des officiers municipaux. Parfois, comme en 1717, l'intendant ou son subdélégué préside aux élections; ailleurs, il en défend la liberté contre les prétentions du gouverneur ou du lieutenant général[3]; il les casse pour vices de formes ou pour violences manifestes. On le voit aussi apaiser par sa présence le « feu » que les compétitions allu-

---

1. Lettre du 11 décembre 1730. Bibl. nationale, fr., 8941.
2. Le duc de Noailles veut faire élire à Colmar un bourgmestre; on lui objecte qu'il n'est pas éligible. A Poitiers, on nomme en 1717 un protégé du prince de Conti. (Bibl. nationale, 11383, 11374.)
3. Le Bret père, en 1689, défend la liberté des élections d'Aix contre l'ingérence de Grignan.

ment dans les villes, et « aplanir amicalement toutes les difficultés[1] ».

Les procédés des intendants à l'égard des officiers municipaux n'ont pas toujours ce caractère amiable et conciliant. Quelques-uns des commissaires départis croient que la rigueur et même la violence sont nécessaires pour faire respecter leur autorité, et n'hésitent pas à y recourir. En 1715, la communauté des habitants de Périgueux ayant refusé de rembourser le prix des charges municipales aux titulaires, l'intendant Lamoignon de Courson, fils du terrible Basville, n'hésita pas à faire jeter en prison le lieutenant du maire et deux consuls. L'assemblée des habitants, intimidée, revint sur son vote, et décréta des taxes onéreuses, sur l'invitation de l'intendant. Deux notables s'en plaignent à Courson; il les fait incarcérer à Bordeaux. Deux autres vont à Paris; le premier est jeté à la Bastille; mais le second parvient auprès du Régent; il obtient que sa réclamation sera portée au conseil des finances, où elle trouve un défenseur chaleureux dans le duc de Saint-Simon, qui fait casser les ordonnances de l'intendant et annuler l'adjudication des taxes. Courson dut céder; les prisonniers furent relaxés, mais non sans difficultés, car ceux qu'on avait enfermés à Bordeaux voulaient être jugés avant d'être libérés, et ne se décidèrent qu'avec peine à sortir de leur prison[2].

---

1. Bibl. nationale, 8834, 11374, 11382, 11381. — Marchand, p. 118.
2. De Bosredon, *Épisode de l'histoire de Périgueux sous la*

Les charges municipales étaient parfois si onéreuses, qu'on cherchait par tous les moyens à s'en affranchir. C'est ainsi qu'en 1712 le marquis d'Estoublon demandait au roi d'en être dispensé à l'avenir. Il fallait un ordre du souverain pour lui permettre de sortir du conseil de la ville d'Arles[1]. En 1736, des maires nommés d'office dans six villes du Dauphiné, sur la désignation des subdélégués, refusèrent d'accepter, par crainte de déplaire aux seigneurs. « De pareils refus, disait le ministre, ne devaient pas être tolérés, » et l'intendant recevait l'ordre d'enjoindre « à ces particuliers de faire les fonctions des offices auxquels il avait plu au roi de les commettre[2] ».

Les rapports entre les villes et les intendants étaient rarement difficiles, surtout au dix-huitième siècle, où les échevinages acceptaient d'ordinaire leur contrôle; cependant Fontanieu se plaignait en 1733 des principales villes du Dauphiné : « on ne pouvait, selon lui, répondre de leur subordination, » et quoique personne ne fût moins que lui porté à la rigueur, il la croyait toutefois nécessaire à leur égard[3]. Le souci de leur gestion financière était pour les intendants une préoccupation plus constante. Il y avait parfois des désordres administratifs qui s'é-

---

Régence. Bulletin des sciences économiques, 1890, p. 18. 3. — Lettres de Courson. Bibl. nationale, fr., 11376.

[1]. Lettre de Torcy, du 8 novembre 1712. Bibl. nationale, fr., 8898. — En 1709, même demande d'un major, qui a 30 ans de services et veut être dispensé du consulat à Arles. (Ibid., 8889.)

[2]. Lettre d'Orry, du 11 mars 1736. Bibl. nationale, fr., 8374.

[3]. Bibl. nationale, fr., 8456.

taient perpétués et qu'il devenait nécessaire de faire cesser. Tel était l'état des finances de Marseille en 1714; tel était celui de Bayonne en 1716. Dans cette ville, les trésoriers n'avaient pas rendu de compte depuis sept ans; il était dû 200,000 francs d'arrérages, et selon l'intendant qui voulait tout régulariser, « les revenus de la ville se dissipaient, comme il plaisait à Dieu et à ceux qui s'en mêlaient [1] ».

L'intendant s'occupait particulièrement des revenus et des recettes des villes. Ces revenus provenaient en partie de leurs biens patrimoniaux, en partie des octrois [2] et des impôts locaux plus ou moins nombreux, pour la levée desquels son autorisation était nécessaire. Il devait « faire établir une parfaite économie pour leur perception, veiller aux adjudications, et se faire représenter, s'il le jugeait à propos, les comptes de ceux qui avaient le maniement des deniers communs et d'octroi. » Son intervention pour le règlement des dettes lui avait, depuis longtemps, donné l'occasion de s'immiscer dans les comptes communaux, de s'en faire adresser des états, d'autoriser les dépenses [3]. « Il n'est pas seule-

---

1. *Le Maréchal de Villars*, p. 102 à 111. — Lettre de Legendre. Bibl. nationale, fr., 11381
2. Montyon avait fait gagner 399,000 fr. à la ville de la Rochelle sur le renouvellement de son bail d'octrois. (F. Labourd, *M. de Montyon*, p. 42.)
3. Ainsi, les maire et échevins de Rouen demandent en 1716 à l'intendance d'autoriser une dépense faite de 7.200 fr. pour la pompe funèbre du feu roi, et un emprunt de 15,000 fr. pour six ans, dont une partie sera employée à l'illumination et à l'entretien des lanternes. (Bibl. nationale, fr., 11378.)

ment le tuteur des communautés, dit Richer d'Aube, mais le juge de ce qui leur est utile et ne l'est pas¹. » Fontanieu demande la suppression de certains abus, comme les repas que les magistrats municipaux de Grenoble se donnent entre eux; et le ministre lui répond en 1734 : « Rien n'est plus à propos que de supprimer ces sortes de dépenses inutiles, et vous pouvez rendre une ordonnance à cet effet. » En vain, les villes veulent s'opposer aux injonctions et aux empiètements de l'intendant, en envoyant à la cour des députations chargées de s'en plaindre ; le conseil interdit ces députations, sous le prétexte qu'elles sont onéreuses aux intérêts communs par les dépenses qu'elles occasionnent².

L'intendant soutient tantôt les volontés des villes, tantôt les combat. Il demandera pour elles des dégrèvements d'impôts, dans les circonstances difficiles qu'elles peuvent traverser. Il les appuiera parfois contre les corps judiciaires, contre les gouverneurs, contre des influences qui leur semblent injustes. En 1717, les jurats de Bordeaux suppriment les appointements du maître d'hydrographie qui n'a jamais eu d'écolier et ne peut enseigner une science qu'il ignore. L'intendant donne raison aux jurats, mais il est obligé, par des ordres venus

1. Mémoire, p. 544.
2. Sainte-Suzanne, p. 334, 335. — Bibl. nationale, p. 8373. — Foucault, p. 297. — En 1765, le corps de ville de Châlons est obligé de présenter des sortes d'excuse à l'intendant, parce qu'il ne s'est pas adressé à lui seul, mais en même temps au ministre, pour obtenir la conservation des arbres du Jard. (Ed. de Barthélémy, *Hist. de Châlons-sur-Marne*, p. 247.)

de Paris, de les faire revenir sur leur décision. Les injonctions du pouvoir central peuvent ne pas être suffisamment justifiées, surtout lorsqu'elles sont faites contrairement aux avis de ses agents autorisés; elles peuvent, d'un autre côté, réagir contre des renseignements passionnés, et faire triompher la justice en dehors des considérations locales. En poursuivant l'abaissement des privilèges municipaux devant l'uniformité de la loi, l'intendant rencontre souvent des obstacles sur la route; il s'en irrite, même lorsqu'ils sont sans importance, comme à Perpignan, où les bourgeois immatriculés refusent de recevoir des lettres de bourgeoisie que le duc de Noailles a procurées, par la raison qu'ils ont seuls le droit d'en délivrer[1]; mais il est l'instrument docile et ferme de l'uniformité, qui mène à l'égalité, et que les institutions de **1789** implanteront dans les municipalités comme ailleurs, quelquefois avec un plus vif souci de la forme et de l'apparence que des véritables intérêts des populations.

1. Bibl. nationale, fr., 8898, 11376, 11378, 11380.

CHAPITRE VIII

LES IMPOTS.

Répartition et levée des impôts. — Rôle de l'intendant. — Impôts directs. — La taille et ses accessoires. — Fixation de la taille pour les provinces. — Remises et diminutions obtenues par l'intendant. — Motifs invoqués. — Département annuel de la taille. — Taille personnelle, réelle, tarifée. — Différence du marc la livre. — Recherches de l'égalité dans la répartition. — Privilèges et usurpations de noblesse. — Taxes et collecteurs d'office. — Chasse aux abus. — Efforts pour soumettre le clergé et la noblesse aux impôts. — Capitation. — Dixièmes et vingtièmes. — Résistance de la noblesse. — Confections des rôles. — Domaines du roi. — Juridiction de l'intendant sur les fermes générales. — Gabelles. — Faux sauniers. — Droits d'aides. — Résistances aux impôts et mission des intendants. — Contributions spéciales sur la province.

L'une des principales attributions de l'intendant dans les pays d'élections, et le but essentiel de ses tournées, c'était la répartition et la levée des impôts. Dans cette tâche, il devait à la fois concilier les intérêts du gouvernement et ceux des contribuables. On pourrait comparer son rôle à celui d'un berger, qui s'efforce d'entretenir son troupeau en bon état, afin que, se trouvant dans les meilleures conditions possibles, il fournisse la laine la plus belle à la tonte annuelle. La meilleure des politiques est celle qui se préoccupe d'accroître le bien-être et la richesse des particuliers, parce que de l'un et de l'autre découle la prospérité publique.

Le rôle financier des intendants était à peu près nul dans les pays d'états; il ne s'occupait guère que de la capitation[1]. Dans les pays d'élections, il remplace quelque peu les états en se faisant l'organe des besoins des populations; il n'est pas un fonctionnaire exclusivement fiscal; il préside à la répartition et à la levée des impôts directs; il surveille et contrôle celle des contributions indirectes; mais il est aussi l'interprète des vœux et des besoins des populations; il peut être leur avocat auprès du pouvoir. Il signale et réprime les exactions; il cherche à diminuer les frais. S'il comprend son rôle, et les ministres animés du bien public, comme Colbert et Orry le lui rappellent en d'éloquentes dépêches, il tempère pour le peuple la rigueur des lois fiscales, tout en s'efforçant de leur faire produire pour l'État le plus qu'elles peuvent donner.

Nous n'avons pas à étudier ici le mécanisme financier de l'ancienne monarchie; nous devons seulement mettre en relief la part qu'y prennent les intendants. Sans entrer dans le détail des impôts provinciaux, qui portaient des noms différents dans les pays d'états et les pays conquis, et même dans certains pays d'élections, nous parlerons seulement

---

1. De Coriolis, *Traité de l'administration du comté de Provence*, t. I, p. 15.

des impôts généraux qui peuvent se diviser en deux branches : l'impôt direct, comprenant la taille et ses accessoires, la capitation et les vingtièmes; l'impôt indirect, renfermant les aides, les gabelles, les traites foraines, et d'autres taxes, dont la perception était entreprise par des financiers, qui traitaient avec l'État et formaient, au dix-huitième siècle, la puissante compagnie des fermiers généraux.

Le taux de la contribution générale, c'est-à-dire de la taille et de ses accessoires, était fixé chaque année dans le conseil du roi, sur les renseignements recueillis par chaque intendant dans ses tournées. Celui-ci pouvait encore présenter ses observations sur cette fixation, avant l'expédition du brevet qui lui faisait connaître, d'une manière définitive, le montant des tailles à payer dans sa généralité et dans chacune des élections qui la composaient. Les réclamations des intendants étaient souvent entendues. Colbert lui-même semblait les provoquer, lorsqu'il écrivait à l'un d'eux : « Il est de conséquence que vous observiez soigneusement si la généralité de Montauban n'est pas trop surchargée[1]. » « De tous côtés, écrit plus tard, l'archevêque d'Aix, les intendants demandent des remises. On sent bien qu'il y aurait de la justice d'en donner; mais où prendre de quoi en fournir? » Si le brevet général de la taille s'élève ou s'abaisse selon les circonstances[2],

---

1. Colbert, *Lettres,* t. II, p. 204.
2. La taille est de 53 millions en 1657, de 35 en 1682, de 41 en 1715, de 40 en 1768, de 48 en 1788. Il y eut des diminutions de 3 millions en 1685, de 6 en 1709, de 3 et demi en 1716, de 6 et demi

des remises sont accordées en outre à la plupart des généralités. Chacun s'efforce de se faire bien venir dans sa province, en plaidant sa cause. Fontanieu, en Dauphiné, demande une remise de 200,000 francs en 1731, de 350,000 en 1732. De Harlay obtient en 1737 une réduction de 380,000 francs pour la généralité de Paris[1]. Mais nul ne sollicite et n'obtient plus que Turgot. En quatorze ans, sur 27,340,922 fr. qui sont demandés au Limousin par l'État, il sollicite 6 millions de dégrèvement et en reçoit 3 millions[2]. Heureuses les généralités qui avaient ainsi un intendant influent et dévoué!

Pour arriver à ces résultats, la misère des peuples, le poids de ses charges, les inondations, les pluies continuelles, les orages; les grêles, les sécheresses étaient invoqués, en termes parfois pathétiques[3]. « Il ne faut pas même se fier aux assez bon-

en 1717. (Voir Forbonnais, *Considérations sur les finances de la France*, t. II. — *Encycl. méthodique, Finances*, t. III.)

1. Bibl. nationale, fr., 8478, 8476. — Duc de Luynes, t. I, p. 349.
2. Tissot, *Turgot, sa vie, son administration*, p. 78, 85. Les dégrèvements furent surtout importants en 1770 et en 1771, où ils s'élevèrent à 450,000 fr. et à 340,000 fr. Le plus faible est celui de 1774; il n'atteint que 154,000 fr. — Pendant 20 ans, les intendants firent accorder une remise de 340,000 fr. à la ville de Valenciennes, sur ses impôts, pour le remboursement de ses dettes. (L. Legrand, p. 132.)
3. Arch. nationales, G 7. 351. Voir une lettre de Breteuil en 1720. — En 1714, Le Bret invoquait la ruine, la dépopulation, la dépréciation du prix des immeubles amenées par la guerre. Il en trace un tableau saisissant par les faits qu'il exprime. A Martigues, 216 maisons sont ruinées ou abandonnées; à Draguignan, 78; à Fréjus, 150 sur 380; à Saint-Mitre, 60 sur 200, etc. (Bibl. nationale, fr., 8902.) Sénac de Meilhan est tancé par le ministre pour avoir demandé en 1784, à la suite d'ouragans, remise des impositions du

nes récoltes », dit un intendant, qui demande une diminution considérable, en se basant sur les différences que présente l'apparence avec la réalité. Dans un autre cas, il appuie sa requête sur l'état des recouvrements arriérés et sur les accidents qui dans certaines élections, ont influé sur le produit des récoltes. Le ministre ne se contente pas de ces affirmations générales; il veut que l'intendant se rende dans chaque élection, et lui adresse de chacune d'elles une lettre particulière et détaillée, qui sera lue au conseil du roi[1].

Après avoir procédé avec les trésoriers de France à la répartition de la taille entre les élections, l'intendant en arrêtait, dans ses tournées annuelles, le département entre les communautés avec les élus, les receveurs des tailles et les subdélégués[2]; mais lui seul avait droit de décider. Les élus pouvaient le renseigner sur l'état des récoltes, sur les accidents qu'ils avaient constatés dans leurs chevauchées annuelles; les receveurs de tailles, sur les causes des retards que subissaient les payements; les subdélégués, sur les ressources et les besoins de leur circonscription; des états, mis sous ses yeux, faisaient connaître l'étendue de chaque territoire, le mode et le genre de culture, le prix commun des terres,

---

Hainaut pour deux ans. On lui accorde 30,000 fr. sur la capitation. (L. Legrand, p. 134.)

1. Lettre de Le Pelletier, du 29 septembre 1726. Bibl. nationale, fr., 8363. — En 1710, Desmarets écrivait : « Aucune diminution ne sera faite que sur la connaissance certaine que vous donnerez de l'état du département. » (Ibid., 8594.)

2. *Traité des droits...*, t. III, p. 374 à 384.

le commerce étranger à l'exploitation des fonds, le nombre des artisans et des journaliers, le prix moyen de leurs journées, et d'autres renseignements accessoires. Et dans les pays, où la taille était arbitraire, l'intendant fixait, « sans être obligé de déférer à l'avis de qui que ce puisse être, » la quotité d'impôts de chaque communauté [1].

De nombreux systèmes avaient été suggérés pour remédier à ce procédé qui méritait bien le nom d'arbitraire; plusieurs, comme celui de la taille proportionnelle proposée par l'abbé de Saint-Pierre, avaient été essayés, puis abandonnés comme impraticables. Dans les pays d'états et dans le midi, la taille portait sur les biens-fonds, dont il avait été fait un cadastre, soumis au contrôle des intendants; dans les pays d'élections, elle était personnelle; mais le maître des requêtes d'Aube faisait remarquer que partout elle était à la fois réelle et personnelle, puisque les biens-fonds en étaient partout le principal objet, que « dans les pays de taille réelle, une partie de la somme devait être répartie eu égard à l'industrie des taillables, enfin qu'en beaucoup d'endroits elle portait sur le revenu[2]. » Un véritable progrès fut introduit en 1740 dans différentes provinces par l'établissement de la taille tarifée, basée sur un tarif régulier, que certains intendants, comme Turgot, s'efforcèrent de rendre aussi équitable que possible[3].

1. Richer d'Aube, Mémoire, p. 48 à 55.
2. D'Aube, p. 44 à 48.
3. Voir *le Village sous l'ancien régime*, liv. IV, ch. I. — D'Hu-

L'uniformité, même dans la proportion de l'impôt à la valeur des objets imposables, était impossible à obtenir. En Champagne, on constatait que dans certaines élections, on payait 4 sous au marc la livre, tandis qu'ailleurs on ne demandait qu'un sou. Mais le rapporteur de l'assemblée provinciale, qui signalait ce fait, le justifiait en disant que celle qui payait le plus était prospère et bien cultivée, tandis que la moins imposée était la plus malheureuse, la moins fertile et la moins pourvue de numéraire. Si l'égalité avait été établie entre elles, ajoutait-il, elle aurait enrichi inutilement la première et ruiné la seconde[1].

Mais à côté d'injustices apparentes, il y avait des abus réels. Certains ministres, comme Colbert, les signalaient avec énergie à la vigilance des intendants. Colbert veut, en 1681, que l'on répartisse la taille avec plus d'exactitude et d'égalité que les années précédentes, et que l'on empêche « tous les moyens dont les riches se servent pour s'exempter d'être cotisés suivant leurs facultés, et d'être collecteurs ». Il veut que l'on remédie à ces abus qui restreignent singulièrement les revenus du roi. Les seigneurs influents, les gens en place, même les ministres, interviennent pour faire modérer les paroisses auxquelles ils portent intérêt; et tandis que Colbert recommande à un intendant l'observation

---

gues, *Essai sur l'administration de Turgot*, ch. III. — Tissot, p. 72.

1. *Procès-verbal de l'assemblée provinciale de Champagne*, p. 244.

des règles de l'équité, Le Tellier lui écrit de procurer aux habitants d'une paroisse « tout le soulagement que la justice pourra permettre dans les prochaines impositions, » pour être agréable à un lieutenant de roi auquel « il est obligé de s'intéresser ». Le maréchal de Villeroy s'irrite de ce que l'on a poursuivi les habitants d'une de ses terres avec trop de rigueur, pour exiger d'eux des arrérages, et l'intendant en est réduit à se disculper en alléguant que ces arrérages montaient à une somme élevée [1].

Dans un régime, où les privilèges sont nombreux, ils aggravent le poids de la taille en le faisant tomber sur les plus nécessiteux. Toute exemption augmente les charges du contribuable ordinaire. Aussi les intendants doivent-ils examiner si les privilèges sont justifiés, et poursuivre ceux qui les usurpent. « Dans beaucoup de généralités, écrit un ministre, en 1729, il y a un grand nombre d'habitants qui, sous prétexte de privilèges, ne sont pas imposés ou ne le sont qu'à des sommes fort au-dessous de ce qu'ils doivent payer. » A diverses reprises on rechercha les exempts sans titres suffisants, comme ceux qui figuraient sur les états des maisons royales et qui n'y servaient pas [2]; on contesta les immunités de certains officiers ou fonctionnaires des finances. On poursuit surtout les faux nobles, les usurpateurs de la noblesse, « dont le nombre est si grand, » dit un ministre; l'intendant de Provence en condamne

1. Bibl. nationale, fr., 8821, 8913.

plusieurs à une amende de 2,000 francs qu'ils ne peuvent payer. Ailleurs, ils maltraitent les sergents qui viennent leur réclamer le payement des impôts. Dans d'autres temps, l'état vend des lettres de noblesse, qui confèrent des exemptions, mais qu'il faut payer à beaux deniers comptants[1].

Pour remédier aux décharges ou exemptions accordées par les élus et les collecteurs à des taillables trop puissants, l'intendant pouvait établir des taxes d'office, qui rétablissaient la proportion des cotes aux facultés de chacun. Il soutenait aussi les droits des communautés, qui se heurtaient trop souvent à des influences que seul il pouvait contrebalancer. Colbert louait les intendants qui avaient recours à ces cotes. Ils étaient aussi autorisés à nommer des collecteurs d'office, lorsque les assemblées d'habitants se refusaient à en désigner, ou lorsqu'ils étaient choisis contrairement aux règles établies[2].

C'est une véritable chasse aux abus que les intendants font à diverses reprises, sur les ordres des ministres. Si les exactions et les concussions qu'on signale dans les recouvrements, sous Louis XIII, deviennent rares à partir du ministère de Colbert, les abus persistent. « Les moyens que j'ai employés pour les réformer, écrit l'intendant de Poitiers, en **1715**, n'ont pas été assez puissants pour pouvoir prévenir l'adresse et la subtilité qu'on emploie pour les élu-

1. Bibl. nationale, fr., 8369, 8887, 8963. — O'Reilly, t. I, p. 364.
2. D'Aube, p. 70 à 95. — Bibl. nationale, fr., 8821. — Sur les collecteurs, voir *le Village*, liv. IV, ch. I. — *Sur les finances*, 1775, p. 49 à 64.

der¹ ». « Les abus, quoique généraux; dit un ministre, ne sont pas sans remèdes : C'est dans la confection des rôles qu'il se commet le plus d'injustices². » Un intendant signalera une paroisse où il n'y a que les misérables qui payent la taille. Il y a des abus dans la collecte comme dans la répartition des impôts, dans les frais que les receveurs font aux retardataires³, dans le nombre des soldats qu'on envoie comme garnisaires dans les maisons de ces derniers, et qu'on préfère cependant aux huissiers, parce qu'ils font moins de frais⁴. L'intendant de Bourges ne se contente pas de signaler les poursuites trop rigoureuses des receveurs, il dénonce, avec « une force simple, » les traitants, « qui n'ont servi qu'à accabler le peuple » et à le réduire « au désespoir⁵. » La persistance, avec laquelle on signale et l'on cherche à réprimer les abus, atteste à la fois les défauts du système financier employé et le désir sincère que l'administration avait de l'améliorer.

Un des abus les plus nuisibles aux intérêts des contribuables consistait dans les exemptions de la noblesse et du clergé⁶. La monarchie essaya de l'at-

1. Bibl. nationale, fr. 11374.
2. Lettre d'Orry, du 22 février 1732. (Bibl. nationale, fr., 8372.)
3. Cependant, en 1715, des receveurs font observer dans une généralité que ce serait porter un grand préjudice que d'user de rigueurs extraordinaires. — Voir plus haut, t. I, p. 238, 239.
4. Bibl. nationale, fr., 8821, 11371, 11374, 11376.
5. Lettres de 1715. Bibl. nationale, fr., 11373.
6. Toutes ces exemptions donnaient lieu à des difficultés qui sont exposées dans un « *Mémorial alphabétique des choses concernant la justice, la police et les finances de France*, 1704. »

ténuer, en imposant au clergé le don gratuit, en faisant porter sur toutes les classes de la population les nouveaux impôts qu'elle créait. Si, par respect des traditions, elle n'avait pu appliquer d'une manière équitable aux privilégiés[1] la taille, qui aurait été la compensation du service militaire auquel tout noble aurait été astreint, elle assujettit les nobles, comme les autres sujets du royaume, à la capitation et aux vingtièmes.

La capitation, établie en 1695, était un impôt personnel et progressif selon la qualité des personnes. Elle souleva les plus vives réclamations, parce qu'elle atteignait des hommes influents avec lesquels l'État, tout autoritaire qu'il était, devait compter. Le clergé et les pays d'états s'en rachetèrent. Dans certains pays, les parlements obtinrent d'en faire la répartition, qui resta soumise au contrôle de l'intendant. Lorsque le montant de cette imposition avait été fixé par le conseil du roi, l'intendant faisait connaître la somme que devait payer la généralité, et que l'on majorait quelque peu, pour compenser les non-valeurs, les décharges et les modérations. La répartition donnait lieu à de nombreuses difficultés, si ce n'est pour les taillables, que l'on imposait au marc la livre de leur taille. Pour les privilégiés de la ville et

---

[1]. La taille étant devenue réelle (par le tarif appliqué à certaines provinces), le noble, dit un publiciste, paye, au moins en partie, pour son fermier; suivant les vues de quelques intendants de province, les corvées mêmes, remplacées par des contributions au marc la livre de la taille, retombent aussi en partie sur la noblesse. (Grosley, *Londres*, t. III, p. 177.)

de la campagne, cette contribution devait être en rapport avec leur rang et leur richesse. Il n'était pas toujours aisé de l'appliquer équitablement, et les réclamations nombreuses qu'elle suscitait devaient être appréciées par l'intendant, qui en nommait les receveurs [1].

Un plus grand progrès vers l'égalité devant l'impôt fut réalisé par l'établissement des dixièmes, en **1710**, d'après les idées de la *Dîme royale* de Vauban; après avoir été supprimés, en **1717** et en **1737**, ils furent convertis en vingtièmes, en **1750**, d'une manière cette fois permanente. Ce ne fut pas sans de vives résistances que ces impôts, dont la nécessité et la justice ne pouvaient être contestées, furent accueillis par la noblesse. Surtout, à l'époque de réaction aristocratique qui signala les débuts de la Régence, les refus de payements individuels ou collectifs furent nombreux. Ici, les nobles menacent les huissiers des dernières extrémités; là, ils refusent de recevoir les garnisaires qu'on leur envoie. Le gouverneur de la province est obligé de leur écrire que « s'ils ne payent pas dans les quinze jours, il ne pourrait s'empêcher de les y forcer. » Un avocat général donne le plus mauvais exemple par ses discours

---

1. Sur la capitation, voir d'Aube, p. 575 à 607; *Traité des droits...*, t. III, p. 369 à 374. — En 1704, la noblesse de Roussillon ne veut rien payer de la capitation de l'année courante, ni des années arriérées, tandis que les villages se sont acquittés presque entièrement. (A. de Boislisle, *Corr. des contr. gén.*, t. II, n° 617.)

2. Ils portaient sur les biens fonds et, dans une proportion plus faible, sur l'industrie. Turgot voulut faire supprimer le vingtième d'industrie. (D'Hugues, p. 84.)

et par sa résistance. Et tandis que certains intendants se font, comme Le Bret, les adversaires de la capitation, qu'ils représentent comme la ruine des communautés, le président du conseil des finances recommande à un intendant de « se concilier la noblesse; » il désire qu'on allège la contribution d'un marquis, qui se plaint d'avoir été beaucoup trop taxé. « Il a été plutôt diminué, » répond Turgot, qui ajoute : « Je serai toujours porté à entrer dans les vues du gouvernement, quand même je ne serais pas porté à soulager, en tout ce qu'il est possible, messieurs de la noblesse. » Ceux-ci, se sentant soutenus à la cour, relevaient la tête, et vinrent, au nombre de deux cents, trouver Lamoignon de Courson, dans sa tournée en Gascogne, pour lui demander la suppression, ou du moins la diminution de la capitation et des vingtièmes. Courson, fils de Basville, était dans les vieilles traditions du régime de Louis XIV ; il fit remarquer au ministre que les plus récalcitrants étaient les plus en état de payer, et il s'efforça de leur persuader qu'ils n'avaient pas d'autre parti à prendre[1]. Les réclamations de la noblesse n'en eurent pas moins, momentanément, gain de cause, en 1717[2].

On pourrait citer aussi un noble qui, en 1721, refusa de payer sa capitation, en encourageant les habitants de sa seigneurie à l'imiter. L'intendant veut le faire arrêter « pour contenir, dit-il, toute

1. Bibl. nationale, fr., 11372, 11373, 11375, 11376, 11380.
2. Marion, *Machault d'Arnouville*, p. 66.

une province que lui seul peut déranger ». Permangle, c'est le nom de ce noble, refuse d'obéir à la lettre de cachet qui lui enjoint de se rendre au château de Guise. On lui envoie un exempt de maréchaussée et dix archers; il s'évade. Une garnison de dix archers, qui devrait occuper son château, va vivre à ses dépens dans l'auberge voisine. Permangle voit qu'il faut céder; il écrit au ministre une lettre de soumission, et se décide à payer [1].

Lorsque le gouvernement établit les dixièmes et les vingtièmes, il n'avait pas à compter avec les droits acquis des élections et des bureaux des finances. L'intendant fut seul chargé de la confection des rôles; il les fit exécuter par des contrôleurs placés sous l'autorité de directeurs des vingtièmes, qui lui étaient subordonnés, et avec lesquels il jugeait les réclamations. Des notables, nommés par l'assemblée des habitants, accompagnaient le contrôleur dans la visite du territoire, divisaient avec lui les différentes terres d'après leur qualité et la nature de leur culture, et déterminaient la valeur locative des maisons. Lorsque le rôle avait été dressé, d'après ces données, recueillies avec soin, la levée des vingtièmes était faite dans chaque communauté par un préposé également nommé par l'intendant [2]. La perception des dixièmes et des vingtièmes, faite d'après des règles plus équitables et plus méthodiques que celle de la

---

1. Arch. nationales, G 7. 351.
2. D'Arbois de Jubainville, p. 49 à 59. — En Bourgogne, les receveurs du cinquantième rendaient de 1725 à 1727 leurs comptes devant l'intendant. (*Inv. Arch. Côte-d'Or*, C. 339.)

taille, suscitait beaucoup moins de plaintes, et l'assemblée provinciale de l'Ile-de-France rendait hommage à l'intelligence et à l'équité des intendants, dans la confection des rôles de cette généralité[1].

Ceux-ci intervenaient moins directement dans l'administration des domaines du roi restée dans les attributions des trésoriers de France. Ces domaines, pour la plupart, avaient été aliénés à des particuliers ou affermés à des traitants. En dehors des forêts, soumises à une juridiction spéciale, le roi n'avait guère conservé que des châteaux et des palais de justice, dont il affermait les greffes. L'intendant recevait les aveux et les dénombrements des terres qui relevaient directement ou indirectement de la couronne. Il devait vérifier les titres de tous ceux qui jouissaient des droits domaniaux, en connaître la valeur et les sommes pour lesquelles ils étaient engagés[2]. Il était chargé du contentieux du domaine, particulièrement des droits de contrôle et d'insinuation qui en dépendaient, et qui sont connus aujourd'hui sous le nom de droits d'enregistrement. Ces droits, comme nous l'avons vu, étaient administrés par les fermes générales[3].

---

1. *Procès-verbaux*, p. 257. — Le parlement de Bordeaux se plaignait en 1757 de ce que les contrôleurs faisaient trop payer les riches, et en 1760, on les accusait de les avoir trop ménagés. (Marion, p. 61.) — Voir *Inv. Arch. Orne*, C. 1061 à 1090.

2. D'Aube, p. 488 à 493. — Bibl. nationale, 8823, 22196. — Les intendants avaient la direction entière des domaines en Alsace, en Corse et dans les colonies. (*Traité des droits*, t. III, p. 329 à 341.)

3. *Inv. Arch. Hérault*, C. 1616 à 1647. — D'Arbois de Jubainville, p. 61 à 69. — H. Monin, p. 232 à 272. — Chevalier, p. 201 à 212. —

L'intendant exerce une sorte de suprématie sur cette administration; il a le droit exclusif de juger les contestations relatives au recouvrement de la plupart des contributions qu'elle perçoit[1]. Il doit connaître tous les règlements qui les concernent, et particulièrement ceux qui s'appliquent à sa province. Car, surtout pour le contrôle, ils diffèrent suivant les pays. En Languedoc même, c'est devant lui que sont portées les causes relatives aux fermes et aux affaires extraordinaires non rachetées par les états. On lui recommande partout d'avoir l'œil sur les agissements des commis, et comme ceux-ci exigent parfois plus qu'ils ne leur est dû, de leur ordonner de placarder une pancarte imprimée des tarifs dans leurs bureaux de recettes. Sans doute les fraudes sont nombreuses; mais leur nombre même exposant au soupçon des innocents, les procès verbaux des commis peuvent être attaqués comme en-

---

Les droits de petit scel, de contrôle des exploits, d'amortissement de francs fiefs, les droits réservés sont soumis aux intendants. (*Traité des droits*, t. III, p. 343 à 355.) Ils sont aussi chargés de l'exécution des lois relatives aux hôtels des Monnaies; ils font l'inventaire des métaux qui s'y trouvent; ils se font les organes des plaintes que motive leur suppression à Reims et à Troyes. (*Inv. Arch. Côte-d'Or*, C. 353, 357... *Marne*, C. 1141.

1. D'Aube énumère les droits des courtiers jaugeurs, inspecteurs aux boissons et boucheries, du contrôle, des insinuations, des amortissements, du centième-denier. (*Mémoire*, p. 571 à 575.) Les intendants connurent pendant longtemps des droits sur les papiers et cartons, les huiles; ils restèrent juges de ceux qui étaient établis sur les cartes et les amidons. (*Traité des droits*, p. 358 à 361.) Le cartes produisirent, en 1766, 25,005 livres en Languedoc, à raison d'un denier par carte. (*Inv. Arch. Hérault.*)

tachés de faux, et si le faux est prouvé, les commis doivent être punis par les soins de l'intendant[1].

L'impôt des gabelles surtout provoquait des fraudes innombrables et des résistances qui prenaient quelquefois un caractère de violence. On sait comment il était inégalement réparti entre les diverses provinces de France, qualifiées de pays de grandes et de petites gabelles, de pays de salines, de pays rédimés, de provinces franches et de pays de quart-bouillon. Les provinces franches, situées sur les côtes ou sur les frontières, ne payaient aucun droit, tandis que les autres acquittaient des droits d'importance diverse, mais qui dans les pays de grandes gabelles étaient exorbitants. Chaque habitant était taxé, suivant une certaine quantité de sel, variant de 9 à 14 livres par tête, qu'il était tenu d'acheter au taux fixé par les règlements[2]. La perception de l'impôt reposait donc sur un dénombrement des habitants, auquel l'intendant devait veiller chaque année. S'il ne jugeait pas les nombreux différends que suscitait la levée de cet impôt, il devait « savoir de quelle manière les officiers des greniers à sel rendaient la justice au peuple, et punir les officiers, les commis, les gardes et les regratiers des gabelles qui se rendaient coupables d'abus et de négligence[3]. « L'excès de l'impôt, la diversité des règlements dans les provinces limitrophes, suscitèrent la

---

1. Richer d'Aube, *Mémoire*, p. 441 à 451.
2. Octave Noël, *Étude historique sur l'organisation financière de la France*, p. 135 à 146.
3. Richer d'Aube, p. 39 à 44. — Bibl. nat., fr., 22196.

contrebande du sel, sur bien des points et à de fréquentes reprises. Ceux qui s'y livraient et que l'on qualifiait du nom de faux sauniers, trouvaient des complices dans la population; ils furent parfois si nombreux et si redoutables, que les intendants furent obligés de demander des troupes pour les réduire. En 1715, 240 soldats furent employés à garder la Somme contre leurs incursions; en 1717, une compagnie de dragons fut dirigée contre eux en Picardie[1]. Ailleurs et dans d'autres temps, c'étaient les soldats eux-mêmes qui faisaient la contrebande du sel et contre lesquels il fallait sévir[2].

Les droits d'aides, qui portaient en grande partie sur les liquides, excitaient surtout des difficultés et des fraudes dans les pays vinicoles. Les nouveaux droits produisirent sur certains points de vives émotions, qui se transformèrent parfois en résistance à main armée. Sous Louis XIII et sous la minorité de Louis XIV, il y eut dans quelques villes, des émeutes contre les partisans chargés de lever ces impôts. Des maisons furent pillées à Montpellier, en 1645, et le maréchal de Schomberg, qui réprima l'émeute par sa fermeté et sa modération, fut tellement ému

1. Bibl. nationale, fr., 11371.
2. La répression du faux saunage, à partir de 1743, fut exercée par les juges des fermes, et non plus par les intendants. (*Traité des droits*, t. III, p. 363.) En 1709, celui de Poitiers demandait quelle justice il fallait faire des faux sauniers. En 1711, plusieurs faux sauniers condamnés furent accordés comme recrues à des régiments. (A. de Boislisle, *Corr. des contr. gén.*, t. III, n°* 939 et 1193. — Voir aussi n°* 705, 608, 859.) — *Inv. Arch. Hérault*, C. 1663 à 1667.

de la fureur du peuple qu'il ajouta dans ses litanies ce verset : « *A furore populi libera nos, Domine*[1] ! » L'intendant intervenait, lorsque les récalcitrants se bornaient à la menace et à l'insulte ; il condamnait les délinquants. Mais si la révolte prenait un caractère général, comme en Normandie, comme en Bretagne, en 1675, c'était au gouverneur et au commandant militaire qu'en appartenait la répression. En 1750, la levée du vingtième, prescrite par Machault d'Arnouville, suscita la plus vive émotion dans les pays d'états. 7000 hommes prirent les armes en Béarn, surtout contre les commis du monopole des tabacs. L'intendant Lenain fut chargé d'exécuter les arrêts du conseil ordonnant la perception du vingtième ; il passa « pour le premier commis de la tyrannie[2]. »

Cette opinion sévère était la conséquence du double rôle que l'intendant était obligé de remplir. Il était impopulaire lorsqu'il tenait la main à l'exécution d'impositions onéreuses, et cette impopularité n'était pas toujours contrebalancée par les services qu'il rendait aux populations, en cherchant à faire pénétrer l'équité dans les répartitions et en réprimant les abus de la perception. S'il active la rentrée des contributions, il informe contre les malversations des traitants et des financiers ; il en condamne au bannissement, à la prison, aux galères. Il fait arrêter pour les mêmes motifs des receveurs des

---

[1]. D'Aigrefeuille, *Histoire de Montpellier*, p. 414.
[2]. M¹ˢ d'Argenson, *Mémoires*, t. VI, p. 157.

traites, des conducteurs des sels[1], d'autres commis des fermes; il veille à ce que les employés des octrois apportent dans leurs fonctions « beaucoup de modération[2] ». Il cherche à tempérer par la justice les rigueurs quelquefois extrêmes de la loi fiscale.

Il n'y avait pas de budget provincial dans les pays d'élections; mais des impositions spéciales étaient levées sur la province ou sur des régions comprenant des fractions[3] ou des réunions de provinces, pour des objets déterminés, tels que des secours exceptionnels, des indemnités, des constructions de ponts ou d'édifices publics. Elles étaient ajoutées au chiffre de la taille, et perçues en même temps qu'elle, comme les centimes additionnels départementaux sont ajoutés au principal des contributions directes. L'intendant fixait d'ordinaire cet excédent, qui en 1760, était pour la province d'Auvergne de 200,000 francs, qui venaient s'additionner aux 6 millions de contributions générales payées par ses habitants[4].

1. O'Reilly, *Mémoires sur Pellot*, t. I, p. 386.
2. A. de Boislisle, *Corresp. des contr. gén.*, t. III, p. 971.
3. Ainsi, on lève 15,000 fr. dans l'élection de Bordeaux pour faire une chaussée dans un marais. (*Inv. Arch. Gironde*, C. 1858.)
4. Cohendy, p. 10, 11.

CHAPITRE IX

LES TRAVAUX PUBLICS.

Haute-main donnée aux intendants sur ces travaux. — Circulaires de Colbert. — Tournées des intendants et des trésoriers. — Voies carrossables. — Entretiens et ouvertures des routes. — Corvées. — Leurs abus. — Suspension en temps de disette. — Inconvénients et suppression de la corvée. — Dupré de Saint-Maur. — Ateliers de charité. — Tracés et expropriations. — Adjudications. — Intervention de Colbert. — Ponts. — Navigation fluviale. — Mesures contre les inondations. — Canaux. — Ingénieurs des ponts et chaussées. — Direction générale. — Bureaux des ingénieurs. — Alignement des routes. — Critiques de leur luxe. — Leur établissement. — Ingénieurs-architectes. — Embellissements des villes. — Travaux de Jacques Gabriel. — Postes aux lettres et aux chevaux. — Voitures publiques. — Coches et litières. — Privilèges des maîtres de postes. — Progrès dans les voyages. — Règlements des messageries. — Passage des princes et des princesses.

La grandeur des États et l'unité de l'administration amènent le développement des travaux publics, surtout de ceux qui ont pour but la facilité des transports et des communications. Les intendants, qui étaient les principaux agents de cette unité, devaient apporter leur concours efficace à ces travaux. Ils n'y manquèrent pas, à partir du ministère de

Colbert. Depuis 1508, la construction et l'entretien des chaussées et des ponts avaient été confiés aux trésoriers de France, qui ne cessèrent point d'en être chargés, même pendant l'espace de temps, de 1599 à 1626, où l'on essaya de centraliser ce service sous la direction d'un grand voyer[1]. L'administration collective des trésoriers n'avait ni l'initiative, ni la responsabilité nécessaires pour donner aux voies de communication le développement qu'exigeait l'état politique et commercial du royaume. Sans leur enlever toutes leurs attributions, sans repousser leur collaboration, les intendants prirent dans leur province la haute main sur tout ce qui concernait les travaux publics. Ils eurent désormais sous leurs ordres et nommèrent les ingénieurs, qu'on qualifiait primitivement de voyers et d'architectes; ils firent des tournées, signalèrent les travaux utiles et les réparations nécessaires, enfin présidèrent aux adjudications et à la réception des travaux.

Colbert, en sa qualité de contrôleur général et de surintendant des bâtiments, adressait à tous les intendants des circulaires incessantes pour leur demander des rapports sur les travaux à faire ou en cours d'exécution. Les rapports, d'abord trimestriels, furent plus tard mensuels, et finirent par être réclamés tous les quinze jours. Ils ne devaient s'appliquer qu'aux « ouvrages de conséquence », comme les grandes chaussées, et aux ponts sur les rivières, laissant en dehors les ouvrages qui étaient du ressort

---

1. D'Arbois de Jubainville, p. 83.

des municipalités urbaines et des communautés villageoises [1].

C'était dans des tournées annuelles ou spéciales que l'intendant examinait l'utilité des travaux et les moyens auxquels il fallait recourir pour les exécuter. Il se rendait sur les lieux avec un ou deux trésoriers de France et des ingénieurs; il visitait les chemins, les ponts, les ports et les ouvrages publics, avec « gens intelligents et économes »; il leur demandait des devis; il signalait les réparations urgentes et les entreprises utiles pour le commerce et les transports. C'est ainsi qu'en 1679, l'intendant de Dauphiné part avec deux trésoriers de France et deux ingénieurs pour reconnaître, pied à pied, les cartes en main, les lieux où l'on pourra faire passer une route de Grenoble à Briançon [2]. Dans certains cas, l'intendant devait s'entendre avec ses collègues des généralités voisines pour le tracé et la confection des routes destinées à les desservir.

Au moyen âge, on s'était contenté d'entretenir les anciennes voies romaines et les chemins que les besoins du commerce avaient fait ouvrir successivement. L'usage des voitures s'étant introduit à la fin du seizième siècle, il fallut rendre carrossables les routes existantes, en leur donnant une largeur déterminée et une résistance proportionnée au poids des

---

1. Vignon, *Études historiques sur l'administration des voies publiques au dix-septième et au dix-huitième siècles*, 1862, t. I, p. 82, 83.
2. Bibl. nationale, fr., 8821, 22196. — Colbert, *Lettres*, t. IV, p. 459, 481.

carrosses et des chariots. L'intendant de Provence signalait, en 1706, le mauvais état des chemins, qui n'avaient jamais été bien réparés. « Autrefois, disait-il, ils n'avaient pas besoin qu'on en prît soin. Tout le commerce se faisait avec des mulets. Depuis quinze ou vingt ans, les membres de la marine ont introduit l'usage des charrettes, lequel a été suivi par tous les voituriers. Elles ont gâté les routes qui sont dans le dernier désordre. » Les plaintes étaient les mêmes en 1717. Les ordonnances de l'intendant n'avaient produit aucun effet; personne ne poursuivait les contrevenants, et les fonds que l'assemblée des communautés consacrait à la réparation des chemins étaient tout à fait insuffisants. Il est vrai que dans les pays d'états, comme la Provence et surtout le Languedoc, l'intendant avait moins d'action sur les travaux publics que dans les pays d'élections.

D'ordinaire, on demandait le concours des riverains, en leur enjoignant de faire, « chacun en droit soi, » les réparations et les élargissements nécessaires. Les trésoriers du Dauphiné constatèrent, en 1732, que les ordonnances n'avaient pas été exécutées; ils condamnèrent des propriétaires à des amendes qu'ils se gardèrent de faire recouvrer, parce qu'il eût fallu faire des frais en pure perte à des gens pour la plupart insolvables[1]. En pareil cas, il était nécessaire que l'État intervînt et fît les frais de l'entretien des routes, en imposant des contributions spéciales sur les provinces, comme en inscri-

1. Bibl. nationale, fr., 8882, 8910, 8455.

vant dans ce but, une certaine somme à son budget[1].

L'insuffisance des ressources engagea plus d'une fois l'administration à recourir aux corvées, avant d'en faire un système général, sous le ministère du contrôleur général Orry[2]. Colbert faisait donner une ration de pain et de vin aux corvéables, qu'il employa à diverses reprises, mais en recommandant aux intendants de ne pas se laisser aller aux raisonnements des syndics sur ce sujet : « Il faut ordonner, disait-il, et faire commencer le travail. » Il obligeait aussi les charretiers, qui revenaient à vide, de voiturer du sable et du pavé pour les grandes routes; mais il faisait punir des galères perpétuelles un ingénieur qui avait recours, sans son autorisation, à des corvées pour la réparation de certains chemins[3]. Les corvées, qui avaient été demandées depuis longtemps par les seigneurs, à titre de redevance, par les municipalités et même par l'autorité royale, depuis Henri IV au moins, se justifiaient par la participation que les communau-

---

1. Richer d'Aube, p. 325 à 355. — Au budget de 1789, 5,680,000 fr. sont portés pour les ponts et chaussées. (Boiteau, p. 414.) — En 1677, un « mémoire des fonds faits par le roi pour les ouvrages publics dans l'étendue de la généralité de Limoges » s'élève à 3,400 fr., dont 1,208 fr. pour le chemin de la poste et des messagers de Limoges à Paris; en 1679, les fonds montent à 7,000 fr. (Bibl. nationale, fr., 8821.) En 1683, les ouvrages publics de la généralité de Grenoble sont comptés 24,689 fr. (Ibid., 8823.) Dans la généralité de Montauban, les projets de dépenses pour les travaux montent de 54372 l. par an en 1733 à 170,000 en 1787. (Inv. Arch. Lot., C. 424.)

2. Voir le Village, liv. IV, ch. II. — Vignon, tome III.

3. Colbert, Lettres, t. IV, p. 485, 512; t. V, p. 102.

tés devaient prendre à l'entretien des routes voisines. On leur appliquait pour ainsi dire la même loi qu'aux riverains. Un ancien intendant trouvait qu'il n'y avait aucun inconvénient à exiger des habitants six jours par an, en deux fois, pour ce travail. L'abus commençait, lorsqu'on les employait à percer des routes nouvelles ; il était excessif, lorsqu'un seul intendant employait 510,000 hommes, pendant 39 jours par an, en leur accordant, pour tout dédommagement, quelques remises sur leurs impôts[1]. Orry, tout en déclarant qu'on pouvait demander jusqu'à 30 jours dans les cas urgents, était d'avis que 13 jours devaient suffire. En temps de disette, le gouvernement avait des scrupules. Orry lui-même faisait suspendre la corvée en 1739, dans la plus grande partie du royaume, tant que dura la cherté des grains. « L'on payera désormais le travail des peuples, écrivait-il, pour un objet auquel ils doivent chérir de le donner gratuitement, lorsqu'ils sont dans l'abondance, sur le pied de 10 à 12 sous pour un manœuvre, 15 à 16 pour les plus forts ouvriers, et les voitures à proportion[2]. »

La manière arbitraire et irrégulière dont les corvées étaient demandées ne contribuait pas à les faire « chérir », comme le croyait le contrôleur général. Le travail qu'elles fournissaient n'était pas en rapport avec le nombre des bras qu'elles exigeaient et les charges qu'elles imposaient. Déjà, l'on

1. Richer d'Aube, p. 355 à 416.
2. Lettres du 2 mai 1737 et du 21 mai 1739. Bibl. nationale, fr., 8376, 8378.

remarquait en Touraine, que pendant l'année 1765, 878,161 journées d'hommes et 196,304 de bêtes de traits avaient seulement créé cinq lieues 1/2 de voies nouvelles, réparé 48 lieues de chemins. Les intendants réagirent les premiers contre un système qu'ils avaient été spécialement chargés d'appliquer. Fontette, à Caen, Turgot, à Limoges, supprimèrent la corvée pour la remplacer par des ouvriers salariés, et Turgot s'applaudit d'autant plus de son initiative, qu'il put affirmer avoir fait plus d'ouvrages en dix ans qu'on n'en avait fait en trente-cinq ans de corvée[1].

Lorsqu'il fut ministre, Turgot voulut supprimer la corvée en la remplaçant par une imposition de dix millions sur tous les propriétaires de biens. Les parlements s'élevèrent avec passion contre cette mesure qui assujettissait les privilégiés à la contribution, et dans certaines provinces, les populations s'insurgèrent. A Bordeaux, l'intendant Dupré de Saint-Maur, succombant dans sa lutte contre le parlement, qui repoussait l'égalité dans la répartition de l'impôt, donna sa démission, « préférant, disait-il, à l'exercice du pouvoir, le témoignage d'une bonne conscience ainsi que l'estime des citoyens éclairés. » On sait que l'édit de Turgot fut retiré, et ce fut seulement à la suite de l'assemblée des notables de 1787, que la corvée fut convertie en une contribution pécuniaire, qui, portant exclusivement sur les taillables, suscita presque autant de plaintes

---

1. Chevalier, p. 152. — L. de Lavergne, *les Assemblées provinciales*, p. 310. — *Vie de M. Turgot*, p. 41, 43. — D'Hugues, ch. IX.

que l'édit de Turgot et la prestation manuelle en vigueur[1].

A certaines époques, surtout dans les temps de disette, les intendants durent forcer les entrepreneurs à ouvrir des ateliers publics, où les pauvres, parmi lesquels se trouvaient des femmes et des enfants un peu robustes, étaient admis[2]. Ces sortes d'ateliers de charité produisirent des résultats médiocres, et, s'ils furent renouvelés sous Louis XVI, ce fut plutôt par philanthropie que par utilité. Des soldats furent aussi employés aux travaux publics, surtout dans des cas d'urgence. En 1714, l'intendant de Champagne demandait deux compagnies de Suisses pour réparer les berges de la Seine. On les lui accorda, à la condition « qu'ils n'auraient que le logement et vivraient avec discipline [3] ».

L'élargissement, la rectification des chemins et l'ouverture de routes nouvelles nécessitèrent des expropriations, dont l'intendant fut d'ordinaire le juge. Des arrêts du conseil et des édits en déterminèrent les conditions. Les grands propriétaires s'irritaient parfois, comme en Béarn, de voir l'intendant insensible à leurs sollicitations, qui avaient pour but de faire dévier de leurs terres les tracés adoptés. Les oppositions à ces tracés devaient être soumises

1. Boyer de Sainte-Suzanne, p. 397 à 405. — Pigeonneau, *la Réforme de la corvée. L'administration de l'agriculture* (1785-1787), p. 443 à 473.
2. Vignon, t. I, p. 142. — Lettre de Le Pelletier, du 17 décembre 1786. Bibl. nationale, fr., 8828. — Arch. nationales, G 7, 102.
3. A. de Boislisle, *Corresp. des contr. gén.*, t. III, n° 1669. — Voir *la Vie militaire*, t. I, p. 132, 154.

au conseil[1]. En principe, l'intendant devait faire estimer la valeur du sol des constructions, en présence des parties, et des indemnités furent allouées aux propriétaires dépossédés; dans la pratique, elles furent trop souvent mal ou tardivement payées. Vers 1780, neuf généralités sur vingt-huit n'avaient aucune ressource pour les acquitter[2]. Le Languedoc se distinguait par son exactitude en pareille matière, et son règlement sur les travaux publics mérita d'être adressé à tous les intendants des pays d'élections, comme un modèle à suivre[3].

Lorsque les plans et les devis avaient été dressés, ils étaient envoyés à Versailles par les soins de l'intendant, d'ordinaire dans des boîtes de fer blanc[4], pour être examinés et approuvés. L'intendant, assisté des trésoriers de France, était alors autorisé à publier les adjudications, qui étaient entourées de nombreuses garanties. Elles étaient faites au rabais, mais elles n'étaient définitives que lorsqu'elles avaient été ratifiées par le contrôleur général. Colbert en fixait la date; il en précisait les conditions; il en discutait les résultats; il préférait les grands entrepreneurs aux petits, un seul à plusieurs, « parce qu'assurément, disait-il, un seul homme qui

1. De Lagrèze, *la Société... en Béarn*, p. 272. — L. de Bardies, *l'Administration de la Gascogne, de la Navarre et du Béarn en 1740*, p. 76,77. Un intendant condamne un sous-inspecteur, qui avait causé des dégâts inutiles, à payer sur ses appointements une indemnité au propriétaire. (*Ibid.*)
2. Vignon, t. II, pièces justificatives, p. 11. — D'Aube, p. 244.
3. A. de Tocqueville, p. 357.
4. Lettre de D'Ormesson, 1738. Bibl. nationale, fr., 8377.

s'appliquera à ces entretenements (entretiens) en fera meilleur marché que lorsqu'ils seront divisés. » Ce ministre admirable cherchait à concilier le progrès avec l'économie. Il ne s'en tenait pas là. Il envoyait de nombreuses et minutieuses instructions aux intendants, leur donnant des indications précises sur la qualité et la dimension des pavés et des cailloux destinés aux chaussées, sur la poussée des voûtes des ponts, sur le prix de la main-d'œuvre et des matériaux[1].

Les ponts, qui avaient été entretenus au moyen âge par les seigneurs et les villes, attirèrent la sollicitude de l'administration royale, quand ils avaient pour but l'intérêt général. Dès 1315, le roi reconnaissait qu'il était dans ses attributions de les construire et de les réparer[2]. Des péages furent souvent établis pour subvenir à ces dépenses, et ne furent rachetés que dans le courant du dix-huitième siècle. Les intendants avaient souvent à examiner si les réparations devaient être faites aux dépens des villes ou des provinces. En 1682, Auxerre obtint que son pont fût réparé aux frais des états. De 1669 à 1677, la réfection d'un pont de Lyon coûta 100,000 livres, qui furent acquittées par des impositions annuelles sur la généralité[3]. Au dix-huitième siècle, sous l'in-

---

1. Vignon, t. I, p. 84, 87, 88. — Bibl. nationale, fr., 8822. — *Inv. Arch. Hérault*, C. 1102 à 1106. — Clément, *Hist. de Colbert*, ch. XXIII.

2. Chéruel, *Dictionnaire des institutions*, t. II, p. 998.

3. Chardon, *Histoire d'Auxerre*, t. II, p. 318. — Lettres de Le Pelletier et de Le Bret. Bibl. nationale, fr., 8828. — On lève 15,700 fr.

fluence grandissante du corps des ingénieurs, de nouveaux ponts se construisirent de toutes parts, parfois même avec une sorte de luxe qui avait sa justification dans l'utilité de leur destination.

La navigation des fleuves et des rivières préoccupait à juste titre les ministres et les intendants. Elle constituait, à une époque où les routes laissaient à désirer, le mode de transport le moins coûteux pour les marchandises et le plus agréable pour les voyageurs. De Paris à Marseille, le parcours se trouvait facilité et varié en remontant la Seine et l'Yonne, en descendant la Saône et le Rhône; on pouvait aussi remonter la Loire d'Orléans à Roanne, pour s'embarquer à Lyon sur le Rhône. De sérieux efforts furent faits, au dix-septième siècle, pour rendre navigables des rivières qui ne l'étaient pas; à partir de Louis XIV, les intendants devaient visiter avec des experts les voies susceptibles de porter des bateaux, et dresser des procès-verbaux dans lesquels ils constataient leur état et les moyens qu'on pourrait employer pour se procurer les fonds nécessaires. Les péages, qui entravaient les transports sur les rivières, furent abolis par le roi[1]. De toutes parts, en Picardie, en Champagne, en Dauphiné, en Lyonnais, dans le Quercy, nous voyons les intendants visiter les rivières, y prescrire des travaux, sous la surveillance de prévôts qu'ils nomment, afin de « donner

en 1695 sur la Franche-Comté pour la réparation du grand pont de Gray. (Boussey, p. 202.)

1. D'Arbois de Jubainville, p. 86-89. — Vignon, t. II.

partout la facilité du commerce et du transport des marchandises[1]. »

En assurant la régularité du cours des fleuves, on assurait la sécurité des populations riveraines et de leurs transports. Des mesures furent prises pour prévenir les inondations et limiter leurs dégâts. De grands travaux furent faits le long du cours impétueux et variable de la Durance[2], et du lit capricieux de la Loire, dont les digues, désignées sous les noms de turcies et levées, étaient placées sous la surveillance de préposés spéciaux[3]. En Picardie, l'intendant prend des mesures pour empêcher les seigneurs de causer, par leurs négligences, les débordements de la Scarpe[4]. Dans les pays de montagnes, la fonte des neiges amène des désastres; en **1728**, dans le Dauphiné, les torrents qu'elle grossit emportent sept petits ponts, en ébranlent d'autres. L'intendant, en l'absence d'ingénieurs, charge ses

---

1. Bibl. nationale, fr., 22196, 8823, 8835. — Arch. nat., G 7. 104. — O'Reilly, t. I, 538 et suiv. — Le roi réunit en 1776 à son domaine le privilège des coches d'eau. (*Inv. Arch. Marne.*) — Sur la juridiction des intendants relative à la navigation intérieure, voir *Traité des droits*, t. III, p. 192 à 200.

2. Bibl. nationale, fr., 8893. Un gentilhomme soumet à l'intendant un plan pour l'endiguement de la Durance, dans les termes suivants d'une jactance sans égale : « Ce n'est pas d'un homme de ma condition de s'attacher à de pareils ouvrages, mais quand on a du bien considérable autant que j'en ai, le besoin nous fait souvent sortir des bornes de notre caractère. » (*Ibid.*, 8927.)

3. Deux ingénieurs, quatre sous-ingénieurs, un trésorier général, placés sous les ordres de trois intendants des turcies et levées, dont les charges furent réunies en une seule sous Louis XV. (Chevalier, p. 150, 151.) — Clément, *Hist. de Colbert*, t. II, p. 117, 118.

4. Bibl. nationale, fr., 11717.

subdélégués de les faire réparer par des corvées ou des ateliers de charité. Il demandait des fonds pour contenir autant que possible les torrents, dont il donne l'énumération, et prévenir le renouvellement des désordres qu'ils causent. En 1732, c'est l'Isère qui déborde à Grenoble; une digue est emportée, des soldats sont bloqués dans un corps de garde. L'intendant se rend sur les lieux pour constater le dégât et y chercher des remèdes[1]. D'autres font dessécher des marais, endiguer des fleuves comme le Var, que 800 soldats, payés 5 sous par jour par la province, sont occupés, en 1709, à « retrancher[2] ».

Relier les rivières entre elles par des canaux, c'était augmenter la circulation dans le corps puissant de la France, dont l'unité s'affirmait de plus en plus. Déjà, Sully avait réuni la Seine à la Loire par l'ouverture du canal de Briare[3]. L'impulsion donnée se raviva sous le ministère de Colbert. Riquet, qui n'était point un ingénieur, conçut et poursuivit l'exécution du canal du Midi, en partie à ses frais[4]. L'intendant Foucault le parcourut, lorsqu'il était presque achevé, dans une barque que Riquet lui

---

1. Bibl. nationale., 8472, 8455. — *Inv. Arch. Hautes-Alpes*, C. 36.
2. Deux soldats, dit l'intendant, font plus d'ouvrage que six pionniers commandés; mais il vaut mieux les payer à la toise qu'à la journée. (Bibl. nat., 8889.)
3. A. Poirson, *Histoire de Henri IV*, t. III, p. 367 à 460.
4. Voir *Histoire du canal de Languedoc*, par MM. de Caraman; *Histoire du canal du midi*, par Andréossi. — Monin, p. 375. — Clément, chap. xxii. — Louis XIV contribua pour 7,736, 555 l. aux frais du canal de Languedoc, sur les fonds des bâtiments. (Bibl. nationale, fr., 7801).

avait fait préparer, et pendant sa visite, celui-ci le
« traita magnifiquement[1] ». D'autres canaux furent
étudiés et creusés sous Louis XIV. En 1689, le
R. P. Mourgues, jésuite, inspecte les lieux par lesquels on voulait faire passer un canal de jonction
entre la Saône et la Loire. « Ce bon père, qui paraissait très intelligent, suivant l'intendant, trouvait des difficultés considérables à l'exécution de ce
grand dessein. » Le ministre fit payer 800 francs à
l'ingénieur et au peintre qui avaient fait les nivellements et les plans du canal projeté[2]. Si beaucoup
de projets avortèrent, d'autres, comme ceux des canaux d'Orléans, de Calais à Saint-Omer et de Provence[3], aboutirent sous Louis XIV. Ceux du canal de
Picardie, du Centre, de Beauvais se réalisèrent au
siècle suivant; des plans furent tracés pour le canal
de Bourgogne; les canaux du Rhône au Rhin et du
Nivernais furent commencés, avant la révolution,
grâce à l'initiative du pouvoir central, au zèle des intendants et au concours d'un personnel dont la science
spéciale recevait une sorte de consécration officielle
par sa constitution en corps royal des ponts et chaussées.

Colbert et Louvois avaient envoyé à diverses reprises des ingénieurs, chargés de parcourir des régions déterminées; c'étaient de véritables inspecteurs généraux[4]. Cette institution se régularisa en

---

1. Foucault, p. 23.
2. Bibl. nationale, fr., 8829.
3. *Le Maréchal de Villars*, p. 125.
4. Colbert, *Lettres*, t. IV, p. 413.

1713, où l'on en nomma onze, qui reçurent des appointements de 2,400 à 3,600 francs fournis par des impositions sur les provinces. Chacune d'elles avait, en outre, son ingénieur, qui devait faire enregistrer sa commission devant les trésoriers de France. Ce système fut complété, en 1715, par la création de la direction générale des ponts et chaussées, dépendant de l'administration des finances, mais ayant sa vie propre, et communiquant à tous ses agents la force de centralisation dont elle était animée. Réorganisée en 1743, complétée par l'adjonction d'une école spéciale, stimulée par des hommes comme l'ancien intendant Trudaine et Perronet, la direction des ponts et chaussées donna dans les pays d'élections une impulsion et une activité nouvelles aux travaux publics[1], sans porter atteinte à l'autorité que les intendants conservèrent sur leur gestion.

Chaque généralité eut non seulement son ingénieur en chef, mais plusieurs sous-ingénieurs, au nombre de sept quelquefois, et un nombre plus considérable de conducteurs[2]. Les bureaux, dirigés par un premier commis, et auxquels étaient attachés des dessinateurs et des géographes[3], étaient subven-

1. Vignon, t. II, p. 8, 99, etc.
2. Boyer de Saint-Suzanne, p. 396. — Chevalier, p. 148.
3. En Touraine, en 1787, l'ingénieur en chef a 2,202 fr. d'appointements; les sous-ingénieurs 1,500; les géographes et les dessinateurs 700, les conducteurs 900. Le total des appointements montait à 18,812 fr., auxquels s'ajoutaient 9,000 fr. de gratifications. (*Procès-verbaux de l'assemblée provinciale de Touraine*, 1787, p. 81.) — En Champagne, l'ingénieur en chef recevait 3,800 fr. pour frais de

tionnés dans les pays d'états sur les fonds de la province. Les plans et les devis, dressés par les sous-ingénieurs, approuvés par les ingénieurs, furent toujours présentés à l'intendant, qui les faisait homologuer par le conseil.

Par une réaction peut-être exagérée contre le particularisme du moyen âge, on s'efforçait d'ouvrir de grandes routes aussi droites que possible, reliant les villes importantes entre elles, sans se préoccuper des intérêts secondaires des bourgs et des villages, qu'elles laissaient en dehors de leur tracé. Aussi se demandait-on, au dix-huitième siècle, s'il « fallait tout sacrifier à l'alignement, dont le seul avantage était de fournir un plus beau spectacle aux voyageurs; » si la ligne droite était la première des qualités[1]; si la largeur était toujours utile. « Les grands chemins sont d'une largeur ridicule, disait un publiciste en 1771, avec une languette de pavé au milieu, des bas-côtés à ornières profondes;... » et faisant allusion aux routes qu'on avait ouvertes, il ajoutait : « Si cela continue, tout le royaume sera en chemins, car on en fait de tous côtés[2]. » Les esprits frondeurs, si nombreux au dix-huitième siècle, critiquaient, comme d'Argenson,

---

bureau et de voyages. — En 1786, l'ingénieur en chef de la généralité de Pau touchait 9,000 fr. pour les dix pays d'états ; en 1788, il en a 10,702 ; mais les frais de commis et de dessinateurs sont à sa charge. (Arch. nationales, H. 1166.)

1. Mémoire de Richer d'Aube, p. 269 à 304. Vignon a reproduit une partie du passage de ce mémoire qui concerne les travaux publics. (T. II, Pièces just., p. 325-333.)

2. L'Ami des Français, p. 47.

« le luxe des grands chemins », qu'on « embellissait par inquiétude et aux dépens de l'humanité. M. Trudaine, disait-il, qui a perdu sa vertu par l'orgueil, ordonne partout les grands chemins... La magnificence de ces travaux ne va qu'au vain honneur des ordonnateurs[1] ». Il y avait sans doute excès dans la largeur des routes, dans les rangées d'arbres dont elles étaient abritées et qu'on préparait, à grand' frais, dans les pépinières royales[2]; le désir de relier le plus directement possible les grandes villes entre elles faisait sacrifier les intérêts non moins dignes d'attention des villes secondaires et des villages; mais ces améliorations, à tout prendre incontestables, étaient la conséquence du mouvement économique et philosophique qui s'emparait de l'opinion pour montrer aux hommes, comme un des principaux buts de leurs efforts, la conquête des progrès matériels. L'ingénieur, que dédaigne le moyen âge et que la Renaissance n'estime qu'autant qu'il est doublé d'un artiste, devient un fonctionnaire considéré, qui tient sa place dans la hiérarchie, et dont on juge utile de rehausser le prestige aux yeux des masses en lui donnant, en 1771, un uniforme gris de fer, à broderies d'or et d'argent.

1. D'Argenson, *Mémoires*, t. VII, p. 244. Et cependant, André Chénier, dans son hymne à la France, parlait de

..... ces vastes chemins en tous lieux départis,
Où l'étranger à l'aise, achevant son voyage,
Pense au nom de Trudaine et bénit son ouvrage.

2. D'Aube critique les plantations d'arbres, comme pouvant cacher la vue et étant nuisibles.

Au dix-huitième siècle, les ingénieurs des provinces sont aussi architectes ; c'est à eux que les intendants s'adressent pour présider aux constructions utiles ou décoratives qu'ils faisaient élever dans les principales villes de leur généralité. Les intendants contribuent d'une manière prépondérante à la transformation des villes qui s'opère à partir du règne de Louis XIV ; comme Pellot à Montauban, la plupart font combler les fossés des remparts, désormais inutiles, les transforment en promenades, construisent des quais et des ponts ; le père Ménestrier disait de Pellot : *Operum publicorum studiosissimus*[1], et cet éloge aurait pu s'appliquer à beaucoup de ses collègues. Ceux-ci ne s'occupent pas seulement de l'entretien des bâtiments du domaine du roi, tels que le château de Pau, les Loges du roi à Dijon, la plupart des palais de justice, ils font construire des hôpitaux, des casernes, des hôtels des monnaies, des hôtels de ville et d'intendance, des tribunaux, des salles de spectacle[2]. Comme les hommes de leurs temps, ils n'ont pas un respect suffisant pour les monuments du Moyen âge ; l'un d'eux s'efforce de préserver de la destruction les allées d'une abbaye, dont les om-

1. O'Reilly, t. I, p. 375.
2. Des gratifications étaient accordées aux ingénieurs pour ces travaux. — *Inv. Arch. Côte-d'Or*, C. 280. — Les intendants interviennent pour l'autorisation ou l'inauguration des statues que les provinces ou les villes font élever au roi. (Patte, *Monuments érigés en France à la gloire de Louis XV*, p. 139, 143.) — L'État dépensa plus d'un million pour creuser un port à Versoix et en faire la rivale de Genève. En 1667, on octroyait 60000 l. à l'intendant pour poursuivre cette œuvre, qui demeura stérile. (Décisions du Roi, *Annuaire. bull. — de la Soc. de l'hist. de France*, 1876, p. 90.) L'ad-

brages abritent les loisirs des citadins[1]. Presque partout, ils ouvrent des rues nouvelles et des places alignées sur un modèle correct, et surtout uniforme. Ils font planter des cours et des promenades, et dans certaines villes, leur souvenir est resté attaché aux embellissements qu'ils ont suscités et fait exécuter. Le nom de Tourny à Bordeaux, de D'Étigny à Auch, de Blossac à Poitiers, n'ont pas été oubliés[2].

Lorsqu'il y avait des édifices importants à construire dans les grandes villes, celles-ci, de concert avec les intendants, ne s'adressaient pas toujours aux ingénieurs de la province; elles faisaient appel à des architectes illustres, comme Louis et Soufflot; elles avaient recours aux talents de Jacques Gabriel, père de l'architecte du garde-meuble, inspecteur général des bâtiments royaux et premier architecte des ponts et chaussées du royaume, qui donna des dessins pour les places de Nantes, de Bordeaux, de Rennes, pour la salle et la chapelle des états de Dijon[3]. Parmi les ingénieurs des provinces, on pourrait citer Armand Lefebvre, qui a laissé des marques estimables de ses talents dans les villes de Reims et de Caen, comme ingénieur des généralités de Châlons et de Caen, sous le règne de Louis XVI.

ministration est impuissante à créer des villes et à les peupler. Voltaire constatait les résultats obtenus, en disant :

  A Versoix, nous avons des rues.
  Et nous n'avons pas de maisons.

1. A. de Boislisle, *Corr. des contr. gén.*, t. III, p. 93.
2. Voir *la Ville sous l'ancien régime*, 2ᵉ éd., t. II, p. 112 à 131, 153.
3. En 1748, Gabriel réclamait 5,000 fr. d'appointements pour la

L'amélioration des moyens de communication permit à Louis XIV d'imprimer aux postes aux chevaux et aux lettres ce cachet d'organisation centralisée qui était dans son génie comme dans celui de son temps. Louis XI, à qui l'on attribue la création des postes, avait seulement établi un service de courriers pour la transmission sûre, exclusive et prompte de ses dépêches; Henri IV, par son édit de 1597, essaya d'établir partout, même pour les chemins de traverse, des relais de chevaux à la disposition du public [1]. Le transport des lettres, qui se faisait par les messagers de l'université et des villes, tomba également entre les mains de l'État. Louvois établit en 1673 le monopole des postes, particulièrement pour les lettres, dont le transport fut affermé; il régla la taxe des dépêches d'une manière plus uniforme et proportionnelle à la distance [2]. Des bureaux furent créés, au siècle suivant, dans bien des localités qui en étaient dépourvues; on en comptait quarante-quatre dans la généralité de Tours, en 1762, et le plus important, celui de Tours, rapportait 50,000 livres. L'intendant poursuivait les contraventions commises par les voituriers qui transportaient des lettres au détriment de la ferme des postes; il intervenait aussi pour protéger les agents de celle-ci; il signalait, par exemple, les violences des « gens de la douane » contre les estafettes qui

direction des travaux publics de Rennes pendant cinq ans. (*Inv. Arch. Ille-et-Vilaine*, C. 44.)

1. Poirson, *Histoire de Henri IV*, p. 465 à 470.
2. Chéruel, *Dict.*, t. II, 1003. — Noël, p. 322. — Chevalier p. 164.

portaient la malle d'Italie à Grenoble ; il transmettait également les plaintes du public : c'est ainsi qu'il ordonne une enquête sur les « retardements » que les baigneurs de Bagnères-de-Bigorre signalaient dans l'arrivée des courriers[1].

Comme un progrès en amène toujours un autre, les améliorations des routes suscitèrent la transformation des moyens de locomotion. Dès la seconde partie du seizième siècle, des voitures publiques circulèrent entre Paris et les principales villes du royaume, situées dans un rayon de 40 lieues de la capitale. L'État s'en empara aussitôt, et délivra, en 1575, à certaines personnes des privilèges pour l'exploitation de coches d'une ville à l'autre. En 1594, on créait un surintendant des coches de France; en 1634, le duc de Bellegarde en eut le monopole. En 1654, le privilège des carrosses d'Alsace et de Lorraine fut donné à la nourrice d'un prince[2]. Peu à peu, ces voitures, traînées par 4 à 6 chevaux, qui transportaient de 8 à 12 personnes, et qui avaient été établies par l'initiative privée et municipale, se trouvèrent assujetties à la suprématie royale. Des privilèges pour tout le royaume furent même accordés en 1662 et en 1672 pour les litières, et bien qu'elles fussent tombées en désuétude en Provence,

1. *Inv. Arch. Côte-d'Or*, C. 344, 345. — Bibl. nationale, fr., 8826. — De Bardies, p. 88.
2. P. de Mardigny, *Notice sur les voitures publiques de Metz*, p. 5, 13, 16. — Voir aussi Boyer, *Recherches sur les anciennes voitures publiques dans le Berry. Mémoires de la Société historique du Cher*, 3ᵉ série, t. I, et mon étude sur *les Transports publics de Troyes à Paris*, 1887.

en 1720, où les voituriers avaient fait monter sur roues presque toutes les litières, leur privilège suscitait encore en Dauphiné des difficultés, que les intéressés désiraient voir juger par les intendants[1].

Les maîtres de postes, qui étaient tenus d'entretenir un nombre déterminé de chevaux de relais, avaient des privilèges, des exemptions, des gages qui les indemnisaient des charges qui leur étaient imposées. Louvois écrit en 1681 à un intendant, pour lui recommander un maître de poste à qui l'on n'a pas payé ses gages de l'année 1675. « Comme ma charge de général des postes m'oblige de protéger ces gens-là, je vous supplie d'entendre ledit maître de postes, et d'empêcher qu'il ne lui soit fait d'injustice[2]. » Les intendants interviennent tantôt en leur faveur, tantôt en faveur du public. Celui de Dauphiné, en 1729, signale le mauvais état d'un chemin, qui expose les postillons à être maltraités, attendu que leurs chevaux ne peuvent marcher que lentement; il demande l'envoi d'un inspecteur pour réorganiser le service. « Plus de la moitié des postes d'ici Lyon, écrit-il, est à la veille d'être démontée, d'autres veulent abandonner. » L'état des autres routes est aussi fâcheux, et l'intendant serait d'avis d'accorder aux maîtres des postes « le service des malles, des lettres et des paquets ». Plus tard et ailleurs, on leur accorde des indemnités pour les dédommager de pertes de chevaux[3]. Si l'on re-

---

1. Bibl. nationale, fr., 8910, 8366.
2. Bibliothèque nationale, fr., 22196, 8821.
3. Ibid., 8452, 8455. — De Bardies, p. 89. — Marchand, p. 320.

pousse la demande d'une demoiselle blessée à la suite de la chute d'une chaise de poste, par la raison que « les maîtres de poste ne peuvent jamais être tenus ni garants de ces sortes d'accidents; » si l'on fait une enquête sur un gentilhomme qui a forcé, le pistolet à la main, un postillon de faire faire trois postes à ses chevaux sans s'arrêter, ce qui a causé la mort de l'un d'eux, en revanche on condamne à la prison les postillons dont se plaignent les gens de qualité et les officiers. En 1750, le ministre d'Argenson ordonne à l'intendant de faire enfermer, pendant huit jours, un postillon qui lui a été signalé par un commandant de carabiniers [1].

Les progrès réalisés dans la construction des routes sous le règne de Louis XV permirent aux voitures publiques de voyager la nuit et de faire en beaucoup moins de temps les trajets qu'elles avaient à parcourir. Les intendants demandent parfois qu'il en soit établi de nouvelles [2]; ils en provoquent l'amélioration. Les *turgotines*, qui commencèrent à rouler sous le ministère de Turgot, excitèrent l'admiration générale. La recherche du bien-être envahissait du reste toutes les classes. « Ceux qui allaient à pied il y a trente ans, écrit-on en 1772, vont à cheval;

---

[1]. Bibl. nationale, fr., 8929, 8933. — Arch. de l'Aube, C. 1162. — Inv. Arch. *Ille-et-Vilaine*, C. 50... *Orne*, C. 632 à 656... *Marne*, C. 1149. — En 1688, le fils d'un conseiller au parlement se prend de querelle avec un maître de poste, et le tue. Il fut condamné par l'intendant à payer 3,000 livres au fils de sa victime. (Foucault, *Mémoires*, p. 222.)

[2]. Notamment, en 1714, entre Lyon, Marseille et Montpellier (A. de Boislisle, *Corr.*, t. III, n° 1656.)

ceux qui allaient à cheval, vont en voiture ; ils trouvent même le cahotement des voitures publiques trop rude, et les derniers artisans ne voyageront plus bientôt que dans des carrosses à ressorts bien liants[1]. » Le nombre des voyageurs augmentait sans cesse, et Mercier, disait en 1788 : « On voyage sans nécessité, sans affaires, sous le plus léger prétexte... Les correspondances se multiplient de ville en ville, de province en province[2]...

La ferme des messageries suscitait plus de difficultés et de vexations[3] que celle des postes. Les carrosses publics et les diligences avaient le privilège, avec les maîtres de postes, de transporter les voyageurs qui pouvaient se servir de leurs propres voitures. Il y en avait sur toutes les grandes routes, et lorsqu'un service nouveau était établi, comme entre Dijon et Autun, c'était l'intendant qui en rédigeait le règlement. Lui seul aussi pouvait autoriser des voyageurs, qui n'avaient pu trouver de place dans les voitures publiques, de se servir sur leur route de toutes les voitures qu'ils rencontreraient, sans que leurs conducteurs fussent astreints à payer aucuns droits[4]. Toutes les fois, en effet, qu'une voiture de louage suivait une route desservie par les messageries royales, elle devait aux fermiers de ces messageries un droit proportionnel à la distance

---

1. Tissot, *de la Santé des gens de lettres*, p. 143.
2. *Les Voyageurs en France, depuis la Renaissance jusqu'à la Révolution*, p. 11 à 20.
3. *Le Roi voyageur*, ch. XVII.
4. *Inv. Arch. Côte-d'Or*, C. 349, 350, 351.

parcourue[1]. Les fermiers prétendaient même qu'en cas de contravention, ils pouvaient faire saisir la voiture et les chevaux, et faire frapper le délinquant d'une amende de 500 francs. Un arrêt du conseil de 1785, promulgué par l'intendant de Champagne, défendait aux marchands forains de se servir des voitures de rouliers sans être munis d'un permis du directeur des diligences et voitures publiques[2]. On prescrivait même le nombre des chevaux qu'il était permis d'atteler aux charrettes selon les saisons; cette limitation, qui avait pour but d'empêcher l'effondrement des routes par des voitures trop chargées, suscitait parfois les plaintes des marchands des grandes villes, à qui elle causait un détriment réel[3].

Les intendants, à qui l'on s'adressait pour faire établir de nouveaux relais de postes et même pour réclamer des colis égarés par les messageries[4], étaient appelés à veiller d'une manière particulière sur le passage des princes et des princesses qui traversaient leur généralité. Au dix-septième siècle et même au commencement du dix-huitième, ils s'empressaient de donner les ordres pour rendre les chemins praticables ou du moins les mettre en aussi bon état que possible. L'itinéraire était réglé avec soin; on réquisitionnait tous les véhicules né-

---

1. Le droit était égal au tiers du prix de la diligence ou de quatre sous par livre et par personne. (*Les Transports publics de Troyes à Paris*, 1887, p. 24, 41 et 42.)
2. Archives de l'Aube, C. 1162 et 1163.
3. *Inv. Arch. Ille-et-Vilaine*, C. 27.
4. D'Arbois de Jubainville, p. 116.

cessaires. En 1714, l'intendant de Provence doit rechercher pour la reine d'Espagne et sa suite une litière, trente-six chaises roulantes, soixante-quatorze chevaux de selle, six chariots et quatre mulets de bât. La litière destinée à la reine est difficile à trouver, car il en faut une à brancards brisés, et il n'y a que l'archevêque d'Aix qui en ait une convenable. Il faut aussi pourvoir aux logements, aux repas, aux fêtes que l'on donnera; il faut aussi régler les notes. Le roi d'Espagne donne ordre, il est vrai, de payer les dépenses qui n'ont pas été acquittées et d'indemniser les personnes chez qui les gens de sa suite ont volé de la vaisselle d'argent et des hardes; mais il restait des reliquats dont on ne pouvait facilement obtenir le règlement. En 1707, les voituriers de Provence réclamaient plus de 14,000 francs pour le transport de la suite du roi d'Espagne, en 1702, d'Arles à Perpignan. L'intendant transmettait leurs plaintes aux ministres, qui seuls pouvaient y faire donner satisfaction [1].

1. Bibl. nationale, fr., 8885, 8895, 8902, 8910. Les voituriers ne sont pas entièrement payés en 1711 et réclament de nouveau à l'intendant, en lui disant : « Ils ne manqueront pas de dresser leurs vœux à Dieu pour votre santé et celle de votre illustre famille. » — Voir aussi A. de Boislisle, t. II, n° 335; t. III, n° 1733.

CHAPITRE X

LE COMMERCE ET L'INDUSTRIE.

Mesure de l'intervention de l'État. — Juges consuls. — Conseil royal de commerce. — Députés. — Intendants de commerce. — Chambres de commerce. — Organisation corporative de l'industrie. — Tendances à la liberté. — Industries nouvelles suscitées par l'État. — Encouragements donnés par les intendants. — Écoles industrielles. — Subventions et privilèges. — Dégrèvements, prêts, avances. — Faillites. — Règlementations des manufactures. Mémoires des intendants. — Répression des contraventions. — Inspecteurs des manufactures. — Marque des étoffes. — Droits d'entrée et de sortie. — Prohibitions. — Douanes intérieures. — Diversité des poids et mesures. — Contrebande. — Patronage du gouvernement sur l'industrie. — Sociétés de commerce. — Banques et billets de banque. — Modifications dans la valeur des espèces. — Interdiction de l'exportation du numéraire. — Foires. — Requêtes au conseil du commerce. — Tarifs des marchandises. — Effets de ces tarifs. — Salaires des ouvriers. — Procédés de l'intendant à leur égard. — Grèves. — Rigueurs contre les ouvriers. — Grèves d'Amiens et d'Abbeville. — Mesures en faveur des ouvriers. — Ordres donnés aux maîtres. — Chômages. — Secours contre la disette. — Ouvriers étrangers et forçats. — Progrès des doctrines de liberté.

Si l'intervention de l'État dans la direction des travaux publics est utile et même nécessaire, en est-il de même lorsqu'elle s'exerce à l'égard du commerce et de l'industrie? Dans un pays et à une époque où la liberté du travail et des transactions est la règle, elle ne saurait se justifier que pour la garantir; mais elle s'explique dans une organisation sociale et industrielle basée sur des privilèges corporatifs, et dans laquelle de nombreuses barrières sont dressées pour empêcher le développement des inventions nouvelles et l'initiative féconde des individus.

L'administration avait montré depuis longtemps sa sollicitude pour le commerce et l'industrie. Charles IX leur avait accordé une juridiction spéciale par l'établissement de juges consuls électifs, qui connaissaient équitablement et à peu de frais de leurs différends[1]. Henri IV instituait en 1601 une commission centrale de commerce, composée de conseillers d'État, de conseillers au parlement, à la chambre des comptes et à la cour des aides, chargés de « vacquer au rétablissement des manufactures dans le royaume[2] ». Ce fut le germe du conseil royal de commerce, réorganisé par Richelieu, par Colbert en 1665, et d'une manière plus complète et définitive par Pontchartrain, en 1700, sous la présidence de l'ancien intendant de Languedoc, D'Aguesseau.

Douze négociants, choisis parmi les délégués d'un certain nombre de villes industrielles, y siégeaient à côté de hauts fonctionnaires et de deux

---

[1]. Édit de novembre 1563. — Les juges consuls ne furent pas établis dans toutes les provinces; en 1726, Fontanieu constata qu'il n'y en avait jamais eu en Dauphiné.

[2]. Poirson, *Histoire de Henri IV*, t. III, p. 13.

fermiers généraux[1]. L'intendant intervenait dans l'élection des députés, soit pour indiquer les choix à faire, soit pour déterminer des élus à accepter. En 1715, celui de Rouen use de toute son influence, après le refus de trois candidats, pour engager et vaincre les hésitations « d'un député excellent, âgé de quarante ans, qui a de l'esprit, une figure et une énonciation agréables ». A la Rochelle, en 1708, l'échevinage demande l'autorisation de choisir un nouveau député, d'autant plus qu'il a en vue un candidat qui se contenterait de 3000 francs au lieu de 6000 que reçoit le titulaire, de la négligence duquel on se plaint[2]. La présence de ces députés, qui résidaient pendant un an à la cour et se réunissaient au moins une fois par semaine, donnait une sorte de caractère représentatif au conseil, où ils apportaient des opinions et des renseignements pratiques. Quelques-uns de leurs mémoires ont été conservés et témoignent de leurs lumières, de la justesse de leurs observations et de leurs idées[3]. Dès 1701, ils devancent le mouvement de l'opinion en proclamant que « la liberté est l'âme et l'élément du commerce », et en s'élevant contre les privilèges qui en entravent l'essor[4]. Quoique de Harlay ait

1. L. Biollay, *Études économiques sur le dix-huitième siècle. Le Pacte de Famine. L'Administration du commerce*. La seconde partie de cet ouvrage contient un historique de cette administration, (p. 277 à 543). — Savary, *Dict. du commerce*, t., II, p. 173 et suiv.
2. A. de Boislisle, *Corr. des contr. gén.*, t. III, n°ˢ 1806 et 95. — L. Biollay, p. 385 à 424.
3. Analyse et extraits de mémoires présentés par les députés du commerce à Paris. Dareste de la Chavanne, t. II, p. 392 à 420.
4. Lettre à l'intendant Le Bret. Bibl. nationale, fr., 8897.

écrit que ce conseil « était peut-être la chose la moins utile et la moins nécessaire, » il n'en prit pas moins une part importante à la plupart des réformes économiques du dix-huitième siècle, excepté pendant le ministère de Turgot, et rendit des services incontestables sous la direction de D'Aguesseau, d'Amelot, de Gournay et des deux Trudaine[1].

Six maîtres des requêtes y furent attachés, à partir de 1708, avec le titre d'intendants de commerce, dont ils eurent à payer l'office[2]; réduits à quatre en 1722, augmentés plus tard en nombre, ils avaient chacun leur circonscription, dans laquelle ils faisaient des tournées et sur laquelle ils rédigeaient des mémoires, secondant ainsi, sans la restreindre, l'action des intendants de province[3].

Le conseil de commerce correspondait avec les chambres de commerce que Barthélemy de Laffemas aurait voulu créer en 1597 dans tous les centres importants, et qui furent établis au nombre de douze sous Louis XIV et Louis XV[4]. Ces chambres, composées de négociants élus par leurs pairs, envoyaient des mémoires, des renseignements et des

---

1. Bonnassieux, *Inv. analytique des procès-verbaux du conseil de commerce,* 1700 à 1791.
2. Le Bret fut intendant de commerce en même temps qu'intendant de province. Il fut invité en 1709 par ses collègues à participer à une augmentation de gages de 500,000 livres. (A. de Boislisle, *Corr. des contr. gén.*, t. III, n° 333.) Les charges, qui valaient 200,000 fr en 1724, tombèrent à 100,000 fr. en 1751. (Biollay, p. 468.)
3. L. Biollay, 2ᵉ partie. — Dareste de la Chavanne, ch. XVIII, § III.
4. Celle de Marseille avait été créée en 1650; huit le furent de 1700 à 1714; trois sous Louis XV. (Perigot, *Histoire du commerce,* p. 201, 246.)

requêtes. Il y eut aussi des assemblées, organisées, dans vingt-quatre villes, par les intendants, en vertu d'une ordonnance de 1669. Formées de gardes jurés des manufactures et de membres de communautés industrielles, elles tombèrent bientôt en désuétude, sauf à Beauvais et à Sedan, quoiqu'on eût essayé de les raviver sous Louis XV [1].

L'intendant pouvait aussi provoquer la réunion d'assemblées d'industriels, pour délibérer sur des questions qui les intéressaient. En 1740, celui de Châlons prescrit une assemblée générale des marchands, fabricants et principaux ouvriers de la ville, pour entendre lecture d'un projet de règlement fait par un inspecteur des manufactures [2].

L'industrie conserva jusqu'en 1789 les traditions et les institutions du moyen âge. Elle était morcelée dans la plupart des villes en corporations, qui avaient leurs statuts, leurs droits, leurs privilèges, leurs contrats particuliers [3]. L'autorité centrale voulut réduire les forces de ces associations fermées, qui n'étaient plus en rapport avec les principes et les faits économiques, et en attendant que Turgot essayât de les supprimer, elle s'efforça de les sou-

1. Bonnassieux, *Les Assemblées représentatives du commerce*, 1883.
2. *Inv. Arch. Marne*, C. 485.
3. La question fut soumise en 1708, aux intendants. Il résulte de leurs réponses que le nombre des corporations industrielles variait selon les villes et les provinces; qu'en Béarn, il n'y en avait pas; qu'en Berry, il y en avait seulement dans trois villes; en Champagne, dans cinq. En Poitou, on en comptait dans 27 villes. (A. de Boislisle, t. III, n° 20.)

mettre à son action plutôt qu'à la juridiction des juges locaux et des municipalités. De même qu'elle avait soustrait les communautés d'habitants au contrôle des seigneurs et de leurs magistrats, elle chercha à rattacher les communautés industrielles à la tutelle des lieutenants généraux de police, souvent des subdélégués et des intendants. Depuis longtemps, elle leur octroyait des statuts, et les nouveaux règlements qu'elle leur donna avaient le plus souvent un but fiscal non moins que politique[1].

Fréquemment, elle intervient pour apaiser des différends entre diverses corporations, qui s'épuisent en procès. L'intendant de Châlons propose de réunir les communautés de savetiers et de cordonniers d'Épernay pour rétablir la paix entre elles. Les couteliers et les taillandiers se disputent la fabrication exclusive des serpettes de vigneron. Le subdélégué se prononce en faveur des taillandiers, parce que le manche de ces serpettes est en bois; mais il maintient aux couteliers le monopole des « serpettes montées et fermantes. » Parfois l'administration limite le nombre de personnes qui ont le droit de se livrer à une industrie déterminée. En 1739, un règlement décide qu'il n'y aura que deux

1. Un édit de 1702 oblige les corporations à remettre leurs statuts et règlements entre les mains des intendants, ainsi que leurs livres de comptes, pour qu'il soit procédé à la confection de règlements ordonnés par un édit de 1691. Les intendants veillent aussi à l'exécution d'un édit de 1712, qui soumet aux officiers de police les comptes des corporations. (*Traité des ordres*, t. III, p. 214 et suiv.) Voir un rapport de l'intendant de Châlons sur un projet de statuts demandés par les bouchers de cette ville. (*Inv. Arch. Marne*, C. 419.)

imprimeurs à Châlons. Les boutiques de ceux qui résistent sont fermées, et l'un d'eux est emprisonné, malgré les réclamations des imprimeurs conservés[1]. Pour empêcher la concurrence, qui nuit parfois aux artisans, l'État ajoute de nouvelles entraves à la liberté du travail, que plus tard il devait essayer d'affranchir.

« Il n'y a rien, écrivait cependant un intendant en 1686, qui contribue tant à la grandeur des villes et à l'augmentation de leur commerce que la liberté et la franchise. C'est ce qui fait que nos rois, considérant la ville de Lyon comme le magasin de l'Europe... l'ont favorisée de temps en temps de plusieurs beaux privilèges. » Mais depuis quelque temps, la ville avait accordé des statuts moins libéraux à diverses corporations, et l'intendant demandait au chancelier d'abolir ces nouveautés, comme étant nuisibles au commerce[2]. Des franchises furent octroyées à d'autres villes, comme Marseille, qui obtint de Louis XIV la liberté de son port[3]. La liberté, à cette époque, consistait le plus souvent à créer des privilèges ou à restreindre les anciens par de nouveaux.

Sully et Colbert, continuant, en les amplifiant,

---

1. *Inv. Arch. Marne*, C. 487, 498, 483. — En 1683, on avait demandé un état général des libraires et des imprimeurs, parce qu'il y en avait trop.

2. Lettre de Le Bret du 29 juin 1686. Bibl. nationale, fr., 8826.

3. Marseille avait seule « la permission de négocier » avec le Levant; Rouen, Nantes, La Rochelle et Bordeaux avaient le monopole du commerce avec les îles d'Amérique (Mémoires présentés au Régent par les députés du commerce. Bibl. nat., fr., 8038.)

les errements de François Ier et de Henri II, suscitèrent des industries spéciales, comme celles de la soie et des draps, et la création de manufactures d'objets de luxe, qui devaient renforcer le ressort de l'industrie nationale, en servant de modèles aux travailleurs[1]. Louis XIV, qui présidait lui-même tous les quinze jours le conseil de commerce, y attachait une grande importance : suivant un de ses ministres, il regardait le commerce et les manufactures comme « les seuls moyens d'assurer les richesses au dedans du royaume et de faire subsister avec facilité et commodité un grand nombre de ses sujets. » Aussi voulait-il savoir si les habitants de chaque province étaient « portés à l'agriculture, à la marchandise ou aux manufactures »; il faisait recommander particulièrement aux intendants de s'efforcer de « rétablir celles qui étaient perdues et d'en faire établir de nouvelles, d'assister de quelque somme et même de quelque revenu annuel les villes qui seraient disposées à en favoriser l'établissement »; et même émettait-il l'intention d'accorder, sur l'avis des intendants, « quelques honneurs et préséances aux marchands, qui armeraient des vaisseaux ou établiraient des manufactures[2] ». Des négociants, en effet, furent anoblis[3], et nous voyons, en 1777, l'intendant de Languedoc demander une médaille à l'ef-

---

1. Dareste de la Chavanne, ch. XVII, sect. II.
2. Bibl. nationale, fr., 22196.
3. Voir : Artaud, *Georges Roux*, p. 122, 123; A. Babeau, *Un Marchand de province sous Henri IV*, p. 14, 15; *les Bourgeois d'autrefois*, p. 76, 77.

figie du roi pour récompenser un manufacturier[1].

Les intendants s'évertuent pour seconder les intentions du roi. S'ils n'ont pas toujours pour les négociants les égards que ceux-ci méritent[2], ils stimulent le commerce et l'industrie. Souvent, ils n'ont qu'à seconder l'initiative particulière; parfois, ils essaient en vain de l'éveiller. Fontanieu, comme ses prédécesseurs, se préoccupe de faire de Valence, dont la situation est excellente, une ville de commerce. Mais « le génie de ses habitants leur inspire le mépris de l'intérêt, qui partout ailleurs gouverne. Le présidial et l'université les attirent. L'illusion d'une dignité imaginaire leur a fermé les yeux sur les biens solides et réels. » Un autre intendant, en 1722, envoie l'état des villes du Berry où il conviendrait d'établir des manufactures de siamoise, qui procureraient du travail et des salaires à un grand nombre de femmes et d'enfants[3]. Des écoles industrielles furent établies dans certaines provinces,

---

1. *Inv. Arch. Hérault*, C. 2588. — Des prix furent établis dans les Pyrénées, à la veille de la Révolution, pour les meilleurs forgerons et faiseurs de douilles. (Raymond de Saint-Sauveur, *Compte-rendu*, p. 111.

2. Les députés du commerce voulaient qu'on relevât le négoce par des distinctions honorifiques et qu'on permit aux nobles de s'y livrer. « Il serait à propos, disait l'un d'eux, d'insinuer à M^rs les gouverneurs et à M^rs les intendants des provinces de traiter les principaux marchands avec les mêmes égards que les officiers de justice. Quand les enfants de ces anoblis se présenteraient pour les charges de la robe et de la guerre, il les y faudrait admettre comme les autres gentilshommes, et ne les point traiter de nobles à la cloche, comme on a coutume de le faire. (Bibl. nationale, fr., 8028.)

3. Bibl. nationale, fr., 8471. — Arch. nationales, G⁷. 130.

comme l'école d'ouvriers fondée à Tours en 1749 par l'intendant, pour enseigner le tissage de la soie d'après les meilleurs principes, et l'école de bonneterie, établie aux environs de Troyes vers la même époque[1].

Fréquentes sont les demandes des personnes qui sollicitent des subventions et des privilèges de l'État pour créer des ateliers nouveaux. Ici, c'est une fabrique de pipes à tabac que l'on veut ouvrir en Provence; une manufacture de toiles de coton et de mousselines qu'un Suisse désire fonder en Dauphiné; à Valence et à Embrun, ce sont des manufactures de serge et de bonneterie qui sont établies par les hôpitaux de ces villes. Le projet de l'hôpital de Valence est accompagné d'un plan colorié et d'un devis qui prévoit une dépense de 51,000 francs. En 1736, l'évêque de Die demande à emprunter 25,000 francs pour installer un martinet dans son diocèse. Une enquête est ouverte pour savoir si cet établissement ne préjudiciera pas aux intérêts du roi et du public. Un fabricant sollicite un privilège de vingt ans pour établir une manufacture de fer-blanc en Dauphiné. Les échantillons qu'il envoie sont soumis à l'Académie des sciences, qui les déclare défectueux. Son privilège ne lui sera accordé que s'il justifie d'une fabrication meilleure. A la même époque, il fut accordé un privilège exclusif pour fabriquer de la faïence pendant quinze ans dans un rayon de cinq lieues autour de Grenoble[2]; une manufacture royale

---

[1]. Chevalier, *Tableau de la Touraine*, p. 136.
[2]. Bibl. nationale, fr., 8834, 8370, 8473, 8375. On soumet aussi à

d'étoffes de soie, d'or et d'argent fut établie à Marseille, en 1685, avec un privilège exclusif et une subvention de 8,000 livres, payée par la ville pendant cinq ans[1].

On se préoccupait de savoir si l'industrie nouvelle ne nuirait pas à celles qui existaient déjà. En 1714, les intendants de Châlons et de Paris se prononcèrent contre la proposition faite par un Vénitien d'établir une verrerie à Sens, parce qu'elle aurait été trop rapprochée de celle de Bayel, près de Bar-sur-Aube[2].

Des privilèges de tous genres furent accordés dans toute la France; la faveur n'y fut pas toujours étrangère; mais ils étaient justifiés lorsqu'ils s'appliquaient à une invention ou à l'introduction d'une industrie nouvelle, comme ceux qui furent accordés à Paris et dans les environs, sous Louis XIV, à des fabricants de glaces de Venise, de porcelaines et de faïences façon des Indes[3]. On octroyait à d'autres des remises de droits d'entrée ou de sortie, des exemptions de droits de visites, des dégrèvements sur leurs impôts, notamment sur la taille. L'intendant Legendre se concilia, en 1716, les négociants de Bayonne, en suspendant pour eux, comme il y était autorisé, la contribution du dixième qui ne montait du reste qu'à 6,000 francs par an[4]. Aux

l'Académie des modèles de moulins, et elle se prononce pour l'un d'eux. (Bibl. nationale, 8376.)

1. Ibid., 8914. Elle cessa d'exister en 1716.
2. A. de Boislisle, *Corr. des contr. gén.*, t. III, n° 1601.
3. A. de Boislisle, *Mémoires des intendants*, t. I, p. 605 à 612.
4. Bibl. nationale, fr., 11381.

étrangers qu'on attirait en France, on délivrait « des lettres de naturalité; » on accordait le droit de pratiquer la religion protestante; à d'autres, le droit de *committimus*, qui les soustrayait à leurs juges naturels; à quelques-uns, des prêts de sommes extraordinaires, des dons et des pensions annuelles. Dans certains cas, les métiers et les outils des manufacturiers étaient déclarés insaisissables[1].

Il ne suffisait pas de stimuler les fabrications nouvelles : il fallait soutenir les anciennes. Un intendant demande une avance de 20,000 francs pour gratifier le travail et la persévérance d'un manufacturier. La grande usine de draps d'Abbeville, fondée en 1669 par le Hollandais Van Robais, grâce aux avantages que lui avait assurés Colbert, traversa en 1716 une crise telle que l'État fut obligé de venir à son aide. On ne pouvait, suivant l'intendant, abandonner une manufacture magnifique, sans rivale, qui était regardée comme la plus belle de France. « Puisqu'on a déjà tant fait pour ce négociant, écrivait-il, il faut le soutenir jusqu'au bout ». Plus tard, l'État avança 90,000 liv. au sʳ Dessin, qui avait fondé à Calais une auberge renfermant plus de cent appartements meublés. On voulait l'aider à payer ses créanciers. Son « établissement, unique en son genre, disait un texte officiel, peut être regardé comme national. » Dans d'autres cas, comme dans celui d'un juge d'Embrun, qui sollicitait un secours pour une fabrique qu'il avait établie dans cette ville, le contrôleur général

---

1. Savary, *Dict. du commerce,* édit. 1760, t. III, p. 733, 734.

répondait que les « circonstances présentes » ne permettaient pas de répondre favorablement à la demande formulée[1].

L'ingérence des intendants dans les affaires industrielles et commerciales était parfois excessive. Elle pouvait s'expliquer, lorsqu'ils faisaient accorder à un négociant des lettres de surséance, qui dans un moment de crise ou de péril, lui permettaient de faire face à ses engagements en en retardant l'échéance; elle avait sa raison d'être, dans les cas de banqueroute ou de liquidations, afin d'empêcher, comme l'écrivait Colbert, que la justice ne consommât une partie de l'actif[2]. L'intendant pouvait ménager un arrangement entre un négociant et ses créanciers, et si l'un de ceux-ci s'y refusait, il avait le droit de l'y contraindre. Le failli était-il recommandé par un grand seigneur ou un homme en place, il veillait à ses intérêts. Fontanieu s'arrogeait le pouvoir exorbitant d'annuler un marché particulier, comme celui qu'un fabricant de cordes à boyaux de Briançon avait passé avec les tripiers de cette ville, pour lui fournir tous les petits boyaux de mouton, provenant des boucheries locales. Il restait à ce fabricant la ressource de se plaindre au contrôleur général, en lui faisant observer que sa famille faisait ce

---

1. Boyer de Sainte-Suzanne, p. 165. — Décisions du roi. *Ann. bulletin de la Société de l'histoire de France*, 1876, p. 205. — Bibl. nationale, fr., 8365.
2. C'est pour la même raison que le commerce du Languedoc demandait en 1717 qu'on prorogeât la connaissance des faillites aux juges consuls pendant quelque temps. (Bibl. nat., fr., 11380.)

commerce depuis cent cinquante ans, et qu'il méritait la préférence sur le concurrent en faveur duquel le marché avait été résilié[1].

En se substituant aux municipalités et aux corporations pour réglementer l'industrie, l'État veut bien stimuler les efforts individuels; mais il veut les diriger, les contenir, les coordonner. Il n'agit pas ainsi pour la vaine satisfaction de montrer son pouvoir; mais il se croit plus éclairé que les individus, et cherche à les faire profiter de ses lumières. Il se propose de faire prospérer le travail national, d'assurer autant que possible la perfection de la fabrication, de se passer des productions étrangères. De là tant de privilèges, tant de règlements, tant de prescriptions minutieuses, qui sous Louis XIV, formaient plusieurs gros volumes. Tout y était prévu, défini, arrêté, depuis la largeur des étoffes jusqu'à la grosseur des fils de la trame et de la chaîne. Les règlements sont rédigés avec le concours des intéressés; des arrêts du conseil leur donnent force de loi; les juges ordinaires ou spéciaux, dont on peut appeler des arrêts au parlement[2], sont chargés de réprimer les contraventions; les intendants veillent à l'exécution des articles. Ils visitent les manufactures dans leurs tournées, rédigent de nombreux rapports sur l'état du commerce et de l'industrie, sur les varia-

---

1. Bibl. nationale, fr., 8821, 8372, 11372, 8375.
2. Un arrêt du conseil de 1685; qui donnait pouvoir aux intendants sur les décisions des juges, des manufactures et des gardes-jurés, n'avait jamais eu d'exécution. (Lettre d'Orry du 23 juin 1730. Bibl. nationale, fr., 8370.)

tions qu'ils ont subies depuis un temps déterminé ; ils entrent dans de multiples détails : ils font connaître le nombre des métiers, les bénéfices nets des manufactures, leur prospérité, leur maintien, leur décadence, leurs défauts[1]. Fontanieu a signalé la grande diminution de la fabrication des gants de Grenoble. « Ces gants, dit-il, ne sont plus passés, coupés, ni cousus comme ils étaient autrefois. » Le contrôleur général lui répond : « Engagez les fabricants à travailler avec le même soin qu'il y a trente ans; car les Anglais profitent de toutes nos fautes et perfectionnent avec soin leurs ouvrages pour discréditer les nôtres[2]. »

« Le roi veut faire châtier les marchands qui fabriquent des marchandises défectueuses, » écrivait Louvois en 1688. « Le plus grand mal, disait le duc de Noailles en 1716, est de tolérer les contraventions. » Le contrôleur général Le Pelletier se plaint, en 1727, du peu de police qu'il y a dans les manufactures. On y fabrique des étoffes de mauvaise qualité ; « ce qui est contraire, dit-il, au bien du commerce et au soutien des manufactures. Il faut, selon lui, que les juges infligent des amendes proportionnées à la nature des contraventions et prononcent des confiscations. » Il veut surtout, comme il le dit dans une autre lettre, empêcher la mauvaise qualité de la fabrication qui causerait un préjudice considérable à la réputa-

---

1. Bibl. nationale, fr., 8928, 8940, 8941.
2. En 1732, les manufactures font subsister 14000 ouvriers en Dauphiné et rapportent 1,200,000 fr. à la province en bénéfices nets. (Rapport de Fontanieu, Bibl. nat., fr., 8372.)

tion de nos manufactures. » Aussi fait-il visiter les ateliers de teinturerie par les juges, et charge-t-il l'intendant de s'informer si, conformément au règlement de 1669, il y a, dans les bureaux des drapiers et des teinturiers de chaque ville, des échantillons matricules des diverses couleurs autorisées [1].

Pour constater l'observation des nombreux règlements, les juges locaux ne suffisaient pas; des fonctionnaires spéciaux furent nécessaires. Colbert fit nommer en 1680 des inspecteurs des manufactures et leur donna des instructions qui étaient encore en vigueur au siècle suivant; leur nombre alla toujours en augmentant; il y en eut 32 en 1723, 38 en 1760, 45 en 1780. Ils veillaient à l'exécution des règlements; ils assistaient aux visites et aux marques des gardes-jurés; ils avaient voix délibérative dans les jugements sur les contraventions; ils pouvaient visiter les ateliers et les boutiques quand ils le jugeaient convenable. Ils jouissaient d'exemptions d'impôts et de traitements qui leur étaient payés par les corporations des villes ou par des remises sur le droit de marque des pièces d'étoffes. A la suite de leurs tournées, des rapports, souvent accompagnés d'échantillons des étoffes fabriquées, étaient envoyés par eux aux intendants de province, au contrôleur général et au conseil du commerce. Les intendants donnaient leur avis sur leur nomination et des renseignements sur leurs fonctions : Fontanieu est contraire à la demande d'un candidat, parce que son projet est de s'emparer

---

[1]. Bibl. nationale, fr., 8831, 8906, 8367, 8369.

du commerce des soies, en lui faisant donner des règlements inutiles [1]. Les intendants étaient chargés de réprimer les mauvais traitements dont ces fonctionnaires pouvaient être victimes. Ils étaient considérés comme subalternes, même par les subdélégués. En 1758, le subdélégué de Castres se plaignait à son intendant des procédés d'un inspecteur des manufactures. « Je crois, écrivait-il, qu'un employé de cette espèce est fait pour venir chez moi quand je l'y fais appeler de votre part, et que son refus, accompagné d'une lettre insolente à mon secrétaire, mérite quelque répréhension [2]. »

D'autres agents étaient chargés du contrôle multiple que l'État croyait nécessaire pour assurer la bonne réputation de l'industrie. Il assujettissait à des marques, pour lesquelles il percevait des droits, les draps, les toiles, les fers, les cuirs et d'autres objets [3]. Ainsi chaque pièce de laine devait être revêtue de quatre marques en plomb : celles de l'ouvrier,

---

1. L. Biollay, p. 425 à 460. — Savary, *Dict. du commerce*, t. III p. 429. — Bibl. nat., 8471, 8370. — *Inv. Arch. Côte-d'Or*, C. 34... *Marne*, C. 469 à 472. — A. de Boislisle, t. III, n⁰⁵ 28 et 1555. — Sous la Régence, un député du commerce de Dunkerque demande qu'on établisse partout « des inspecteurs incorruptibles et compétents, pour que dans toutes les manufactures les ouvriers ne se relâchent pas et portent leurs ouvrages à la dernière perfection. » (Bibl. nat., fr., 8028.)

2. *Inv. Arch. Hérault*, C. 2551. — Roland de la Platière, qui fut ministre sous la Révolution, avait été inspecteur général des manufactures dans les généralités de Rouen et d'Amiens. Il publia des ouvrages estimés sur diverses industries, et les trois volumes du *Dictionnaire des manufactures* dans l'*Encyclopédie méthodique*.

3. Il y avait même des juridictions pour les contraventions relatives aux droits de marque; telle était celle de la marque des fers,

du teinturier, des gardes-jurés du lieu de fabrication et des gardes de la ville où elle était transportée et mise en vente. En 1781, chaque pièce d'étoffes dut être munie de sept plombs, et des droits étaient perçus pour ces formalités. Aussi de vives réclamations se produisaient-elles dans certaines provinces, et l'intendant était-il obligé de demander un sursis pour l'exécution des arrêts du conseil. Lors même qu'ils furent mis en vigueur, il émettait l'avis d'user d'indulgence pour les contraventions qu'ils feraient naître, et l'intendant du commerce appuyait ses conclusions, « mais à la condition, disait-il, de ne pas leur donner une publicité qui pourrait conduire à des abus[1] ».

A l'égard de l'étranger, les droits d'entrée et de sortie varièrent fréquemment. Même lorsque les marchandises étrangères étaient admises légalement, on pouvait chercher par des moyens détournés et blâmables à en empêcher le commerce. Louvois écrit en 1687 à un intendant : « Comme l'intention du roi est de traverser, autant qu'il se pourra sans manquer aux traités, l'entrée des draps étrangers dans le royaume, il sera bon que vous vous serviez du prétexte de la défectuosité des pièces pour en empêcher le commerce ou au moins faire en sorte qu'il

---

au Mans, qui se composait d'un juge, d'un procureur du roi et d'un greffier. (Chevalier, *la Touraine*, p. 59.)

1. Savary, t. III, col. 786. — *Inv. Arch. Hérault*, C. 2564, 2565, 2601. — En 1689, l'intendant d'Aix fait rompre, en vertu des ordres reçus, tous les moules pour l'impression des étoffes, à l'exception de ceux de Marseille, « réputée étrangère; » mais le roi ne veut pas de cette exception. (Bibl. nat. fr., 8832.)

en entre le moins qu'il sera possible dans votre département[1] ». Lorsque, sur la demande des fabricants de Lyon et d'autres villes, les étoffes de l'Inde et de la Chine furent prohibées[2], on poursuivit avec acharnement les détenteurs de ces étoffes. Un intendant condamne à 3,000 livres d'amende un marchand chez qui l'on a saisi 136 aunes d'indienne; il en prononce en outre la confiscation[3]. On ne saurait croire jusqu'où vont l'inquisition et la rigueur, à l'époque de la Régence, lorsque les toiles peintes et les mousselines furent prohibées. L'intendant allait se promener lui-même sur les places publiques et se rendait dans les églises pour voir si les femmes portaient des toiles peintes. Comme il remarque que des femmes d'artisans seules en portent, il est d'avis de modérer le plus possible les amendes qu'on leur infligera[4]. C'est que l'amende est de 3,000 francs, et d'autres intendants, moins scrupuleux, ne manquent pas de la prononcer contre des délinquantes[5]. D'ordinaire, ils les font rechercher par des archers spéciaux. Basville écrit, en 1717, qu'il « en a quatre à ses trousses pour l'obliger à demander pour eux une gratification, » qui, suivant lui, devrait être de 600 livres[6].

L'État protège l'industrie, non seulement contre

---

1. Lettre du 18 octobre 1687. Bibl. nationale, fr., 8830.
2. A. de Boislisle, t. III, n° 585.
3. *Inv. Arch. Hérault*, C. 1678-1679.
4. De Bardies, p. 62.
5. Boyer de Sainte-Suzanne, p. 171. — Bibl. nationale, fr., 8369.
6. Ibid., fr., 11380. — Voir aussi : A. de Boislisle, t. III, n° 1624.
— *Traité des droits*, t. III, p. 203 à 208.

elle-même, mais contre la concurrence des provinces voisines et de l'étranger. Colbert aurait voulu supprimer les douanes intérieures; il fut appuyé par les provinces des cinq grosses fermes; mais il rencontra la résistance intéressée des provinces réputées étrangères ou dites à l'instar de l'étranger. Celles-ci étaient à peu près aussi considérables par l'étendue que les autres, et quelques-unes étaient puissantes, comme le Languedoc, qui se regardait comme une sorte d'État, allié sans doute au reste de la France, mais possédant le droit de protéger son industrie à sa manière, faisant fléchir sa politique selon les circonstances et suivant ses intérêts, protectionniste pour acheter, libre échangiste pour vendre?[1] Ces grandes zones douanières, tracées dans le royaume même, nuisaient aux transports et aux transactions, ainsi qu'à l'industrie de certaines provinces[2]; mais en appliquant à des régions diverses par leurs climats, leurs récoltes et leur industrie des tarifs d'importation et d'exportation appropriées à leurs produits, elles étaient en rapport avec la nature des choses, et ne sacrifiaient pas à la règle supérieure de l'unité de législation les intérêts souvent contradictoires des provinces du nord et du midi.

La diversité des poids et mesures était, comme les douanes intérieures, un legs de l'état politique et

---

1. Périgot, p. 203. — Monin, p. 282.
2. Les produits du Hainaut s'exportaient difficilement en France, à cause des droits d'entrée, et à l'étranger, à cause des droits de sortie. (Caffiaux, *Essai sur le régime économique du Hainaut*, p. 357.) — Voir *le Roi voyageur*, ch. VI.

social du moyen âge. Louis XIV avait essayé vainement d'y remédier. En 1681, il exprimait le désir que « dans chaque province, il n'y eût qu'une sorte de vaisseau dont il faudrait déterminer la longueur et le diamètre justes [1]. » En 1727 et en 1754, le contrôleur général demandait aux intendants un état des mesures en usage dans leur généralité; mais la tendance à l'uniformité rencontrait des obstacles dans la tradition et les habitudes, qui se seraient pliées difficilement à une loi générale.

Les prohibitions, les tarifs élevés des douanes extérieures et intérieures favorisaient la contrebande, à laquelle les soldats eux-mêmes se livraient [2] et qui s'exerçait à certaines époques avec une rare audace. En 1729, le contrôleur général écrivait : « Des troupes considérables de contrebandiers armés, conduisant des chevaux chargés, traversent la meilleure partie du royaume et viennent jusques aux portes de Paris, non seulement sans y trouver la moindre opposition, mais sans la plupart du temps que les intendants en soient instruits ni se soient donné la peine de m'en informer. » Cependant en Dauphiné et dans le Midi, la maréchaussée parcourait le pays en tous sens pour saisir les contrebandiers, qui prévenus à temps par leurs espions, leur échappaient souvent; des cordons étaient établis pour arrêter les communications, comme en 1732, où de Viviers à Beaucaire, vingt compagnies de troupes

---

[1]. Lettre du 11 septembre 1681. Bibl. nationale, fr., 8821, 8925. — Chevalier, p. 128.

[2]. Voir *la Vie militaire sous l'ancien régime*, t. I, p. 250-254.

et 135 employés des fermes furent échelonnés[1]. Des bandes armées, de plus de cent personnes, se forment dans les provinces privilégiées pour venir vendre dans les autres leur tabac de fraude ; en 1734, une troupe de 125 contrebandiers pénètre jusqu'en Auvergne ; elle traverse Pont-de-Vaux et d'autres villes, « le fusil haut et la baïonnette au bout du fusil[2] ». On connaît les exploits de Mandrin, entrant dans les villes en maître, rançonnant les caisses publiques et délivrant les contrebandiers renfermés dans les prisons[3]. L'intendant est souvent commis pour les juger ; selon les circonstances, il les condamne à la prison, aux galères ou transige avec eux : Fontanieu reçoit les propositions de trois inculpés qui offrent 2,000 francs pour construire une caserne. Des amendes étaient infligées à des négociants soupçonnés de fraude, comme le marchand de Montpellier que Basville taxa à 3,000 francs parce qu'il passait pour « un hardi contrebandeur[4] ».

1. Un « intéressé aux fermes générales », chargé d'une tournée dans plusieurs provinces, constate en 1701 qu'il y a dans le département de Langres douze brigades d'agents, chargés de veiller aux fraudes. Elles sont « ambulantes ou postées. » Celles qui sont postées sont éloignées d'environ deux lieues, le long de la Lorraine et de la Franche-Comté. Elles se composent d'un brigadier et de trois à six gardes. (Bibl. Mazarine, man. 2829.) — Les fermiers généraux ou leurs associés faisaient des tournées périodiques, sur lesquelles ils rédigeaient des rapports circonstanciés. (Voir Bibl. Mazarine, man. 2828 à 2840.)

2. Bibl. nationale, 8369, 8363, 8373, 8943.

3. A. Vernière, *Courses de Mandrin dans l'Auvergne, le Vélay et le Forez*, 1890.

4. Bibl. nationale, 8371, 8369, 11380.

Les intendants sont les intermédiaires naturels entre l'État et les négociants. Seignelay engage en 1687 celui de Provence d'examiner avec ces derniers les abus dans la manufacture des bonnets et des draps de Marseille; ces bonnets, tous teints en rouge, étaient en grande partie destinés à servir de turbans aux Barbaresques et aux Grecs. En 1708, Pontchartrain définit assez bien le rôle d'arbitre supérieur que s'attribue l'État, en écrivant au même intendant : « C'est avec beaucoup de raison que vous regardez les négociants de cette ville comme des malades qui s'imaginent qu'en changeant de situation, ils remédieront à leurs maux; mais plus cette comparaison est juste, plus elle doit vous engager à avoir une attention singulière sur cette situation et à imiter le médecin sage qui corrige les appétits déréglés des malades... L'empressement avec lequel les échevins demandent une liberté entière de commerce qu'ils ont proposé de suspendre, il y a deux mois, est un de ces désirs déréglés qui causerait peut-être la perte entière de ces malades, si on s'y abandonnait [1]. »

L'administration intervient même pour réglementer la manière de pêcher. Les prud'hommes des patrons pêcheurs de Marseille lui envoient un mémoire détaillé, avec dessins de filets et d'engins de pêche, et ce mémoire est soumis au conseil du roi avec l'avis de l'intendant [2].

On conçoit que celui-ci s'occupe davantage du

1. Bibl. nationale, fr., 8830, 8887.
2. 1718. Bibl. nationale, fr., 8912.

commerce maritime, qu'il se renseigne sur le nombre des vaisseaux, qu'il engage les principaux négociants « à en acheter et à en bâtir ». Il adresse aux ministres des états circonstanciés et périodiques sur le mouvement des ports, par exemple sur la quantité de tonneaux de vins et d'eaux-de-vie qui sortent des principaux ports de la généralité de Bordeaux. Il promet la protection et l'assistance du roi aux négociants qui se concertent entre eux pour organiser des compagnies pour le commerce étranger[1]. Les sociétés de commerce, qui furent instituées au dix-septième et au dix-huitième siècle, trouvent en eux des auxiliaires dévoués[2]. En 1669, Pellot sollicite des souscriptions pour les compagnies des Indes et du Nord; comme il essuie des rebuffades des bourgeois de Bordeaux, il menace de leur retirer des privilèges, s'ils ne prennent pas chacun une part de 1,000 frs.; il écrit aux officiers municipaux de Bayonne pour qu'ils engagent leurs administrés à souscrire pour 150,000 francs. L'intendant de Provence a la haute main sur le commerce du Levant, que dirige et surveille la chambre de commerce de Marseille; il reçoit et transmet aux ministres des rapports et des mémoires intéressants et détaillés sur la navigation de la Méditerranée et les transactions qui se font en Orient[3].

1. Instructions aux intendants, Bibl. nationale, 22196. — États dressés en 1716. Ibid., 11376.
2. Bonnassieux, *les Grandes compagnies de commerce*, 1892.
3. O'Reilly, t. I, p. 557 et suiv. — Bibl. nationale, fr., 8883, 8884. — *Traité des droits*, t. III, p. 222.

Au commencement du dix-huitième siècle, l'État se préoccupa d'ouvrir de nouvelles sources de crédit. Des banques et des bourses de commerce avaient été établies à Lyon, à Toulouse et à Rouen, au quinzième siècle. Des billets de l'épargne et des billets de monnaie étaient négociés souvent à perte, sous Louis XIV, lorsqu'en 1709 le bruit courut que le contrôleur général était sur le point de créer une compagnie avec plusieurs financiers célèbres, comme Samuel Bernard et Croizat, pour émettre des billets de la banque royale, jusqu'à concurrence de 20 millions[1]. C'était l'idée première de la banque générale que devait réaliser l'écossais Law en 1716. Elle fut dès l'origine accueillie favorablement en province. L'intendant de Bordeaux convoqua la chambre de commerce et les juges-consuls, qui applaudirent à sa formation. Mais bientôt les difficultés commencèrent; les billets affluèrent sur certains points; l'argent disparut. On enjoignit, il est vrai, aux receveurs des impositions et des fermes de prendre les billets; mais le petit commerce avait besoin de petite monnaie; les transactions avec les pays voisins nécessitaient du numéraire. Les intendants s'évertuaient à faire prévaloir les intentions du gouvernement, et trouvaient des résistances, non seulement parmi des gens « aussi grossiers que les paysans » de certaines provinces[2], mais jusque dans les salons. L'intendant de Metz, de Harlay, alla jusqu'à dénon-

1. A. de Boislisle, t. III, n° 277.
2. Lettre de Breteuil, intendant de Limoges, 1720. Arch. nationales, G 7. 351.

cer au contrôleur général, en 1720, une dame de qualité, qui s'était permise, à une soirée chez la première présidente, de médire « des vilains et horribles billets de banque. » Il la fit même condamner à un exil qui, malgré son avis, ne fut que de courte durée[1].

La création du papier-monnaie, sa vogue et son discrédit influèrent sur le mouvement des espèces, qui se raréfiaient dans certaines provinces et à certaines époques. L'État se crut en droit d'en augmenter et d'en diminuer la valeur, croyant ainsi conjurer des crises économiques, contre lesquelles il était d'ordinaire impuissant. Le marc d'argent, fixé à 40 francs en 1709, était porté à 130 francs en 1720, pour retomber à 74 francs en 1723 et à 44 francs en 1724, époque à partir de laquelle il ne fut plus modifié. Si ces changements étaient précédés d'enquêtes faites auprès des principaux négociants de Paris et de la province[2], ils n'en causaient pas moins sur bien des points de graves perturbations; en 1717, particulièrement, le décri du louis d'or causa un « désordre inexprimable » dans le commerce, et les foires du Bugey comme celles de Bayonne s'en ressentirent au point de ne rien produire[3].

On s'avisa à certaines époques, où le numéraire

1. Bibl. nationale, fr., 11376, 11380. — Arch. nationales, G[7]. 387.
2. Bibl. nationale, fr., 11378, 11381, 82, 83.
3. En 1724, l'avis des négociants de Lyon est de faire une nouvelle réduction de la pistole à 20 livres, en conservant le marc d'argent à 50, prix le plus bas où on pourrait le réduire. (Arch. nationales, G[7]. 369.)

risquait de faire défaut, d'en interdire l'exportation, même sous peine de mort. Les intendants veillaient aux frontières, et si les juges qu'ils présidaient n'appliquaient pas la peine dans toute sa rigueur, ils se montraient cependant sévères. C'est ainsi qu'en 1711, un Suisse qui avait voulu exporter 730 livres en pièces de 3 sous 6 deniers fut condamné à une amende de 1460 livres et au bannissement à perpétuité. Dans les provinces du centre, les intendants se bornaient à réclamer la fabrication de petites pièces de 3 sous 6 deniers, de 2 sous 6 deniers et de liards, lorsqu'elles devenaient nécessaires pour les transactions journalières[1].

Les espèces d'or, d'argent et de cuivre étaient surtout nécessaires dans les foires, que les progrès des voies de communication et du commerce avaient fait tomber en décadence, dès le dix-septième siècle. L'administration, au siècle suivant, les trouvait aussi « nuisibles que les marchés étaient utiles, » et les réprouvait, parce qu'elles « détournaient les cultivateurs de leurs travaux et leur fournissaient des occasions de débauches ». Cependant, la vogue de quelques foires, comme celles de Guibray et de Beau-

1. A. de Boislisle, t. III, nos 948, 1752, 1072. — Bibl. nationale, fr., 11375. — En 1687, l'intendant est chargé d'examiner avec la chambre de commerce et les principaux négociants de Marseille, s'il est opportun de faire venir des monnaies de Hollande pour faire des payements en Orient. (Ibid., 8829.) En 1716, on arrête près de Pont à Mousson treize chariots chargés de petits barillets remplis pour cinq millions de vieux louis d'or. Un négociant de Marseille est soupçonné d'être l'un des expéditeurs. L'intendant fait une enquête. (Ibid. 3907).

caire, persistait, et sur la demande ou la recommandation des intendants, de nouvelles concessions ou le rétablissement de celles qu'on avait abandonnées étaient parfois accordés, bien qu'« avec répugnance », par le conseil du roi. L'intendant faisait valoir en leur faveur le profit qu'en retirerait la région, et les ressources qu'elles fourniraient aux habitants pour mieux payer leurs impositions. Les requêtes des intéressés envoyées au conseil suivaient une longue filière, dans le cours de laquelle elles étaient soumises non seulement à l'examen de l'intendant, mais à celui du bureau et des députés du commerce [1]. Les formalités qu'exigeait l'administration étaient peut-être excessives, mais elles permettaient au conseil de rendre en cette matière des arrêts éclairés.

L'État ne se bornait pas à réglementer l'industrie et le commerce, il influa même parfois sur les cours et le prix des marchandises. En 1724, le contrôleur général Dodun essaya de réagir contre la cherté des denrées et des salaires que le système de Law et l'élévation du taux de l'argent avaient causée de toutes parts. Pour parvenir à ce but, il eut recours à la diminution de la valeur des monnaies, qui avait été exagérée d'une manière fâcheuse, à la persuasion ou à la menace à l'égard des marchands et des ouvriers, à des tentatives de tarifs. Les intendants, auxquels il fit appel, multiplièrent les démarches pour assurer la réalisation de ses desseins. En fai-

---

[1]. P. Bonnassieux, *la Question des foires au dix-huitième siècle*, 1891.

sant valoir la diminution du taux de l'argent monnayé, ils durent engager les marchands qui débitaient les matières premières à les diminuer d'un tiers; les fabricants à réduire leurs produits dans la même proportion, en réduisant le salaire de leurs ouvriers; les détaillants à baisser également leurs prix. Les intendants se heurtèrent la plupart du temps à des objections sérieuses ou au mauvais vouloir des intéressés. Ils menacèrent les récalcitrants de fortes amendes, de la saisie des marchandises, de la perte de leurs privilèges individuels et corporatifs. Fontanieu fait même fermer pendant six mois la boutique d'un chapelier de Vienne, qui non seulement n'avait pas voulu diminuer ses marchandises, mais avait excité ses confrères à l'imiter. Si des résultats partiels furent obtenus, de nombreux échecs furent signalés. La plupart des industries étant solidaires les unes des autres, il suffisait que l'une d'entre elles résistât pour que les autres fussent dans l'impossibilité de réduire leurs prix. Pour baisser les salaires des ouvriers, il aurait fallu que le prix des denrées alimentaires subît une diminution proportionnelle. Plusieurs intendants trouvent plausibles les raisons des intéressés et les font valoir auprès du ministre; mais l'un d'eux, irrité de leur résistance, lui écrit : « Il n'est pas aisé de vaincre l'avidité d'un marchand, qui se croit seul maître de vendre sa marchandise au prix qu'il veut, et qu'on ne peut contraindre par aucun moyen de la donner à moins. » C'était avouer que l'administration trouvait dans la force des choses des limites à son action.

Les ministres et les intendants sages s'étaient prononcés à diverses reprises contre les tarifs des denrées et des salaires. Des intendants, voulant faire réussir à tout prix les desseins de Dodun, provoquèrent certaines municipalités à taxer les denrées et les salaires. Leurs arrêtés, homologués par arrêts du Parlement, menaçaient les délinquants d'amendes, même de la peine du fouet et du carcan. Ces nouveaux efforts échouèrent partout ; ici, les marchands obéirent, mais n'achetèrent plus rien, et les habitants furent obligés de se pourvoir ailleurs ; là, les marchés furent abandonnés et la population manqua de tout. Mêmes résultats pour les ouvriers. « Les exemples de sévérité, que j'ai pu faire sur les journaliers, écrivait l'intendant de Berry, n'ont fait que les rendre plus rares et plus chers. » « On a bien fait quelques exemples, disait celui de Provence ; mais il n'en est arrivé autre chose que la désertion des paysans et des ouvriers. » D'autres administrateurs pensaient que les tarifs devaient être applicables à tout le royaume pour être efficaces, et le contrôleur général recula devant une mesure aussi grave.

A cette époque, on se préoccupait de l'élévation plutôt que de l'insuffisance du salaire des ouvriers. Dodun avait reçu des plaintes sur les prix excessifs qu'ils continuaient d'exiger pour leurs journées, depuis la diminution des espèces. Il envoya à tous les intendants des états à colonnes pour connaître quelle variation ces prix avaient subies de 1709 à 1724. Dans certaines villes, ils avaient augmenté de moitié. Le subdélégué de Marseille en gémissait : « Le surcroît d'aisance des ouvriers, disait-il, les fait sortir de leur état, au grand préjudice de tous les autres sujets, et mener une vie qu'à peine les bons bourgeois peuvent se permettre[1]. » De là leur arrogance et leur indépendance que déplorait l'intendant. « Ils se cabalent et se mutinent, » écrit celui-ci, qui signale une coalition de garçons serruriers contre leurs maîtres. Le Parlement condamna l'instigateur de cette coalition au carcan ; mais de nouveaux désordres s'étant produits, on fit arrêter plusieurs ouvriers, dont on commença le procès[2].

Le Parlement, comme nous l'avons vu, exerçait une haute juridiction sur les arts et métiers ; mais l'intendant trouvait toujours moyen d'y faire pénétrer son autorité. En Bourgogne, il va jusqu'à fixer par une ordonnance l'heure de travail des cartiers[3]. Comme il est chargé de maintenir l'ordre, il doit intervenir pour aplanir les difficultés qui s'élèvent entre les gardes et les membres des corporations comme entre les maîtres et les ouvriers. Des émeutes éclatèrent à diverses reprises dans de grandes villes industrielles, comme Lyon et Rouen[4]. A la fin du dix-

---

[1]. A Paris, l'avocat Barbier dit qu'il leur suffit de travailler trois jours par semaine pour avoir de quoi vivre le reste. (*Journal*, t. I, 351.)

[2]. Voir sur ce qui précède notre étude sur *la Lutte de l'État contre la cherté en 1724*. *Bulletin historique du comité des travaux historiques* de 1891.

[3]. *Inv, Arch. Côte-d'Or*, C. 329.

[4]. Voir entre autres une lettre de Méliand sur une émeute des ouvriers en soie, à Lyon, en 1717. Bibl. nationale, fr., 11373.

septième siècle et au siècle suivant, on signale de véritables grèves sur différents points[1]. Telle fut en 1688, celle des compagnons papetiers, près d'Ambert. Le juge ordinaire ayant décrété contre quelques-uns sans effet, l'intendant rendit une ordonnance pour leur enjoindre de retourner chez leurs maîtres, tout en recommandant à ceux-ci de les ramener par la douceur. A la suite de l'arrestation de plusieurs compagnons, il obtint un arrêt du conseil pour continuer la procédure, et condamna les plus mutins à servir six ans dans l'armée. Afin de prévenir le retour de ces différends, il rédigea, de concert avec les maîtres de moulins, un règlement auquel un autre arrêt du conseil donna force de loi[2].

Selon les circonstances et les époques, l'intendant intervient en faveur des maîtres et des ouvriers. Il n'agit pas d'après des règles fixes, mais d'après les inspirations de l'équité, de l'opportunité ou de l'humanité. En 1716, une crise industrielle sévit en Picardie; la manufacture de Van Robais réclame les secours du gouvernement pour satisfaire à ses engagements; elle est encombrée de marchandises, et se voit obligée de suspendre le travail d'un certain nombre de ses métiers. Animés d'un remarquable esprit de solidarité, les ouvriers déclarèrent qu'ils n'admettaient pas qu'on éliminât un certain nombre d'entre eux, et qu'ils avaient tous droit au travail, en vertu des lettres patentes du roi qui obli-

---

[1]. Bonnassieux, *la Question des grèves sous l'ancien régime*, 1883. — *Les Artisans d'autrefois*, p. 50 à 52.

[2]. Arch. nationales, G 7. 103.

geaient Van Robais à faire marcher continuellement cent métiers. Ils cessent donc de venir aux ateliers. Le maire d'Abbeville essaie de les « réduire » ; il en fait emprisonner quelques-uns. Rien n'y fait. L'intendant de Bernage arrive d'Amiens ; il ouvre une enquête ; il essaye de faire causer quelques femmes d'ouvriers ; il convoque les ouvriers ; il en expulse quelques-uns de la manufacture ; il engage ceux qu'on veut garder à reprendre leur travail ; il en fait arrêter deux qui déclarent qu'ils veulent travailler « tous ou point », et après en avoir fait emprisonner sept autres, il quitte Abbeville, en comptant sur le défaut de ressources des ouvriers pour vaincre leur résistance. C'est à l'intimidation et à la répression qu'il a recours pour faire cesser la grève ; et il prend la précaution de recommander au président du conseil des finances de faire mettre en prison les députés de « ces mutins » qui se rendraient à Paris pour faire appel à la justice du Régent. L'année suivante, Bernage approuva l'incarcération de seize ouvriers hauts-lisseurs d'Amiens, qui avaient voulu « obliger leurs maîtres d'augmenter le prix de leurs ouvrages, » qui « s'étaient assemblés pour aller de boutique en boutique empêcher les autres d'y travailler, » et s'étaient attroupés sur le rempart pour « conférer sur le sujet de leur mutinerie ». Le maire fut d'avis d'élargir les prisonniers et d'instruire contre les auteurs de la coalition [1].

1. Voir sur la conduite de Bernage à Abbeville et à Amiens notre étude sur *Une grève sous Louis XV*. Revue de sociologie, t. I, p. 16 à 23.

Quelquefois l'intendant se récusait, préférant laisser la responsabilité de la répression aux juges ordinaires. Fontanieu, en 1727, refusa de s'entremettre pour cette raison dans le différend qui s'était élevé entre les ouvriers et les entrepreneurs de la manufacture royale de canons de Saint-Gervais, et ne voulut pas faire arrêter un des entrepreneurs[1].

D'autres intendants prenaient ouvertement le parti des ouvriers, surtout lorsque des circonstances indépendantes de leur volonté les obligeaient de cesser leur travail. « Il vint hier dans ma cour, écrit en 1709 l'intendant d'Orléans, plus de quatre cents cardeurs et autres petites gens que cette manufacture fait subsister, demandant qu'on leur donnât du pain et du travail. Ils parlaient dans les rues fort séditieusement, disant qu'ils reviendraient plus de trois mille aujourd'hui. Je les fis retirer en les assurant que j'allais donner ordre aux maîtres bonnetiers et du métier de leur donner à travailler ; et en effet, je fis venir ces maîtres, que je vis bien avoir donné lieu à ce tumulte, et je leur parlai de manière que je crois qu'ils donneront aujourd'hui du travail à tous ces pauvres gens ; et s'ils ne le font pas, j'informerai contre quelques-uns d'entre eux, et je les ferai emprisonner, car les suites de cette émeute pourraient être dangereuses dans une ville comme celle-ci[2]. » La disette et la misère sévissaient

---

1. Bibl. nationale, fr., 8450.
2. Cette émotion avait été causée par l'établissement d'une marque sur les bas et les bonnets au métier. (A. de Boislisle, t. III, n° 314.)

cette année-là, sur tous les points de la France. L'évêque de Tréguier se plaignait au contrôleur général de ce que les paysans riches renvoyaient la plupart de leurs domestiques et en particulier leurs filandières, par suite de la cherté du pain, augmentant ainsi le nombre des mendiants. L'intendant reçoit aussitôt l'ordre de faire en sorte, par quelque moyen qu'il imaginera, « que les paysans retiennent leurs domestiques et leurs filandières et continuent de leur donner de l'occupation à l'ordinaire ». Turgot agit de même, lors de la disette de 1770, en obligeant les propriétaires à garder et nourrir jusqu'à la récolte prochaine leurs métayers, leurs colons et leurs familles, à peine de fournir en argent ou en nature la subsistance de quatre pauvres par chacun des métayers ou des colons qu'ils auraient congédiés.

Les chômages, causés par la guerre ou par des causes industrielles, obligent l'État, en cas d'insuffisance des ressources municipales ou de la charité privée, à secourir les ouvriers menacés de mourir de faim. En 1701, l'intendant de Tours s'occupe de secourir cinq cents tisserands de Laval à qui la guerre ne permet plus de travailler[1]. En 1716, il demande au Conseil du roi les moyens de procurer la subsistance à une partie des ouvriers de la fabrique de Tours, qui, devenus oisifs par la cessation presque entière du commerce, sont réduits à la mendicité[2]. En 1721, le contrôleur général écrit à l'in-

1. A. de Boislisle, t. III, n° 436; t. II, n° 356. — Tissot, p. 99, 100.
2. Bibl. nationale, fr., 11372.

tendant de Metz : « Monseigneur le Régent étant informé que les ouvriers des manufactures de Sedan sont réduits dans une extrême misère par la cessation de leur travail, et qu'il y en a environ quinze cents auxquels il serait nécessaire de leur faire fournir du pain pour leur subsistance, à raison d'au moins une livre à chacun par jour, Son Altesse royale m'a ordonné de vous en écrire afin que vous preniez la peine d'examiner les moyens les plus convenables de pourvoir à la subsistance de ces ouvriers, soit en tirant des magasins du roi qui sont dans votre département la quantité de blé nécessaire pour assurer cette subsistance, soit par d'autres expédients que la connaissance que vous avez des lieux peut vous fournir[1]. »

Si l'intendant veillait à l'exécution des ordonnances qui interdisaient l'émigration des ouvriers et l'exportation des métiers[2], il protégeait parfois les privilèges des compagnons contre leurs patrons. Ainsi, Chauvelin força les fabricants d'Amiens de reprendre les ouvriers de la ville, qu'ils avaient congédiés pour les remplacer par des ouvriers de la campagne et de l'étranger, qui exigeaient des salaires inférieurs[3]. A Marseille, les ouvriers se plaignaient de la concurrence que leur faisaient les forçats. Les syndics des perruquiers voulaient empêcher les forçats perruquiers de travailler sur les

---

1. Arch. nationales, G[7]. 388.
2. Ordre du roi de 1765, de l'intendant de Flandre de 1783. *Traité des droits*, t. III, p. 190 à 192.
3. Boyer de Sainte-Suzanne, p. 174.

galères aux ouvrages de leur profession. Ces derniers réclamèrent, et comme l'intendant refusait de s'en occuper, le roi lui ordonna de le faire. « Les représentations de ces malheureux, lui écrivit Pontchartrain, paraissent d'autant plus justes, que si on leur refusait la liberté de travailler conformément à l'édit de 1703, ils seraient les seuls qui ne jouiraient pas de ce privilège[1]. »

A mesure que l'on s'approche de la Révolution, les idées de privilèges et de protection industrielle sont battues en brèche. Dès le début de règne de Louis XV, on se demande si l'on n'a pas favorisé l'industrie au détriment de l'agriculture. « Est-il bien certain, écrit l'intendant Le Bret en 1724, que le nombre prodigieux de manufactures soit aussi avantageux pour l'État qu'on l'a pensé, lorsqu'on en a procuré l'établissement ou l'augmentation, jusqu'au point que la plus grande partie du peuple y est employée, au grand préjudice des terres qui demeurent incultes, tandis que ceux qui devraient les labourer s'amusent à filer souvent de la soie et des laines étrangères[2]. » Les mêmes opinions furent formulées avec plus d'autorité et de publicité par les physiocrates, tels que Quesnay et Vincent de Gournay, par le marquis de Mirabeau,

1. Bibl. nationale, fr., 8889, 8902, 8904. — En 1715, les échevins de Marseille demandèrent qu'on autorisât les forçats à porter des fardeaux pour faire cesser la tyrannie des portefaix coalisés contre les négociants. Le roi s'était opposé à l'emploi des forçats, parce que « la barre » dont ils faisaient usage les exposait à devenir invalides en peu de temps.

2. Bibl. nationale, fr., 8928.

par Le Trosne qui s'élevait particulièrement contre la stérilité des travaux du commerce et de l'industrie. Un publiciste moins célèbre, l'auteur anonyme de l'*Ami des Français*[3], disait péremptoirement en parlant des manufactures : « Le gouvernement s'en fait depuis longtemps un objet principal; il ne doit jamais s'en mêler. » Les principes de liberté industrielle prévalaient même dans le gouvernement, où Turgot les faisait triompher en essayant d'abolir les maîtrises et les jurandes. Les intendants du commerce eux-mêmes portaient atteinte aux coutumes et aux lois qu'ils avaient pour mission de faire respecter, et l'intendant de Languedoc disait de l'un d'eux, de Gournay, qui mettait en pratique les théories qu'il défendait dans ses écrits : « En prêchant une liberté qui allait jusqu'à proscrire les règlements et les inspecteurs, il a opéré l'inexécution des uns et le discrédit presque total des autres[2]. »

1. Cet auteur est Augustin Rouillé d'Orfeuil, sans doute parent du dernier intendant de Champagne. Il parle des abus de l'administration provinciale et des réformes à y introduire parfois avec des détails précis assez rares chez les publicistes.
2. *Inv. Arch. Hérault.* C. 2527.

CHAPITRE XI

L'AGRICULTURE.

Sollicitude de l'État pour l'agriculture. — Statistiques des terres et des récoltes. — Sociétés d'agriculture. — Comices. — Prix et séances publiques. — Administration de l'agriculture. — Exemptions d'impôts. — Prêts de semences. — Intervention des intendants. — Mines. — Laines et troupeaux. — Culture de la vigne. Mûriers. — Pépinières. — La pépinière Bonaparte. — Haras. — Multiplications des bestiaux. — Importation et exportation. — Commerce. — Épizooties. — Destruction des loups. — Commerce des grains. — Conduite des intendants. — Liberté de circulation. — Disettes. — Acquisitions de grains par l'État. — Magasins d'abondance. — Lutte contre la cherté. — Taxe des denrées. — Accaparements. — Croyances populaires. — Rôle de l'État.

Les intendants ne se préoccupaient pas moins des intérêts de l'agriculture que de ceux de l'industrie. Ils devaient se rendre compte de l'état du sol et du parti qu'on en tirait, favoriser et susciter les améliorations, provoquer les secours du souverain, « tant par des motifs d'humanité qu'en vue de l'avantage qui devait en revenir à lui [1]. » Dans la sollicitude que l'administration témoignait à l'agriculture,

---

1. D'Aube, *Mémoire*, p. 166.

se mêlait l'arrière-pensée d'améliorer la situation des paysans, afin qu'ils fussent en état de mieux payer les impôts dont ils étaient surchargés. Quand Sully disait : « Labourage et pâturage sont les mamelles de la France, » il songeait peut-être à en tirer le plus possible pour le trésor royal. Colbert les considérait également comme des sources précieuses de la richesse privée et publique. Dans ses instructions aux maîtres des requêtes de 1680, il leur recommandait « de prendre garde que les terres fussent bien cultivées et que la nourriture des bestiaux fût augmentée, et en même temps de veiller au recouvrement des deniers du roi, avec le moins de frais possible [1]. »

Aussi l'administration ne cesse-t-elle de demander aux intendants des statistiques et des mémoires sur l'état des récoltes, sur les accidents qu'elles ont éprouvés, sur les améliorations qui peuvent être introduites dans la culture. On sait que ces documents étaient nécessaires pour établir équitablement l'assiette de la taille. Des états imprimés étaient envoyés par les ministres pour qu'ils fussent remplis par les intendants et les subdélégués; des questionnaires étaient adressés aux communautés rurales pour connaître la nature de leurs terres et la quantité de leurs bestiaux [2]. Des tableaux mensuels étaient remplis par les bureaux des intendances pour faire

---

1. Colbert, *Lettres*, t. IV, p. 137.
2. Voir les inventaires des séries C. des archives départementales. — Bibl. nationale, fr., 11375, 8370, 8377. — Arch. nationales, G [7]. 170, 404. — *Le Village sous l'ancien régime*, liv. V, ch. III.

relever les prix des grains et des principales denrées dans les marchés les plus importants de la généralité[1]. Les indications données étaient-elles toujours fidèles, et les enquêtes n'allaient-elles pas quelquefois contre le but qu'elles se proposaient, en intimidant les paysans et en les portant à dissimuler ou à détruire leurs produits par crainte d'un impôt nouveau, comme il arriva aux propriétaires de ruches d'une généralité, qui s'empressèrent de les détruire du moment que l'administration voulut en connaître le nombre[2]?

La statistique fut surtout florissante à partir du milieu du dix-huitième siècle, lorsque les doctrines de Quesnay, de Forbonnais, de Vincent de Gournay et d'autres économistes eurent appelé l'attention des ministres et de leurs agents sur l'agriculture. Les publicistes et les administrateurs s'en occupèrent avec une sorte de passion, qui n'avait pas pour but principal l'intérêt fiscal, mais le désir plus élevé d'accroître la prospérité nationale.

Ce mouvement de l'opinion provoqua l'établissement de sociétés d'agriculture dans les provinces, à partir de 1757. La première fut établie en Bretagne, à l'instigation de Vincent de Gournay, sous le titre de société d'agriculture, du commerce et des arts. Elle se composa de six associés par diocèse, qui se réunissaient à Rennes[3]. D'autres se formèrent dans

---

1. L'abbé Chevalier a publié ces tableaux de 1764 à 1776 pour la Touraine (p. 114 à 135.)
2. Necker, *de l'Administration des finances*, t. III, p. 183.
3. *École d'agriculture*, 1759, p. 127 et suiv.

la plupart des provinces, et l'intendant, qui les avait la plupart du temps suscitées, en fit partie de droit, comme commissaire du roi; il y avait voix délibérative, et prenait une part active à ses travaux. Turgot, qui stimula la société de Limoges, en dirigea les travaux vers un but utile, et lui fit distribuer des prix, parmi lesquels il en donna un sur une question d'économie agricole[1]. Si plusieurs de ces sociétés avaient cessé d'exister avant 1789, d'autres étaient en pleine prospérité à l'époque de la Révolution. Telle était celle de Paris, qui correspondait avec des comices agricoles, établis par l'intendant, dans chacune des vingt-deux élections de la généralité. Ces comices, composés de douze laboureurs choisis parmi les plus intelligents, se réunissaient chaque mois chez les subdélégués, pour répondre aux questions de la société, « délibérer sur les objets propres à mettre sous leurs yeux et les améliorations à proposer ». Des jetons de présence étaient distribués aux membres du comice qui « étaient admis à la table de l'intendant avec la noblesse du pays », et recevaient, s'il y avait lieu, des médailles et des encouragements, dans des distributions de prix solennelles[2].

Les résultats étaient-ils toujours en rapport avec les efforts des sociétés? Elles s'agitaient parfois

---

1. Arch. nationales, H. 1517. — *Traité des droits*, t. III, p. 166. — *Journal encyclopédique*, octobre 1767. — *Vie de M. Turgot*, p. 38. — D'Hugues, p. 146.

2. *Procès-verbal de l'assemblée provinciale de l'Ile de France*, 1787, p. 375. — L. de Lavergne, *la Société d'agriculture de Paris*, Revue des deux mondes, 15 juin 1859. — Seré-Depoin, *Trois catastrophes à Pontoise*, p. 216.

beaucoup, comme celle qui fut fondée à Auch, sous les auspices de l'intendant, et qui se distingua par son zèle à répandre et à couronner des mémoires. Elle institua des prêts charitables, avec une subvention de 1,200 francs qu'elle obtint du ministre; elle organisa des distributions de secours aux paysans. Elle mettait au concours, avec des programmes imprimés, des questions sur la multiplication des bois, la culture des genêts, sur « le meilleur moyen de tiercer; » elle décernait aux lauréats des gerbes d'argent, qui leur étaient remises dans une séance publique annuelle. Cette séance était annoncée au son des cloches de la métropole d'Auch et du canon municipal; elle était précédée d'une « messe royale », en musique, célébrée dans la métropole; on y lisait des mémoires sur les prairies artificielles, l'amélioration des terres, sur les moyens de détruire les moineaux et de chasser les fourmis; on y distribuait des prix, notamment aux meilleurs cultivateurs. Et cependant l'intendant écrivait, en parlant de tout ce qu'elle faisait pour l'agriculture : « Il est douteux que cet art lui doive le moindre progrès dans cette province; peut-être n'est-il pas plus redevable dans d'autres aux mêmes sociétés qui s'y trouvent établies?... Cependant, ajoutait-il, il convient de maintenir ces associations; elles sont du moins un témoignage en l'honneur du premier et du plus utile des arts [1] »

Les premières sociétés d'agriculture venaient d'ê-

---

1. Archives nationales, H. 73.

tre fondées dans les provinces, lorsque l'on créa en faveur de Bertin, qui était l'ami des physiocrates, un ministère particulièrement chargé de l'agriculture et du commerce. Supprimé par Necker, il fournit les éléments d'une administration presque distincte sous Calonne, qui lui adjoignit un comité d'administration de l'agriculture, dans le genre du conseil du commerce, mais qui n'était composé que de quelques membres nommés par le contrôleur général[1]. Il est vrai que ces membres faisaient partie de l'Académie des sciences et qu'ils étaient tous des théoriciens très compétents, comme l'attestent leurs noms et leurs procès-verbaux[2]. Cette commission consultative examinait les différents mémoires qui lui étaient renvoyés; elle suscitait des expériences et des améliorations, faisait distribuer des instructions, émettait des vœux, proposait au gouvernement des mesures à prendre; mais en somme, son rôle, que la Révolution vint interrompre, était plutôt celui d'une académie que d'un corps administratif. Elle résumait les doctrines que les ministres et les intendants avaient mises en œuvre depuis de longues années pour l'amélioration de l'agriculture.

L'État l'avait toujours soulagée par des dégrèvements, par des secours accordés en cas de calamités exceptionnelles, par des indemnités. En 1714, sur l'initiative des États du Languedoc, des exemptions

---

1. H. Pigeonneau et A. de Foville, *l'Administration de l'agriculture* (1785-1787.) *Procès-verbaux et rapports*, 1882.

2. Citons parmi eux Lavoisier et Dupont de Nemours. Lavoisier était le seul qui fût à la tête d'une exploitation agricole.

et des diminutions de taille furent accordées aux propriétaires qui défrichaient leurs terres incultes, et aux communautés qui les faisaient remettre en culture; mais la même mesure, malgré la demande de l'intendant, ne fut pas appliquée immédiatement à la Provence. Plus tard, elle fut étendue à toutes les provinces. Des arrêts du conseil stipulent fréquemment des conventions spéciales pour le dessèchement de marais ou de terres marécageuses. Sous le ministère de Fleury, on fait des prêts aux paysans pour les semailles, « tant pour les gros blés que pour les menues semailles; » on accorde des indemnités à plusieurs villages qui ont été victimes de la grêle[1]. On veut protéger d'autres régions contre l'invasion des sauterelles. En 1723, l'intendant de Languedoc envoie des instructions minutieuses pour les faire enfouir et en détruire les œufs[2].

Un publiciste prétendait que les intendants n'entendaient rien à l'agriculture. « J'en ai connu, dit-il, qui ne savaient pas distinguer le seigle du froment[3]. » Il est vraisemblable que des magistrats, dont le stage s'était fait à Paris et à Versailles, étaient souvent mal initiés aux intérêts agricoles sur lesquels ils étaient appelés à veiller; mais ils n'en sont pas moins les organes fidèles de l'autorité supérieure et de l'opinion publique éclairée; ils remplis-

---

[1]. Bibliothèque nationale, fr., 8369, 8375. — *Traité des droits*, t. III, p. 168. *Inv. Arch. Lot*, C. 128.
[2]. Roschach, p. 2723. — Sur l'échenillage, voir Bibl. nationale, fr., 8371.
[3]. *Intérêts de la France mal entendus*, 1756, t. I, p. 73.

sent souvent avec conscience la mission qu'ils ont reçue de faire connaître aux populations les cultures qui peuvent leur être avantageuses, comme les procédés de fabrication dont l'utilité semble démontrée. Turgot préconise la plantation des pommes de terre dans la généralité de Limoges; il en fait servir chez lui pour servir d'exemple[1]. Raymond de Saint-Sauveur établit la mouture économique à Perpignan[2].

La découverte et l'exploitation des mines étaient signalées et surveillées par les intendants. Ils adressent des rapports au contrôleur général en 1709 sur les houillères du Forez, de l'Anjou, du Boulonnais; ils lui expédient des caisses d'échantillons provenant des mines des Pyrénées ou des Alpes. En 1730, l'intendant Fontanieu fait une enquête sur une mine d'or trouvée en Dauphiné; les parcelles d'or qu'on en a tirées sont si petites qu'on n'a pu les monnayer. Le contrôleur général Orry n'en fut pas moins d'avis de les laisser exploiter par les habitants : « s'ils réussissent, ajoutait-il, on sera toujours maître de les en exclure et de faire dans la suite travailler pour le compte du roi. Quand ils profiteraient de quelques pistoles, ce ne serait toujours qu'un bien, et ce qui profite aux sujets du roi est toujours avantageux à l'État et par conséquent au roi[3]. » En Picardie, l'intendant s'était

---

1. *Vie de M. Turgot*, p. 38.
2. *Compte-rendu*, p. 108.
3. *Traité des droits*, t. III, p. 212. — Bibl. nationale, fr., 11376, 11380, 8370. — A. de Boislisle, t. III, p. 496. — Les mines du Hainaut paraissent avoir été moins encouragées. Les mines d'Anzin,

emparé, au milieu du dix-huitième siècle, de la surveillance des tourbières qui appartenaient aux communautés d'habitants, et dorénavant aucune extraction de tourbe ne put se faire sans son autorisation. Mais il se heurta en Artois contre l'opposition des états, qui obtinrent un arrêt du conseil restituant aux communautés et aux juges locaux l'administration des tourbières et le règlement des contestations que leur exploitation faisait naître [1].

Le gouvernement cherchait aussi à enrichir les cultivateurs en leur indiquant les meilleurs procédés pour tirer parti de leurs troupeaux. Le contrôleur général Le Pelletier envoie, en 1728, un mémoire sur la manière de rendre les laines plus belles et plus fines. « Il serait à désirer, écrit-il à l'intendant de Dauphiné, que l'on pût exciter les principaux fermiers et gros laboureurs qui nourrissent des troupeaux, par la vue de leurs intérêts particuliers, à pratiquer les mêmes soins et la même attention (qu'en Angleterre), et il n'est pas douteux que si quelqu'un d'entre eux y réussit, il n'inspire la même émulation à plusieurs autres [2]. »

Dans certaines provinces du Midi, les troupeaux émigraient l'été dans les pâturages des Alpes et des Pyrénées. Chaque année, des habitants des environs d'Arles envoyaient des bandes de 15 à 20,000

ouvertes en 1716, et qui employèrent en 1732 la première machine à vapeur introduite en France, n'obtinrent dans leur première période d'exploitation, qui fut loin d'être lucrative, qu'une gratification de 35,000 livres. (H. Caffiaux, p. 343.)

1. Boyer de Sainte-Suzanne, p. 183, 191, 192.
2. Lettre du 5 février 1728. Bibl. nationale, fr., 8368.

bêtes à laine sur les montagnes du Dauphiné; elles pâturaient sur les larges chemins qu'elles parcouraient; lorsqu'au dix-huitième siècle, les ordonnances réduisirent la largeur de ces chemins à deux toises, les consuls d'Arles réclamèrent vivement contre la perte d'un droit que les propriétaires des troupeaux possédaient « de toute ancienneté ». L'administration intervenait en leur faveur, de même qu'elle étudiait la suppression du droit de pulvérage, perçu par les seigneurs des lieux, sur les bestiaux qui se rendaient des plaines de la Provence aux pâturages des Alpes [1].

L'administration outrepassait ses limites, lorsqu'elle proscrivait certaines cultures pour en favoriser d'autres. En 1685, l'intendant devait obliger les habitants de son département à remettre dans leur état primitif des prairies qu'ils avaient labourées, le roi « jugeant de son service d'augmenter autant qu'il se pourrait les prairies [2] ». L'abondance des vins parut sous Louis XV plus nuisible qu'utile à certaines provinces; on alléguait leur mauvaise qualité, l'ivrognerie qu'ils provoquaient; sur la demande de certains états, comme nous l'avons vu, sur les réclamations des intéressés, l'on interdit de planter de nouvelles vignes, et ceux qui voulaient contrevenir aux règlements étaient obligés de demander une autorisation spéciale au contrôleur général, qui ne l'accordait pas sans un avis favorable

---

1. 1732. Bibl. nationale, fr., 8371, 8372.
2. Foucault, *Mémoires*, p. 511. — Bibl. nationale, fr., 8372, 8473, 8896. — D'Arbois de Jubainville, p. 152.

de l'intendant. Ailleurs, l'État essayait de combattre d'anciens usages, qui remontaient au moyen âge, et d'après lesquels les vins récoltés en dehors du territoire d'une ville ne pouvaient entrer dans cette ville. Le contrôleur général désirait aussi, en 1711, qu'un commerce réciproque de vins pût se faire entre le Languedoc et la Provence.

L'État encourage certaines plantations, comme celle des mûriers, qui doivent servir à l'industrie de la soie : il crée des pépinières, destinées en grande partie à fournir des arbres pour la bordure des grands chemins. En 1732, les pépinières royales du Dauphiné contenaient 342,000 arbres, tels que mûriers, châtaigniers, noyers, amandiers et ormes. 190,000 furent distribués gratuitement aux habitants et aux communautés ; 152,000 furent vendus. En 1765, Voltaire demandait au directeur des pépinières 400 ormeaux pour remplacer des noyers et des châtaigniers qu'il avait fait planter sur le grand chemin ; « les trois quarts d'entre eux, écrivait-il, avaient péri ou avaient été arrachés par les paysans ». Les pépinières royales donnaient parfois des mécomptes aux administrateurs, et l'on inclinait à favoriser par des privilèges celles que les particuliers auraient été disposés à établir[1].

Lorsque la Corse fut réunie à la France, l'administration s'efforça d'y faire progresser l'agriculture. Elle nomma des inspecteurs, chargés de donner

---

1. Bibl. nationale, fr., 8366, 8475, 8830, 8902. — *Inv. Arch. Aisne*, C. 52 à 61... *Lot*, C. 338 à 349. — Correspondance de Voltaire. — L. de Lavergne, *les Assemblées provinciales*, p. 330.

dans les villages des leçons théoriques d'agronomie aux paysans qui n'en profitèrent guère ; elle distribua des gratifications à ceux qui faisaient venir dans leurs fermes des citronniers et des oliviers ; elle favorisa la culture des mûriers et les pépinières[1]. C'est ainsi qu'elle passa, en avril 1782, un traité avec Charles de Buonaparte, qui s'engagea, moyennant un prix convenu, à fournir 100,000 pieds de mûrier chaque année, de 1787 à 1797. Tous les ans, le subdélégué, assisté d'experts, constatait l'état des arbres plantés dans le marais des Salines, situé près d'Ajaccio. La mort de Buonaparte en 1787 ayant amené la rupture du traité, il s'éleva de longues contestations entre sa veuve et l'administration, au sujet de l'indemnité à allouer. L'intendant offrait 7487 livres ; la veuve, Letizia Ramolino, assistée de son fils « Buonaparte, officier d'artillerie, » le futur empereur des Français, réclamait 15,500 francs, qui ne lui furent pas totalement accordés[2].

La multiplication des animaux n'attire pas moins la sollicitude de l'administration que celle des arbres. Augmenter le nombre des chevaux, améliorer leurs races, c'est accroître à la fois les ressources des transports, de l'agriculture et de l'armée. Louis XIV

---

1. Arch. nationales, K. 1227.
2. Arch. nationales, K. 1226. Cette liasse contient une lettre de Charles de Buonaparte au contrôleur général, du 20 juin 1784, où il lui dit : « Je suis père de sept enfants et l'*huitième* est en chemin... J'ai l'honneur d'implorer votre protection et votre justice en faveur de ma pauvre famille qui ne cessera jamais de prier pour votre santé et prospérité... » Le mémoire pour réclamer l'indemnité est signé : *pour Madame sa mère, Buonaparte, officier d'artillerie.*

s'efforça d'y parvenir par l'établissement des haras. Colbert envoie des inspecteurs dans tout le royaume pour s'assurer de leur état; il charge l'intendant de Limousin de choisir dans les foires « six des plus belles cavales qui s'y pourront rencontrer; » il décrit même minutieusement les qualités physiques qu'elles doivent réunir : « la hauteur du garrot, la tête sèche et déchaînée... l'œil gros, bien ouvert et plein de feu... l'oreille petite, bien faite et bien plantée... les crins fins et bien crespés; le poil bai brun obscur mêlé de feu aux jambes, ou gris argenté, ou bien isabelle obscur et doré avec crins et jambes noirs[1]. » Des encouragements sont donnés aux éleveurs en Limousin, tels que des modérations de tailles aux gentilshommes et autres particuliers qui nourrissent dix juments marquées à la marque du roi[2]. Les intendants doivent se faire rendre compte par les commissaires inspecteurs de tout ce qui concerne les haras; ils doivent voir dans leurs visites si les chevaux confiés aux cultivateurs sont en bon état; ils les répartissent entre eux; ils les acceptent ou les rejettent. Un règlement de 1717 leur enjoint en outre « de ne pas permettre l'extension des bourriquets dans leur département » sans une permission expresse du roi[3]. Il est peu probable que toutes ces prescriptions aient été remplies personnellement

---

1. Lettre du 12 décembre 1682. Bibl. nationale, fr., 8822.
2. 1727. Arch. nationales, G 7, 351.
3. Arrêt du conseil de 1683. Déclaration de 1709 et règlement de 1717. *Traité des Droits*, t. III, p. 171 à 175. — Mémoire de Richer d'Aube. Haras.

par les intendants; mais ils s'acquittaient au moins de quelques-unes d'entre elles. « Celui d'Auch a rencontré en 1781, dans ses tournées, des « poulains superbes »; il espère que dans quelques années il y aura dans sa généralité « de très jolis chevaux pour les dragons et même pour la cavalerie ». Il reçoit et transmet fidèlement au ministre les états périodiques que lui adressent les inspecteurs des haras, dans lesquels sont indiqués les noms et le signalement des étalons, certifiés par « la signature du garde étalon ou du curé ». Il distribue vingt prix de 150 francs, alloués par l'État aux cultivateurs qui présentent dans les revues les juments les mieux conformées et les plus beaux poulains[1]. L'intendant de Champagne instituait de son côté des prix annuels pour les poulains et les pouliches âgés de deux ou trois ans[2].

La multiplication des bestiaux et l'amélioration de leurs races sont également des soucis constants pour l'administration. Le roi défendit en 1678 de les saisir pour dettes particulières; il s'informait en 1681 si cette prescription était bien exécutée. « Sa Majesté, écrivait Colbert aux intendants, veut que vous teniez la main à son exécution, comme étant très advantageuse aux peuples[3]. » Plus tard, Tur-

1. Arch. nationales, H. 74 à 76.
2. D'Arbois de Jubainville, p. 151. — Voir aussi Bibl. nationale, fr., 8964. — Correspondance de Bouchu, 1671, t. III, fol. 81 et 89. — En Franche-Comté, au moyen d'une imposition spéciale de 15,000 livres, on paie, en 1776, les appointements de deux inspecteurs, à 1,500 francs chacun, de 12 garde-haras, à 150 francs, des frais d'administration et de correspondance montant à 2,000 francs, etc. (Arch. nationales, H. 725.)
3. Lettre du 3 octobre 1681. Bibl. nationale, fr., 8821.

got fait supprimer dans sa généralité la taxe de la taille qui porte sur les bestiaux. Les intendants répartissent entre les cultivateurs les plus méritants des brebis de Hollande et d'Angleterre, des mérinos d'Espagne. Si l'on craint la diminution du nombre du bétail, on en défend l'exportation, on interdit de tuer les veaux et les agneaux [1]. A plusieurs reprises, les ministres demandent aux intendants s'il faut empêcher de tuer les vaches. « Il se consomme dans les provinces, écrit Desmarets en 1714, une quantité prodigieuse de vaches, ce qui empêche le rétablissement de l'espèce des bestiaux considérablement diminuée par les maladies et la mortalité depuis l'hiver de 1709 [2]. »

En 1722, le contrôleur général craint que la consommation des vaches qui se fait en Franche-Comté ne puisse causer la destruction de l'espèce, et demande « s'il ne serait pas opportun de défendre d'engraisser à l'avenir d'autres vaches que celles qui sont hors d'état de porter [3]. » Des renseignements précis sont

---

1. En Roussillon, l'intendant achète un troupeau de moutons pour le faire parquer toute l'année. (R. de Saint-Sauveur, p. 109.) — D'Hugues, *Essai sur l'administration de Turgot*, p. 160. — A. de Boislisle, t. III, n° 1635.

2. Boyer de Sainte-Suzanne, p. 383. — D'Argenson dit en 1780 que le gouvernement a fait venir 25.000 bœufs d'Irlande sur la demande des intendants de Poitou et de Limousin ; mais il dément plus loin cette nouvelle. (*Mémoires*, t. III, 102.)

3. Bibl. nationale, 1714. Le Bret rassure Desmarets, en lui disant qu'en Provence on consomme beaucoup plus de moutons que de bœufs et de vaches, dont la viande, vingt ans auparavant, passait pour malsaine. (Bibl. nationale, fr., 8902.) Les 18,000 habitants d'Aix consomment 270 moutons par jour. (Ibid., 8950.)

envoyés aux ministres sur la consommation de la viande [1]. « Les bouchers, écrit l'intendant d'Auvergne en 1693, tuent chaque semaine, dans la ville de Clermont, dont la population est évaluée à 21,585 habitants, 400 moutons, 31 bœufs et 18 veaux [2]. » Les ordonnances contenant des prohibitions absolues pouvaient être éludées dans certaines régions. La loi générale s'effaçait devant les intérêts des populations, par cette raison légitime, qu'une mesure prise en faveur de la majorité des habitants du royaume ne devait pas être nuisible à la minorité qu'elle aurait pu léser. Diverses ordonnances avaient interdit, de 1715 à 1717, la sortie des bestiaux; le roi en suspendit l'effet dans les généralités de Béarn et d'Auch, parce que les bestiaux y étaient très abondants et que les habitants en exportaient un grand nombre par la frontière d'Espagne [3]. En 1712, sur l'observation que la défense de tuer des agneaux serait nuisible en Provence, le contrôleur général écrit : « Sa Majesté trouve bon qu'elle ne soit observée que dans les lieux où elle pourra l'estre, et où la nature du pays permettra qu'on y élève et nourrisse des agneaux. » En 1720, Law dit à l'intendant de la même province : « Le Régent s'en remet à votre prudence, sur l'exécution de deux arrêts défendant de tuer les veaux et les agneaux [4]. »

1. Arch. nationales, G 7. 285.
2. 6,633 habitants à Clermont buvaient chacun une pinte de vin par jour. (Arch. nationales, G 7. 104.)
3. Bibl. nationale, fr., 11381.
4. Bibl. nationale, fr., 8898, 8915.

Le commerce des bestiaux doit être non seulement stimulé, mais surveillé par les intendants. Il « est bon que vous vous informiez toujours de ce qui se passe dans les foires, écrivait Colbert en 1682; mais il faut que vous jugiez par comparaison, c'est-à-dire que vous soyez informé de la quantité qui s'est débitée depuis huit ou dix années... » Un mois après, il revient sur la question; il est bien aise d'apprendre que le commerce des bestiaux est rétabli. « Examinez toujours, ajoute-t-il, les moyens d'augmenter la nourriture et le commerce des bestiaux, et généralement tout ce qui pourrait produire quelque avantage aux peuples. » Si l'intendant de Caen veut que l'on favorise les marchands de bestiaux et de fromages dans la généralité, l'intendant de Provence voudrait qu'on interdit les sociétés de marchands qui se forment dans le Languedoc pour acheter tous les bestiaux dans les foires. Il en signale à Basville qui répond qu'il « saura leur parler comme il faut, et qu'il est d'avis de demander un arrêt du conseil pour casser toutes ces sociétés, qui sont certainement iniques et usuraires ». En 1731, on se plaint de ce que l'exportation des moutons prive les manufactures du Dauphiné de laines très bonnes qui passent à l'étranger. « Les commissaires du bureau du commerce, répond le ministre, ne sont pas d'avis de l'empêcher. Ce commerce enrichit les cultivateurs; il a toujours été toléré, même dans le temps des plus vives défenses[1]. »

1. Bibl. nationale, fr., 8822, 11378, 8902, 8371.

Protéger les bestiaux contre les maladies épidémiques qui les attaquent, c'est encore une mission dont l'administration s'empare avec raison à partir de Louis XIV. Tout en modérant le zèle excessif des parlements, qui prennent des arrêts contraires à la liberté du commerce[1], elle envoie dans les provinces des médecins pour faire des observations sur les épizooties; elle distribue des mémoires imprimés pour signaler les précautions et les remèdes les plus efficaces; elle fait distribuer des remèdes gratuitement par les soins des intendants[1]. Les intendants et les subdélégués prennent des mesures pour empêcher l'extension des épizooties. Les syndics des communautés doivent informer sur le champ les subdélégués des cas qui se présentent[2]. Ainsi le subdélégué de Vizille se rend dans un village, où sévit une maladie contagieuse; les habitants soutiennent qu'elle ne l'est pas. Le subdélégué, n'admettant pas leurs raisons, interdit toute communication de ce canton avec les cantons voisins et fait établir un corps de garde, pour empêcher qu'on amène à la foire de Vizille des bestiaux de la localité mise en quarantaine. Une ordonnance de 1778 prescrivit d'enfouir les bestiaux atteints, au premier symptôme de maladie, et chargea les intendants de payer à leurs propriétaires le tiers du prix qu'ils auraient valu, s'ils avaient été saisis[3]. A la

1. Arch. nationales, G[7]. 128. — Bibl. nationale, fr., 8903.
2. A. de Boislisle, t. III, n° 1686.. — Voir aussi n°s 1685, 1692. 1693.— Arrêt du conseil de 1776. *Anc. lois françaises*, t. XXIV, p. 253.
3. *Inv. Arch. Marne*, C. 370 à 375... *Lot*, C. 355 à 361. — Bibl. nationale, fr., 8456. — Un autre subdélégué réunit tout ce qu'il a

même époque, quatorze cents soldats furent envoyés à Auch pour établir des cordons et des patrouilles dans les campagnes, afin d'empêcher la circulation des bêtes atteintes par l'épidémie [1].

Si l'on poursuit dans certains pays la destruction des chèvres et des lapins qui causent des dommages aux bois et aux récoltes [2], on s'efforce plus fréquemment encore de proscrire les loups qui menacent les troupeaux, quelquefois même les hommes. Les intendants promettent des primes, qui varient de 3 à 24 livres, à ceux qui tuent des loups, des louves et des louveteaux; ils préconisent même des secrets pour les faire périr ainsi que les renards [3]. Des battues et des huées sont organisées sous la direction des officiers de louveterie, qui commettent parfois sur les paysans des exactions dont la répression est confiée aux intendants. En 1715, des « loups carnassiers » répandent la terreur dans l'Orléanais et l'Auvergne; des jeunes filles sont dévorées par eux; leur tête est mise à un prix élevé. Les paysans sont réquisitionnés, prennent les armes, et tuent une partie des loups carnassiers qui parcourent les campagnes [4].

pu connaître de gens capables dans un village pour examiner les expédients qu'il y aurait à prendre sur la mortalité des bestiaux. (Bibl. nat., fr. 8903.)

1. 47,608 francs furent imposés dans ce but sur la province. (Arch. nationales, H. 68.) En 1790, le procureur du roi de la maréchaussée réclamait le payement des avances qu'il avait faites pendant l'épizootie de 1777-1778. (Ibid., H. 1156.)

2. Bibl. nationale, fr., 8835, 8372.

3. Arrêts du conseil de 1671, 1677, 1785. *Traité des Droits*, t. III, p. 111. 185.

4. Arch. nationales, G 7. 111. — A. de Boislisle, t. III, n° 1741. —

La production du blé avait plus d'importance encore que l'élevage des bestiaux, parce que le pain était la base de l'alimentation des Français. Aussi ne se contentait-on pas de favoriser la culture des céréales; on la protégeait par des prohibitions ou des tarifs d'entrée et de sortie. L'interdiction de faire sortir les grains ne s'appliquait pas seulement aux frontières du royaume, mais à celles des provinces mêmes. En 1662, la sortie des blés de Bourgogne est défendue; en 1731, un arrêt du conseil permet à la Provence de faire venir des blés du dedans du royaume. « Les usuriers et les gentilshommes, qui vendaient des grains, seuls s'en plaignent, » dit l'intendant[1]. Selon que les récoltes étaient plus ou moins abondantes, que le pain était plus ou moins cher, on permettait ou l'on interdisait la sortie et la circulation des grains; mais il était difficile de donner satisfaction à tous les intérêts, même si la mesure ne s'appliquait qu'à une seule province. En 1716, la sortie des grains fut suspendue en Languedoc. « Tout le bas Languedoc, écrit l'intendant, en a été bien aise, et le haut, fort fâché; » mais l'intendant trouve la prescription sage, parce que les Turcs ont défendu l'exportation des blés dans leurs États, et qu'il n'y aurait aucune ressource

---

Saint-Simon, *Mémoires*, t. X, p. 225. — Bibl. nationale, fr., 8822, 11372. — *Inv. Arch. Marne*, C. 442... *Hautes-Alpes*, C. 22. — La province de Champagne payait 203 francs par an pour le service de la louveterie. — La bête du Gévaudan, longtemps pourchassée en vain, fut tuée en 1786 par un enfant de onze ans, à qui l'administrateur donna 300 livres de pension. (*Inv. Arch. Lot*, C. 43, 44.)

1. Bibl. nationale, fr., 8942.

de ce côté[1]. Dans d'autres circonstances, on interdit l'entrée des grains étrangers par certains ports[2].

Les intérêts des producteurs et des consommateurs étant diamétralement opposés, les premiers s'applaudissent quand les autres se plaignent. Les populations des villes et des villages s'insurgent parfois quand on emmène des blés de la région, et vont jusqu'à piller les voitures qui les transportent. Les officiers municipaux eux-mêmes cèdent au vœu populaire en faisant arrêter des convois de grains, en entravant leur expédition, comme il arriva, en 1708, à des approvisionnements destinés à la ville de Lyon, lors de leur passage à Marseille et à Tarascon. Souvent les intendants font prêter mainforte aux ordonnances, envoyant au besoin des troupes et des cavaliers de maréchaussée; mais, dans certains cas, ils sont maîtres de faire publier ou non l'arrêt général ou régional qui permet l'exportation des grains. En 1686, Bérulle se garde de le faire connaître dans son département, « à cause des désordres journellement commis dans le transport des blés des paroisses par les paysans qui s'attroupent, pillent tous ceux qu'on porte au marché, percent les sacs et maltraitent les marchands. » En 1716, Legendre use de la faculté qui lui est donnée de ne pas promulguer un arrêt analogue, dans la généralité d'Auch; « surtout, dit-il, pour faire sentir aux Es-

---

[1]. Bibl. nationale, fr., 1380.
[2]. On s'en plaint en Provence, et l'on accuse les états de Languedoc de vouloir favoriser le port de Cette en faisant interdire ceux de Provence. (Ibid., 8906.)

pagnols le besoin qu'ils ont de nos denrées dont ils ne sauraient se passer. » En Normandie, l'intendant s'abstient de même, « pour ne pas donner lieu aux murmures de la populace de Rouen, qui souffrait beaucoup [1]. »

Au dix-huitième siècle, la liberté de la circulation des blés est préconisée par des publicistes[2] et des administrateurs éminents. L'intendant d'Aix et le subdélégué de Marseille en défendent la libre entrée. « Il est contre les règles de la bonne politique, dit ce subdélégué, en 1716, d'interdire ou de charger de droits l'entrée des denrées qui sont absolument nécessaires à la vie. Il est même contre l'humanité et la sage prévoyance de les rendre chères. » L'intendant Le Bret est du même avis, qu'il fait partager en 1730 au ministre Orry, qui lui répond par cette belle maxime : « Plus le commerce est libre, plus les négociants s'y adonnent[3]. » Turgot appliquera plus tard les théories des économistes dans la généralité de Limoges, en établissant la liberté des transports et en supprimant la taxe du pain dans les villes[4]. Devenu ministre, il défendra de mettre

---

1. Arch. nationales, G[7]. 102. — Bibl. nationale, fr., 11378, 11381. — *Inv. Arch. Aisne*, C. 7 à 18.
2. Notamment, dans les *Éphémérides du citoyen* et le *Journal de l'agriculture, du commerce et des finances*, où écrivent l'abbé Baudeau, Du Pont de Nemours, Quesnay, Mirabeau, La Rivière, Le Trosne, etc. — Voir à la Bibliothèque nationale (fr., 14295 et 96) des pièces relatives à la police des grains et à la liberté de leur exportation.
3. Bibl. nationale, fr., 8906, 8938.
4. *Vie de M. Turgot*, p. 44 Tissot, p. 103.

obstacle à la circulation des grains[1]. L'intendant Feydeau de Brou proclame que la liberté du commerce est le seul moyen de ramener l'abondance, et développe cette opinion par des maximes d'une sagesse incontestable[2]. D'autres donnent des médailles, qu'ils font distribuer par les sociétés d'agriculture, à ceux qui défendront les mêmes principes. Le parlement de Grenoble les adopte, aux applaudissements du ministre Choiseul[3].

Mais si dans la pratique ces théories étaient appliquées souvent avec succès, elles étaient aussi contredites par la force des choses. Les disettes trop fréquentes qui éclatèrent, surtout en 1692, en 1709, en 1770, en 1788, les souffrances, l'émotion et les émeutes qu'elles suscitèrent, forcèrent l'administration à recourir à tous les moyens possibles pour subvenir à l'alimentation des populations. On ne se contenta pas d'interdire l'exportation des grains, on en facilita l'importation, on en acheta directement pour le distribuer gratuitement ou le vendre à un prix égal ou même inférieur au cours. De même que les grandes villes et les états[4], les intendants s'entendent avec les marchands pour en faire venir

1. Arrêt du conseil de 1776. *Anc. lois françaises*, t. XXIII, p. 155. Turgot promet en outre des gratifications aux négociants qui font venir des grains de l'étranger.
2. Guislain Lemale, *Histoire du gouvernement du Havre*, p. 431, 432.
3. *Éphémérides du citoyen*, 1769, t. VI.
4. En 1740, les états d'Artois et la ville d'Amiens sont autorisés à emprunter 6,000,000 et 5,000,000 de francs pour acheter du blé qu'on revendra au prix coûtant. (Boyer de Sainte-Suzanne, p. 185.

des provinces voisines ou de l'étranger[1]; ils en font faire eux-mêmes le transport, la répartition et le débit. En 1692, l'intendant d'Auvergne achète 1659 septiers de blé à Orléans; il en donne 938 aux pauvres, il en vend 721. L'opération lui coûte 9,420 francs qui lui sont avancés par le commis de l'extraordinaire des guerres; mais il a la satisfaction d'écrire au ministre : « Ce blé a sauvé la province[2]. »

Sous Louis XV, l'intendant de Tours fait acheter directement des blés à Nantes pour les faire revendre à perte[3]. Montyon, dans une de ses intendances, agit de la même façon, et Turgot, son collègue, tout partisan qu'il est de la liberté du commerce, l'embrasse en lui déclarant qu'il est un magicien[4]. Les achats se font parfois ouvertement, comme dans le Hainaut, où l'intendant et les municipalités achètent 3000 sacs de farine à une marchande en 1788[5].

On recourait aussi aux blés conservés dans les ma-

1. Pour 1775... *Mémoires de l'abbé Terray.* — *Mercure Dijonnois*, p. 270. — Le manufacturier Van Robais, à l'instigation de l'administration, fait venir 100,000 septiers de blé d'Allemagne pour les marchés de Paris. (Louandre, *Histoire d'Abbeville*, t. II, p. 372.)
2. Arch. nationales, G[7]. 104 — D'Aube, qui préconise des moyens de ce genre (p. 493 à 516), dit qu'on ne doit pas en tirer de bénéfice, et que, s'il y en avait, ils devaient tourner au soulagement des malheureux de la province.
3. Dumas, *le Commerce des grains au dix-huitième siècle*. *Bulletin des sciences économiques*, 1891, p. 96.
4. F. Labour, *M. de Montyon*, p. 27.
5. L. Legrand, *Sénac de Meilhan*, p. 142.

gasins militaires, pour faire baisser les prix et empêcher les séditions que leur élévation aurait fait naître. D'Argenson fait ainsi mettre secrètement des blés tirés des magasins militaires du roi sur le marché de la ville principale de son intendance; il gagne deux marchands, et de connivence avec eux, fait baisser légèrement les cours; la dépréciation s'accentua aux marchés suivants. La même année, l'intendant de Metz se rend également maître du marché en y faisant vendre les « grains du roi, » et se procure des blés pour les troupes, au-dessous du cours[1].

L'idée de prévenir les insuffisances des récoltes et les hausses des denrées, par l'institution de magasins destinés à recueillir des grains dans les années abondantes, avait été déjà préconisée dans les sphères administratives. En 1710, l'intendant Chauvelin combattait le projet de rendre le roi maître de tous les grains du royaume, en forçant chaque particulier à voiturer les grains qu'il posséderait dans des magasins généraux[2]. Les intendants de Bretagne et de Languedoc, sur l'invitation du ministre, lui adressaient des mémoires sur les villes de ces provinces où l'abondance de la récolte rendrait opportun l'établissement de dépôts du même genre[3]. Il existait déjà des magasins à Aix, à Marseille, à Toulon, d'où l'on tirait, en 1707, dix-sept cents quintaux de farine

1. Mis d'Argenson, *Mémoires*, t. 1, p. 36. — Arch. nationales, G 7, 387.
2. A. de Boislisle, *Corr. des contr. gén.*, t. III, n° 977.
3. Bibl. nationale, fr., 11379, 11380.

pour les faire distribuer « aux plus nécessiteux » du diocèse de Toulon [1]. Dans la généralité de Grenoble, en 1731, la province payait 3,642 francs de location pour des magasins, destinés à fournir aux étapiers des grains, quelquefois mangés en partie par les « calendes », comme aussi pour distribuer des semences aux laboureurs, qui en rendaient une quantité équivalente à la récolte suivante [2].

L'État ne se contente pas d'acquérir des blés; il achète des bestiaux, pour en faire baisser le prix. En 1724, il fait venir des bœufs d'Irlande et d'Allemagne; il achète, au mois de juin de cette année, 1067 bœufs et 629 moutons, qu'il fait vendre à perte sur le marché de Poissy [3]. Il poursuit ses acquisitions pendant tout l'été, et demande même à l'intendant de Rouen s'il ne serait pas à propos de faire engraisser, en Normandie, des bœufs maigres du Jutland.

Lorsque tous ces expédients ne parvenaient pas à faire baisser, comme on se le proposait, la valeur des denrées, les administrations provinciales et municipales demandaient parfois qu'on la fixât par des tarifs généraux. Les tarifs locaux n'étaient point toujours efficaces. « Dans les endroits où on a voulu

---

1. Bibl. nationale, fr., 8886, 8371, 11379. — Le bureau d'abondance de Marseille avait, en 1710, un excédent de blés, qu'il voulait forcer les boulangers à lui acheter. Le contrôleur général donna raison à ces derniers. (Ibid., 8891.)
2. En 1729, les prêts de blé furent prorogés, jusqu'à concurrence de 95,307 francs; le 31 octobre, la plus grande partie des blés prêtés était rentrée dans les magasins. (Ibid., 8369.)
3. Il perd sur cette opération, qui se continue pendant l'été, 44,311 francs. (Arch. nationales, G⁷. 31 et 32.)

les taxer, écrit un intendant, les marchés ont été abandonnés et l'on manque de tout[1]. » Desmarets écrivait en 1709 : « Le roi ne s'y est point déterminé jusqu'à présent, d'autant que plusieurs personnes des plus sensées du royaume, les premiers magistrats et les plus expérimentés, ont toujours considéré cette fixation comme impossible... C'est vouloir forcer les hommes à agir contre leur intérêt[2]... » Le contrôleur général Dodun déclarait aussi en 1724 qu'il était dangereux de fixer le prix des comestibles, et il croyait que les officiers de police devaient se borner à engager les boulangers et les bouchers à l'abaisser. Les intendants, qui avaient la police des marchés, pouvaient aussi faire presser les recouvrements des tailles, afin que les cultivateurs, forcés de payer les collecteurs, fussent obligés de vendre leurs grains plus tôt et à plus bas prix[3]. En cas de nécessité, ils leur ordonnaient même de porter leurs blés aux marchés[4].

Dans toutes ces opérations, on recommandait aux intendants de garder une juste mesure, d'éviter tout bruit et tout éclat, tout en tenant la main à

1. Arch. nationales, G 7. 414. — Voir aussi A. de Boislisle, t. III, n° 1787.
2. A. de Boislisle, *Corr., des contr. gén.*, t. III, n° 511.
3. *La Lutte de l'État contre la cherté en 1724*, p. 18 à 21.
4. Mémoire de Richer d'Aube, p. 493-516. — Chauvelin enjoint, en 1721, aux principaux laboureurs de Picardie, de fournir six sacs de blé et de les transporter à la halle de Paris. (Boyer de Sainte-Suzanne, p. 171.) — Delamare a consacré trois volumes in-folio de son *Dictionnaire de la Police* (t. II à IV) à la police des approvisionnements et à la description des diverses denrées

l'exécution des ordonnances[1]. Le secret dont s'entourait l'administration tourna contre elle, à la fin de l'ancien régime, en faisant qualifier d'accaparements les provisions qu'elle faisait par prévoyance, et en donnant naissance à la légende odieuse et ridicule du *Pacte de famine*[2], que certains historiens ne craignent pas de reproduire encore aujourd'hui. Loin de faire hausser le prix des blés pour spéculer sur la faim, les fonctionnaires cherchaient au contraire à le faire baisser; mais ils ne recueillaient souvent pour fruit de leurs efforts que l'ingratitude et le blâme. Le peuple était porté à leur attribuer des maux qu'ils ne parvenaient pas à conjurer entièrement; les publicistes les critiquaient, au nom des principes, comme d'Argenson, dans ses attaques contre « le monopole que le contrôleur général Machault exerçait dans les blés pour le compte du roi[3] ». Sans doute, les mesures prises par l'administration ne furent pas toujours efficaces, ni conformes aux doctrines de l'économie politique; elles furent trop souvent des expédients que la nécessité imposait, et par cela même qu'elle justifiait. Il eût mieux valu que l'État demandât à la liberté les ressources que la réglementation et l'intervention de ses agents ne lui donnaient pas. Mais il ne faut pas oublier les conditions économiques de

---

1. Lettres de Le Pelletier, 1684. — Bibl. nationale, 8825.
2. Voir sur ce sujet les travaux concluants de MM. Biollay, Gustave Bord (*Histoire du blé en France. Le Pacte de famine*), et Afanassiev, *le Pacte de famine*, 1890.
3. *Mémoires*, t. VII, p. 277.

l'époque, les difficultés des moyens de transports, l'impossibilité de suppléer en temps utile à l'insuffisance des récoltes. L'État ne pouvait se désintéresser des dangers que couraient les populations; de même que l'Église a charge d'âmes, on peut dire qu'il a charge de corps. S'il doit laisser se développer l'initiative privée, son rôle commence au moment où celle-ci fait défaut, et son devoir lui impose de veiller à l'existence même des peuples, en pourvoyant, quand la nécessité l'exige, à leur subsistance.

CHAPITRE XII

LA RELIGION.

Autorité de l'État sur le clergé. — Feuille des bénéfices et économats. — Intervention des intendants dans les élections des couvents et des chapitres. — Lutte contre les doctrines ultramontaines. — Droit de régale. — Répression des infractions aux lois. — Mœurs. — Difficultés du clergé avec les habitants. — Réparations des presbytères et des églises. — Allocations de l'État. — Loteries. — Établissement et fermeture de couvents. — Statistiques des communautés religieuses. — Biens de main-morte. — Recours à l'administration dans les affaires des couvents. — Secours de l'État. — Proscription des Quiétistes et des Jansénistes. — Suites de la bulle *Unigenitus*. — Écrits des évêques. — Protestants. — Révocation de l'édit de Nantes. — Pouvoirs donnés aux intendants. — Conversions par tous les moyens. — Interdiction aux protestants de quitter la France. — Confiscations. — Nouveaux convertis. — Éducation de leurs enfants. — Ordres barbares de Louvois. — Insurrection des Cévennes. — Tolérance en Alsace et à l'égard des étrangers. — Les conseils de régence et l'instruction primaire. — Attitude modérée des intendants en 1724. — Mariages des protestants. — Progrès des idées de tolérance. — Juifs. — Permis de séjour.

L'ancienne monarchie était étroitement unie à la religion; appuyant son autorité sur le droit divin, le roi recevait à son sacre une sorte de caractère religieux; il promettait d'être pour les églises et leurs ministres un tuteur et un défenseur[1]. C'était lui qui nommait les évêques et les archevêques, la plupart des abbés et des prieurs; il pouvait les exiler, et s'ils résistaient à ses ordres, les contraindre par la force à lui obéir; il avait sur le clergé le pouvoir d'y maintenir l'ordre et de faire régner sur lui les lois générales du royaume.

Le clergé était une institution supérieure à l'État par son institution et son but; mais comme il existait dans l'État, celui-ci pouvait le contraindre à rester dans les limites que, d'un commun accord, tous deux s'étaient tracés, mais qu'ils transgressaient parfois l'un et l'autre.

Nous avons vu comment fonctionnait l'assemblée générale du clergé de France et la part qu'elle prenait aux contributions générales. Le roi disposait non seulement des évêchés, mais de la plupart des bénéfices ecclésiastiques. Il remettait son pouvoir à un prélat, qui tenait ce qu'on appelait la feuille des bénéfices. Lorsque les évêchés et les abbayes étaient vacants, et il y avait des abbayes qui restaient sans titulaires, leurs revenus étaient touchés au profit du roi. Ils entraient dans une caisse dite des économats, qui était administrée par un bureau dépendant du conseil du roi et dont les ressources étaient à la disposition de l'État[2]. Les intendants avaient la juridiction des économats chacun dans leur province[3].

---

1. *Le Sacre royal ou les Droits de la nation française* (par Anquetil), 1776; partie III, 221.
2. P. Boiteau, p. 183-189.
3. *Inv. Arch. Lot*, C. 1201, 1202.

En sa qualité de roi très chrétien, Louis XIV veillait à l'observation des lois de l'Église, au point de vouloir obliger les troupes en marche à faire maigre en carême; et comme on lui objectait l'impossibilité où l'on était d'obtempérer à ses ordres, les intendants furent chargés de demander aux évêques des permissions pour les soldats[1]. Mais en même temps le roi était jaloux de sa suprématie sur l'Église de France; il suscitait la fameuse déclaration de 1682, et se défiait de l'influence que pouvaient acquérir les doctrines ultramontaines dans le clergé. Aussi l'intendant intervient-il dans les élections des couvents pour les empêcher de nommer des dignitaires étrangers. En 1691, tous les supérieurs de maisons religieuses dont les généraux sont hors du royaume doivent lui apporter les lettres qu'ils en reçoivent et les ouvrir en leur présence[2]. Sous la Régence, l'intendant intervient dans l'élection du théologal au chapitre de Besançon, pour faire élire un prêtre dévoué aux maximes du royaume; il emploie, pour parvenir à ses fins, le retard du payement d'une somme due au chapitre, et la concession d'un bénéfice à un chanoine dont il peut obtenir le suffrage[3]. En 1732, Fontanieu est nommé commissaire pour l'élection d'un abbé de Saint-Antoine : « Je ne cacherai pas, écrit-il au cardinal de Fleury, que l'attachement à la bonne doctrine est un des articles principaux que le roi exige dans le sujet

---

1. Bibl. nationale, fr., 8826.
2. Foucault, p. 276. — Boyer de Sainte-Suzanne, p. 355.
3. Lettre de Le Guerchoys, 1717. Bibl. nationale, fr., 11382.

qui sera élu. » « Il laissera, ajoute-t-il, la liberté la plus entière aux suffrages ; mais si le frère de la duchesse de Villars se présente, il fera entendre qu'on peut être sûr de l'agrément du roi pour lui[1]. »

A Besançon, l'intendant usait en 1716 de toute son influence pour y déraciner les doctrines ultramontaines. Il en parlait au premier président et à deux chanoines de la cathédrale, pensant avec eux que le meilleur moyen était de bien traiter les personnes qui soutenaient les libertés de l'Église gallicane. Et l'intendant demandait au ministre d'accorder une pension de 12 à 1500 francs à un avocat général qui leur était attaché : « Ce serait le moyen le plus efficace, écrivait-il, pour engager ses confrères et insensiblement les personnes de tous états à entrer dans ses sentiments[2]. »

Des luttes s'élevaient parfois entre les chapitres et l'État, sur des questions qui les touchaient l'un et l'autre. Ainsi l'interprétation du droit de régale en 1679 souleva la résistance de l'évêque d'Alet et du chapitre de Pamiers, que l'intendant Foucault s'efforça de réduire par la relégation de plusieurs de ses membres, l'arrestation d'un autre, la saisie des revenus des chanoines et de l'évêque[3].

L'administration use de son droit de haute police

---

1. Bibl. nationale, fr., 8455. Le P. Gasparini, que Fleury avait voulu exclure, fut élu. Le procès-verbal de l'élection et des détails curieux sur l'élection sont conservés dans la même liasse.
2. Lettre de Le Guerchoys, Bibl. nationale, fr., 11382.
3. *Mémoires*, p. 55 à 75. — Voir plus haut, t. I, p. 187.

à l'égard du clergé en lui faisant observer les lois et les coutumes. Elle décidera des contestations qui peuvent s'élever entre un prédicateur et un major de place, sur une question de salut; elle s'enquerra si le clergé de Clermont consent à monter la garde, pour empêcher dans la ville l'entrée des marchandises venant de Provence, où sévit la peste[1]. Elle ne peut tolérer qu'un ecclésiastique tienne en chaire « des propos contre le gouvernement ». En 1721, Le Bret fait une enquête sur un père de la Doctrine chrétienne qui a médit des billets de banque, en les qualifiant de feuilles volantes. Quelquefois, ce sont des curés et des vicaires, qui entretiennent l'esprit de rébellion contre la taille; l'intendant invite l'évêque à mettre un vicaire en pénitence pendant quelque temps, et à faire à un curé une forte réprimande; ailleurs c'est un curé qui attaque son seigneur en chaire et se dispute avec lui dans l'église. En 1717, deux prêtres du pays de Couserans soulèvent les habitants contre leurs seigneurs et leur font faire des procès, qu'ils sont chargés de soutenir comme syndics. Les seigneurs demandent que tous deux soient relégués, et l'intendant appuie leur requête[2].

Généralement, l'administration trouve dans les curés des auxiliaires utiles et non des fauteurs de désordres. Ils concourent à faire connaître les lois, et leur mission consiste à en prêcher l'observation plu-

1. 1721. Arch. nationales, G 7. 111.
2. Bibl. nationale, fr., 8916, 8451, 11381. — A. de Boislisle, t. III, n° 1572.

tôt que le mépris. Turgot avait recours à eux pour qu'ils aidassent les syndics de village de leurs lumières, dans la gestion des intérêts communs, comme pour la perception des impôts, et la déclaration de 1787 leur donna la seconde place dans le conseil communal[1].

L'État tenait aussi à ce qu'ils méritassent le respect par leurs mœurs. Fontanieu écrit au cardinal de Fleury qu'il a conféré avec un Jésuite, qui doit faire une mission dans les campagnes, surtout pour travailler à la réformation des mœurs des curés. Les subdélégués lui fourniront à cet égard tous les renseignements désirables. Tantôt, le ministre envoie des lettres de cachet pour faire enfermer les curés qui mènent une existence scandaleuse; tantôt il les exile ou les déplace. En 1730, un vicaire est incarcéré dans un fort, avec une allocation de 4 sols par jour pour sa nourriture[2]. Des chanoines, des prieurs sont envoyés, par ordre du roi, dans des couvents où ils resteront jusqu'à décision contraire[3].

L'intendant prend quelquefois parti contre l'évêque qui se plaint de la conduite d'un prêtre. C'est ce qui arrive en 1732, en Dauphiné. L'évêque de Die signalait les excès et les débauches d'un chanoine. « S'il fréquente quelquefois les cabarets, écrit Fontanieu au ministre, il suit en cela l'usage du

1. *Vie de M. Turgot*, p. 44. — Tissot, p. 93. — *Le Village*, liv. II, ch. III.
2. Bibl. nationale, 8450, 8455, 18456, 8375, 8830 à 8832.
3. Arch. nationales, G 7. 414.

pays qui en permet l'entrée sans scandale à toutes les conditions; et s'il joue chez les habitants, ce n'est qu'à de très petits jeux, sans avoir de mauvaises habitudes. Il est vrai que la veille de l'Ascension, il soupa chez lui avec un autre chanoine et deux habitués sur un balcon, près de l'évêché, où ils restèrent assez tard, et y chantèrent assez haut pour être entendus de M. l'évêque. Ce prélat ne l'aurait pas trouvé mauvais avant que le chanoine eût été brouillé avec le grand vicaire [1]... »

S'il y avait des plaintes des autorités municipales ou des habitants contre les curés ou les chapitres, elles étaient soumises aux intendants. En 1688, les consuls de Digne accusent les chanoines d'avoir dissipé le capital de leurs fondations et d'avoir réduit leurs revenus à 40 ou 50 livres pour chacun. Vers la même époque, un intendant protège un vicaire contre son évêque qui veut le destituer, pour fraude dans la perception des droits du roi; il croit qu'il suffira de l'engager à changer de conduite. Ailleurs, les habitants se querellent avec le curé pour des questions de discipline ecclésiastique. L'intendant les règlera avec un grand vicaire. Il entendra même les plaintes d'un curé de village, « sur le scandale causé par la confusion des hommes et des femmes dans les mêmes bancs [2]. » En 1747, un autre intendant privera par un jugement un abbé des revenus de sa cure, pour avoir marié deux jeunes gens sans

---

1. Bibl. nationale, fr., 8455.
2. Inv. Arch. Marne, C. 328.

observer les formes prescrites en pareil cas, et il condamnera les témoins aux galères[1].

Depuis 1684, les curés et les habitants pouvaient s'adresser directement aux intendants pour les réparations des presbytères et des églises, dont la nef était à la charge des communautés d'habitants. Mais que de formalités à remplir avant d'obtenir l'autorisation nécessaire! La procédure suivie en pareil cas peut donner une idée des garanties qu'exigeait l'administration et de ses scrupules excessifs. Lorsque la demande du curé, appuyée par une délibération des habitants, était parvenue à l'intendant, celui-ci nommait un expert[2]. L'expert remettait son travail au subdélégué, qui le soumettait aux habitants. Lorsque le subdélégué l'avait fait parvenir, avec ses observations, à l'intendant, celui-ci signait une ordonnance pour l'adjudication. Cette ordonnance était communiquée à l'assemblée des habitants, afin qu'elle votât les dépenses, renvoyée ensuite au subdélégué, transmise par lui à l'intendant et par l'intendant au conseil d'État, qui rendait un arrêt approuvant l'adjudication et la dépense. L'expédition de l'arrêt parvenait enfin aux intéressés, par la filière de l'intendant et du subdélégué[3]. Si l'on songe à la difficulté des communications et à la lenteur des postes en ce temps-là, on doit se deman-

---

1. *Inv. Arch. Lot*, C. 127.
2. En 1706, l'architecte de la ville d'Apt visite une église de village qui a besoin de réparation. (Bibl. nationale, fr., 8883.)
3. *Inv. Arch. Marne*, Intr., p. xiii. — Bibl. nationale, fr., 8366, 3883. — *Traité des droits*, t. III, p. 153.

der combien de temps il fallait pour que les travaux pussent commencer.

Lorsque les ressources ordinaires des communautés étaient insuffisantes pour les réparations des presbytères et des églises, il fallait recourir à des impositions spéciales, à des emprunts, à des loteries ou aux secours de l'État. D'ordinaire, c'était la ville et la communauté rurale qui subvenaient aux dépenses. En 1728, on imposa 20,299 livres sur les trois ordres de la ville de Grenoble pour la réparation de deux églises. Nous trouvons en Provence une allocation de l'État de 4090 francs en 1687, pour la réparation et l'agrandissement de plusieurs églises de bourgs et de villages, dont les plans ont été présentés à l'administration [1].

S'agissait-il de la construction d'une église nouvelle, les dépenses étaient plus considérables; on les demandait souvent à la province et à l'État plutôt qu'aux localités. En 1711, on lève 12,000 francs sur la généralité de Montauban pour concourir à l'édification d'une cathédrale dans cette ville, sous la direction d'un très bon architecte envoyé par le duc d'Antin. En 1732, il est question d'établir des églises dans la vallée de Queyras; l'intendant, qui en a conféré avec l'évêque, n'ose demander ~~dans ce but~~ à cet effet

---

[1] Bibl. nationale, 8366, 8829. — Si le chapitre d'une cathédrale veut vendre des coupes de bois extraordinaires pour faire réparer un clocher, il faut aussi l'autorisation de l'intendant. (A. de Boislisle, t. III, n° 1638.) — L'intendant intervient même dans le choix des parrains et des marraines des cloches (Inv. Arch. Côte-d'Or, Intr., p. xv.)

40,000 francs à l'État. Celui-ci accorde des subventions d'inégale valeur pour construire des chapelles dans des forts ou des prisons. Il autorise des loteries dont le produit sera consacré à l'érection d'une église. En 1706, la paroisse de Saint-Ferréol de Marseille obtient une loterie de 400,000 francs, sur lesquels 60,000 francs seront relevés pour les travaux de l'église, à la condition que cette loterie ne pourra être publiée et affichée qu'en Provence[1].

L'État, qui s'était montré favorable à l'établissement des couvents, dans la première partie du dix-septième siècle, au point d'intervenir pour vaincre la répugnance manifestée par certaines villes[2] contre leur établissement, chercha par la suite à en restreindre le nombre plutôt qu'à l'accroître. Louis XIV se fait signaler en 1688 les communautés de filles qui ont été établies sans lettres patentes; il fait fermer en Provence des couvents d'Ursulines, de Dominicaines, de filles de la Sainte-Enfance et de Notre-Dame de la Miséricorde; l'intendant procède lui-même à la fermeture de ces maisons; il en fait faire l'inventaire; quant aux religieuses, elles sont expulsées pour « aller dans tel autre couvent que bon leur semblera ». L'autorité diocésaine approuve, et si les religieuses en appellent à la cour de Rome, elles ne sont pas écoutées[3]. L'intendant Foucault

---

1. Bibl. nationale, fr., 8829, 8455, 8882, 11375. — A. de Boislisle, t. III, n° 1102, 1719.
2. Voir *la Ville sous l'ancien régime*, liv. VIII, ch. ii. Les communautés religieuses.
3. Bibl. nationale, fr. 8892, 8831, 8832.

s'oppose au transfert des Récollets de Laroque à Cahors, parce que cette dernière ville aurait « plutôt besoin qu'on la délivrât d'une partie des couvents qui en dévorent les habitants [1]. » Au dix-huitième siècle, l'administration, s'arrogeant de plus en plus la tutelle des couvents, subordonne à son autorisation la démolition ou la réparation des édifices tombant en ruines, qui en font partie, et la construction des édifices nouveaux [2].

A diverses reprises, le roi voulut être renseigné sur l'état exact de toutes les communautés religieuses. En 1717, tous les monastères furent tenus de présenter aux évêques et aux intendants les titres de leurs fondations, de leurs revenus et de leurs charges. Nouvelle demande en 1723 et en 1724, « par suite des besoins dans lesquels la conjoncture des temps les a fait tomber ». Des états imprimés furent envoyés aux intendants, qui donnèrent souvent sur les hôpitaux et les monastères des détails précis qu'on leur recommandait de ne pas demander aux religieux intéressés, « parce qu'il y aurait eu lieu de craindre qu'ils ne fussent inexacts »; ils rencontrèrent parfois des résistances prolongées dans les communautés de filles, qui ne consentaient à répondre que si elles y étaient contraintes. En 1728, Fontanieu n'avait pu encore réunir sur

---

1. Foucault, p. 38.
2. Ainsi, en 1782, on autorise un abbé à faire démolir les vieilles tours qui dépendent de son abbaye; un autre à faire construire des bâtiments pour les personnes qui viennent prendre les eaux de Silvanès, etc. (*Inv. Arch. Lot*, C. 1338 à 1342.)

elles les renseignements qui lui étaient demandés et qu'il donna plus tard avec beaucoup de soin et de précision. En 1781, lorsque l'intendant de Caen reçut l'ordre de visiter les couvents de filles qui servaient de maisons de force, il se vit refuser l'entrée de l'un d'eux, sous le prétexte qu'il aurait violé la règle de clôture, et ne put connaître quelles étaient les personnes détenues, parce que le secret devait être gardé sur leurs noms [1].

De même que l'État veut limiter l'accroissement du nombre des couvents, il cherche à mettre des bornes à leurs propriétés. Il subordonne à son autorisation les donations qu'on leur fait, et veut connaître la situation de leur fortune avant d'accorder son consentement. Il refuse, en 1754, à des Capucins d'accepter la donation d'un jardin, parce que cette donation est, suivant l'intendant, une vente déguisée. Les couvents invoquent toutes sortes de raisons pour obtenir des autorisations. Des religieuses demandent la permission d'acheter une maison voisine de la leur, parce que ses habitants, qui sont « de la lie du peuple, » tirent sur leurs pigeons [2]. L'autorité supérieure, émue de l'accroissement des biens de main-morte, se montre d'autant plus disposée à les restreindre qu'elle subit l'influence des idées dominantes, qui deviennent hostiles aux traditions monastiques. Le nombre des couvents diminue peu à peu, de même que celui de leurs habitants;

---

1. Bibl. nationale, fr., 8910, 8550, 8451, 8925, 8926. — *Inv. Arch. Lot*, C. 1341... *Calvados*, C. 304.
2. *Inv. Arch. Marne*, C, 302, 318, 332.

il est certainement réduit de moitié de 1639 à 1789. Dans la généralité de Rouen, le nombre des religieux et des religieuses s'abaisse de 1726 à 1765 de 3127 à 2314 [1].

L'intendant n'avait pas à s'immiscer dans la discipline intérieure des cloîtres, à moins de circonstances spéciales. Quelquefois, des tempêtes s'élevaient dans leur enceinte d'apparence paisible, et les échos s'en faisaient entendre au dehors. Les religieux ou les religieuses se plaignent de leur abbé ou de leur abbesse, et l'autorité séculière est invitée à faire une enquête sur les faits qui lui sont signalés. Ici, ce sont des religieuses à qui l'on veut imposer la clôture, lorsque leur règle, instituée quatre siècles auparavant, ne leur en faisait pas l'obligation ; ce sont les moines de Saint-Victor qui protestent contre leur abbé qui les oblige de faire maigre le mercredi, et qui refusent de lui rendre les honneurs auxquels il a droit ; là, c'est un couvent, dont les membres ne veulent pas accepter un nouveau prieur nommé par l'abbé de Cîteaux. D'ordinaire, les questions de discipline sont soumises à l'autorité ecclésiastique ; mais le recours à l'administration est toujours la suprême ressource des opprimés.

---

1. Expilly, t. VI, p. 465-79. — Un document officiel cité par Dareste (t. I, p. 141), évalue, en 1639, le nombre des couvents à environ 10,000, sans compter 13,000 prieurés ; Boiteau (p. 176), croit qu'il y avait environ 15,000 couvents tout compris en 1759, et peut-être pas plus de 5,000 en 1789. On estimait en 1778 que « le clergé français était réduit de plus de moitié depuis un siècle. » (Moheau, *Recherches et considérations sur la population de la France*, p. 102.)

En 1711, un ministre s'avisa de prendre sous sa protection un mauvais religieux, qui avait, paraît-il, des dispositions pour l'espionnage et qu'on pourrait utiliser en Italie. « Ce serait, écrivait-il à Le Bret, tirer parti d'un méchant sujet. » Le Bret n'admet pas cet argument d'une moralité douteuse; le sujet était jeune, vigoureux et sans vocation; il avait peu ou point d'esprit et point de connaissance; il valait mieux le remettre entre les mains de son provincial pour qu'il le corrigeât. Quelquefois l'intendant intervient pour régler des questions financières. C'est ainsi qu'il est chargé d'examiner les plaintes de jeunes nonnes qui se plaignent de ce que tous les revenus de leur abbaye se partagent entre les quatorze religieuses les plus anciennes, qui vivent chacune en particulier, et non en communauté[1].

La mauvaise gestion de certains couvents les forçait parfois d'invoquer les secours de l'État. En 1694, l'abbesse de Notre-Dame de l'Éclage à Clermont a trouvé 45,000 francs de dettes contractées par ses devancières. Elle ne peut faire subsister sa communauté composée de trente filles, toutes de qualité, et payer en même temps la taxe des amortissements, des maisons et des francs-fiefs. Elle sollicite de l'indant un arrêt de surséance pour ses payements. En 1720, les communautés de filles sont réduites dans le Limousin « à la dernière extrémité », par suite de la conversion de leurs rentes du denier 20 au denier 50. Des secours de l'État leur sont absolument

---

1. Bibl. nationale, fr., 8823, 8824, 8821, 8900, 8895. — Foucault, p. 30.

nécessaires¹. Quelques années plus tard, Fontanieu., parlant des communautés de filles du Dauphiné, constate que si quelques-unes peuvent subsister par elles-mêmes, les autres peuvent être rangées en trois catégories : les premières, « ayant besoin de secours légers et momentanés »; les secondes, « exigeant de prompts et puissants secours »; les dernières, « ne pouvant se soutenir, quelque secours qu'on leur donne ». Le Bret sollicite de son côté une augmentation d'indemnité pour les capucins d'Aix, qui disent la messe dans les prisons et « sont plus pauvres que partout ailleurs² ».

S'il appartient à l'administration de remédier à la misère de certains membres du clergé, de chercher à procurer des ressources suffisantes aux curés de campagne en concourant à la fixation de leur portion congrue, elle sort de ses véritables attributions en faisant prévaloir par la force des doctrines religieuses au détriment d'autres doctrines. L'union intime de l'Église et de l'État ne justifie pas le parlement de Dijon, condamnant à être « brûlés vifs ou pendus des curés accusés d'impiété et de séduction envers leur pénitentes, en leur inspirant la fausse doctrine du quiétisme. » Elle ne légitimait pas la fermeture de couvents de filles par la seule raison que « celles-ci étaient entachées de jansénisme. » En 1686, Basville procède, avec la rigueur qui était dans son caractère, à la destruction de l'Institut des

---

1. Arch. nationales, G 7. 104, 351.
2. Bibl. nationale, fr., 8471, 8915.

filles de l'Enfance ; il fait démolir leur chapelle à Toulouse ; le subdélégué pénètre dans la maison, y trouve les filles au milieu des décombres, et les fait traîner au dehors par les soldats du guet[1]. En 1687, Le Bret agit avec plus de mesure en Provence ; il va voir en personne une des supérieures de cet ordre, et lui parle « fermement » au nom du roi. On sait les persécutions que subirent les religieuses de Port-Royal. En 1710, le roi voulut qu'on informât le public des provinces de l'obéissance que la plupart d'entre elles avaient enfin rendue à l'Église, « depuis qu'elles avaient eu la liberté de se faire instruire et de prendre des sentiments dignes de leur piété ».

On ne peut se faire une idée de l'importance que prend à la cour et dans le pays la question du jansénisme. « Rien n'est plus propre à perdre un homme auprès du roi, écrit l'archevêque d'Aix en 1711 à l'intendant, que de vouloir protéger ce qu'on appelle parti et janséniste. Dites-vous bien cela en disant vos patenôtres, afin que la tentation ne vous prenne. » Et le même prélat, retenu à Paris par l'assemblée du clergé, écrivait deux ans après : « Il y a grand feu dans les esprits de part et d'autre. Si on avait pendu le père Quesnel il y a quelques années au lieu de faire imprimer son livre, j'aurais pu manger des figues cette année et cela vaudrait mieux[2]. »

On sait les flots d'encre que la bulle *Unigenitus*, qui condamna en 1711 le livre du Père Quesnel, a fait

---

1. *Inv. Arch. Côte-d'Or*, C. 397. — Roschach, t. XIII, p. 573-586.
2. Bibl. nationale, fr., 8829, 8894, 8896, 8900.

couler en France pendant plus de quarante ans, les querelles qu'elle a suscitées, les persécutions dont elle a été le prétexte. L'exil, la prison même sont employés dans les provinces contre des prêtres, des avocats, des bourgeois accusés ou convaincus de professer des opinions jansénistes. En 1732, le ministre d'Angervillers donne partout l'ordre de faire mettre en prison les personnes qui seraient attaquées de convulsions dans les églises, dans les rues, dans les maisons, comme à Saint-Médard de Paris. L'administration était quelquefois plus sage que certains prélats. Saint-Florentin refusait à l'évêque de Marseille la fermeture du collège de l'Oratoire de cette ville, qui était regardé comme professant « des sentiments opposés à la saine doctrine ». Il engagea seulement l'intendant à faire entendre aux pères que les maximes qu'ils enseignaient pourraient leur faire quelque tort, et leur conseiller, comme de lui-même, « d'être très circonspects en ce qui regardait leurs élèves sur les affaires présentes de l'Église [1] ».

Les évêques manquent quelquefois de tact et de mesure, et l'administration s'efforce de pallier les conséquences de leur zèle intempestif. L'évêque d'Apt défend en 1733 la lecture d'un écrit d'une ursuline de Poitiers ; mais il a soin de le faire imprimer en entier à la suite du mandement qui le condamne. A Paris, une pareille publication serait passée sous les yeux du lieutenant de police qui aurait pu en empêcher la distribution ; mais l'intendant de

---

1. Ibid., 8902, 8933, 8943, 8940.

province n'a pas ce pouvoir, et il en est réduit à s'efforcer de retirer de la circulation tous les exemplaires qu'il peut faire saisir [1]. La Provence était encore, à la suite du procès scandaleux de la Cadière et du Père Girard, sous le coup de l'agitation « aussi indécente qu'extrême, » qu'il avait causée [1]. Les refus de sacrements furent plus tard de nouvelles causes de scandales, de conflits entre les autorités civiles et religieuses, dans les centres provinciaux où se manifestait l'esprit janséniste qu'il fut plus facile de combattre que d'anéantir.

L'union étroite de l'État avec le culte explique, si elle ne la justifie pas, la politique de Louis XIV à l'égard des protestants. L'édit de Nantes avait été signé par un prince qui avait assuré la paix intérieure, en se dégageant de la pression de l'opinion professée par la majorité de ses sujets; Louis XIV, en révoquant cet édit, cédait à cette pression. L'honneur et le mérite de ceux qui gouvernent consistent souvent à ne pas suivre les courants qu'il leur appartient de diriger. L'intolérance des uns, la jalousie des autres contre des hommes industrieux, la foi dans l'unité politique et religieuse portèrent, en 1685, le gouvernement de Louis XIV à l'accomplissement d'un acte dont il fut plus loué par ses contemporains que de tout autre. Il s'y préparait de longue date, par des faveurs, des menaces et des exclusions. Les évêques étaient dans leur rôle en s'efforçant de convertir les

---

1. Bibl. nationale, fr., 8945. — Arch. du Ministère des affaires étrangères, France, 1734, 1735.

protestants; les intendants n'outrepassaient-ils pas leur mission, en employant des moyens que ne saurait justifier le but qu'ils se proposaient? A la suite d'une correspondance avec le confesseur du roi et le chancelier Le Tellier, l'intendant Pellot offrait de convertir isolément, moyennant 20,000 francs, tous les pasteurs de la généralité de Montauban [1]. Quelques-uns se laissaient séduire; en 1683, deux pasteurs demandaient à être autorisés à prêcher que l'on pouvait faire son salut dans l'Église romaine. La promesse d'un bénéfice ou de quelque établissement solide suffisait à les entraîner, ainsi que d'autres, à l'oubli des principes qu'ils enseignaient. La même année, Colbert de Croissy accorde la permission à un ministre de prêcher pendant la maladie d'un de ses confrères, à la condition qu'il promettrait par écrit de faire son abjuration, « quand il plaira à Sa Majesté ».

L'ordre de démolir certains temples souleva en 1683 une grande effervescence parmi les protestants du Dauphiné. Cinq cents personnes se rendirent sur l'emplacement du temple de Chandoulle; plusieurs avaient des épées; ils nettoyèrent la place où devait se faire le prêche, qui du reste n'eut point lieu. L'évêque de Valence se plaignit; des troupes furent envoyées. L'intendant Le Bret reçut l'ordre de seconder leur commandant; il fut en même temps chargé par le ministre de juger en dernier ressort les protestants avec le concours des sièges présidiaux ou

---

1. O'Reilly, t. I, p. 414.

royaux. Force resta facilement à l'autorité; de nouveaux temples furent rasés, et sur les ruines de deux d'entre eux on éleva des pyramides avec des inscriptions destinées à rappeler qu'ils avaient été abattus pour punition de la rébellion des communautés. On rasa également les maisons de plusieurs habitants, qui avaient été tués, brûlés ou pendus. D'autres furent emprisonnés, et le ministre consentait à pardonner à tous ceux qui voudraient se convertir [1].

On recourt aussi à des pensions pour déterminer des familles pauvres à l'abjuration. En 1681, par exemple, le roi accorde à la veuve d'un gentilhomme et à ses enfants une pension de 400 francs leur vie durant, à la condition qu'ils feront incessamment abjuration de l'hérésie. En 1682, il est interdit de donner aux protestants aucun office « regardant directement ou indirectement les finances ». Cependant les principes cèdent devant les intérêts, lorsque le ministre recommande de prendre de préférence des catholiques pour les baux des octrois, mais de ne pas écarter les protestants, s'ils donnent davantage, tout en tâchant de les faire changer de religion, dans le cas où ils demanderaient quelque diminution [2].

1. Bibl. nationale, fr., 8822, 8823, 8824. — A la même époque, un ministre, emprisonné depuis quatre mois, demande à être jugé par l'intendant, qui écrit à Colbert de Croissy pour savoir à quelle peine il doit le condamner.
2. Bibl. nationale, fr., 8821 à 8823. — La même année, un M. de Saint-André, qui a abjuré secrètement depuis quatorze ans, demande à différer sa conversion jusqu'à la mort de sa belle-mère,

Lorsque l'édit sur la révocation de l'édit de Nantes fut publié, les intendants concoururent à son exécution, selon l'ardeur de leur tempérament, le zèle de leurs convictions religieuses, le désir moins avouable qui les animait de plaire au roi, à son entourage et à ses ministres. On les vit suivre les troupes chargées d'intimider et de molester les protestants; investis du pouvoir de juger ceux qui résistaient aux volontés du roi, ils usaient à la fois de la persuasion, de la menace et de la répression. Si l'on peut citer avec éloge D'Aguesseau, qui préfère se retirer de l'intendance de Languedoc plutôt que d'exécuter des ordres qu'il trouve excessifs, Basville, son successeur, se distingue par son énergie implacable; Foucault déploie un zèle extrême; il fait aux protestants de Rouen des sermons comminatoires; il prétend que grâce à lui, il ne reste pas plus de 1000 protestants dans le Béarn, où ils formaient auparavant la moitié de la population [1]; Breteuil, en Picardie, cherche à tempérer la rigueur de l'édit, tout en s'efforçant de l'exécuter. Le Bret, en Dauphiné, mérite les éloges de Le Tellier : « J'ai reçu, lui écrit celui-ci, avec plaisir l'avis que vous m'avez donné des conversions considérables du

qui est la maîtresse absolue de tout le bien qu'il peut espérer; néanmoins, il obéira au roi; il continue à aller au prêche; s'il persévère, Croissy est d'avis de le faire poursuivre.

1. Foucault se vantait; car en 1789, on comptait encore 4,742 protestants en Navarre. (Raymond, *Inv. Arch. Basses-Pyrénées*, t. III, p. 21.) — Foucault se montre plus ardent que les évêques; l'évêque de Lescar ayant donné des espérances d'accommodement à des gentilshommes, il les fait venir, les désabuse, et les convertit séance tenante. (*Mémoires*, p. 124.)

Briançonnais; je suis persuadé que Dieu continuera à bénir vos soins, et que le roi les reconnaîtra bien volontiers à l'occasion. » Des missionnaires sont envoyés par lui dans les vallées; les temples sont convertis en églises, les protestants se soumettent ou s'enfuient[1].

Il ne leur est pas permis de se soustraire à une loi inique par l'émigration et l'exil. Les biens de ceux qui quittent la France sont confisqués; les personnes accusées de favoriser leur évasion sont arrêtées; les guides qui les aident à passer la frontière sont condamnés aux galères. Des femmes, qui essaient de gagner la Suisse, sont arrêtées, enfermées à Lyon, et ne sortent de prison qu'après avoir abjuré. Des religionnaires se sauvent déguisés en laquais; on met la maréchaussée à leurs trousses, et l'on se plaint vivement si les exempts ne trouvent pas de chevaux pour courir après eux.

La confiscation s'exerce non seulement sur les biens des fugitifs, mais sur les biens de ceux qui s'obstinent à ne pas abjurer ou qui se repentent de leur abjuration. L'intendant est chargé de tous les procès que suscitent les saisies. Il fait procéder à la vente publique du mobilier des religionnaires de Lyon, qui ont quitté le royaume. Elle produit 49,920 francs. Les biens séquestrés sont administrés par l'intendant, qui dispose d'une partie de leurs revenus en affectations spéciales[2].

1. B. de Sainte Suzanne, p. 349, 352. — Bibl. nationale, fr., 8826.
2. Bibl. nationale, fr., 8831. — *Traité des droits*, t. III, p. 143 à 151.

L'administration n'hésite pas à enlever les enfants à leurs parents pour les soustraire à leur influence. Le Bret reçoit l'ordre de séparer Mˡˡᵉ de Lachau de sa mère, « pour la faire élever de telle sorte qu'elle puisse se convertir au catholicisme »; puis d'arracher à la mère ses trois autres enfants, « pour les faire élever chez une personne de considération de Grenoble ». Madame de Lachau, vaincue, va faire son abjuration. « Sa Majesté l'a appris avec joie, » écrit le ministre. Le roi sait aussi qu'il n'y a plus à Grenoble que deux dames qui sont de la religion prétendue réformée. Il veut que l'intendant confère avec l'évêque sur les moyens que l'on pourrait mettre en usage pour surmonter leur résistance. On annonce avec empressement la conversion de deux riches marchands libraires de Lyon. Mais ces conversions, amenées par la force et l'intimidation, ne sont pas toujours sincères; l'État se défie des nouveaux convertis; il leur interdit de faire élever leurs enfants par des précepteurs nouveaux-convertis; afin de mieux les surveiller, il leur défend même de transporter leur domicile d'une province à l'autre. Un gouverneur zélé veut même charger des inspecteurs de voir s'ils accomplissent dans les églises leur devoir de bons catholiques. Le roi s'oppose cependant à cette inquisition, qui « pourrait augmenter l'aversion que les nouveaux convertis ont déjà pour les exercices de notre religion. » « On ne mettra en prison, ajoute Louvois, que ceux qui feront

---

1. Bibl. nationale, fr., 8826, 8827.

profession publique de ne jamais aller à la messe, ou qui y étant, tiendront une posture indécente[1]. »

En revanche, on attache le plus grand prix à l'éducation de leurs enfants; le roi impose à ceux-ci, par sa lettre du 5 juin 1686, l'obligation de fréquenter les écoles, de suivre les instructions et les catéchismes des paroisses. « S'ils y manquent, de l'ordonnance des juges des lieux, les garçons seront mis dans des collèges, les filles dans des couvents, où leurs pensions seront payées sur les biens de leurs pères et mères; si ceux-ci n'ont point de biens, ils seront enfermés dans les hôpitaux les plus prochains. » Les enfants des religionnaires émigrés devaient être traités de même[2]. C'était la première idée de la déclaration de 1698, qui prescrivait aux pères et mères, « nommément à ceux qui avaient profession de la religion prétendue réformée, d'envoyer leurs enfants aux écoles et aux catéchismes jusqu'à l'âge de quatorze ans. »

Mais si beaucoup cèdent en apparence ou en réalité, il en est qui sacrifient tout à leurs convictions. Les protestants français ne montrèrent pas la même docilité que les Anglais, les Scandinaves et les Allemands du nord, lorsque leur prince leur enjoignit

1. Lettres de Louvois des 9 et 20 octobre 1686, Bibl. nat., 8828.
2. Bibl. nationale, fr., 8828. — Ces mesures furent exécutées jusque dans le cours du dix-huitième siècle. En 1740, l'intendant de Grenoble signale la réclusion, dans une maison de charité, d'une fille que ses parents religionnaires veulent faire passer à Genève. « Il paraît, dit-il, qu'il est du bien de la religion de la tenir enfermée dans cette maison, jusqu'à ce qu'on soit assuré de sa conversion. » (Ibid., 7467.)

de changer de religion. Il y eut des résistances partielles qui exaspérèrent un gouvernement naturellement modéré, mais qui n'était pas habitué à ce que ses volontés fussent méconnues. En 1686, le roi paraît disposé à recourir à la persuasion plutôt qu'à la contrainte, à laisser les curés et les missionnaires achever l'ouvrage des conversions. Ce n'est pas l'avis de l'intendant Foucault, qui pense et qui écrit que « le relâchement de la cour rendrait inutile tout ce qu'on avait obtenu ». Les protestants se réunissent de nouveau; Foucault disperse à la tête de dragons une de leurs assemblées, où sont réunis quinze cents personnes. Plusieurs sont blessées. L'intendant condamne six personnes à être pendues, trente et une aux galères, deux femmes au fouet. Et Louvois approuve sans réserve, recommandant, en cas de récidive, de tuer la plus grande partie des religionnaires, sans épargner les femmes [1]; l'année suivante, il réitère les mêmes ordres dans un langage odieux, qui est une tache pour l'administration française. « L'intention de Sa Majesté, écrit-il le 13 novembre 1689, est toujours que l'on essaie de tomber avec des troupes sur toutes les assemblées qui se feront, et que si l'on peut joindre ceux qui les composeront on fasse main basse, sans distinction de sexe; et que si après en avoir tué un grand nombre, on fait quelques prisonniers, on leur fasse diligemment leur procès et qu'on les condamne aux peines portées par l'édit d'octobre 1683 et la déclaration de juillet

---

[1]. Foucault, p. 209, 219, 175.

1686. Après quoi, Sa Majesté désire qu'au cas qu'il se fasse de pareilles assemblées dans votre département, vous ayez à vous transporter sur les lieux pour informer de ceux qui auront échappé aux troupes de Sa Majesté, afin qu'ils puissent être arrêtés en diligence et envoyés aux galères sans figure de procès[1]. »

Après la mort de Louvois, la persécution s'amortit devant la résistance affaiblie ou toute passive qu'on lui oppose. Dans certaines régions, on constate l'insuccès des édits; on poursuit des contraventions isolées, sans obtenir des conversions plus sincères. Ce qui prouvait la vitalité du protestantisme, c'est l'insurrection des Cévennes qui tint, en 1704, vingt-cinq mille hommes de troupes en échec, et que Villars seul put réduire; insurrection coupable, parce qu'elle était de connivence avec l'étranger, dont elle favorisait les attaques contre la France, mais sérieuse au point qu'on ne put la réduire qu'en traitant avec elle. Son principal chef, Cavalier, se soumit en stipulant que le roi prendrait à sa solde quatre régiments composés de protestants, qui conserveraient leur liberté de conscience. Les doctrines absolues du roi transigeaient avec les circonstances. L'Alsace, en vertu de traités, conservait l'exercice libre de la religion protestante, que professait le quart de ses habitants. On tolérait à Lyon, à Marseille, et dans d'autres grandes villes, des négociants allemands et suisses, notoirement protes-

1. Bibl. nationale, fr., 8835.

tants, du moment qu'ils ne causaient point de scandale[1].

Sous la Régence, en 1716, le conseil de conscience écrivit aux évêques et aux intendants de veiller à l'exécution de la déclaration de 1698, en ce qui concernait l'établissement de nouvelles écoles et leur fréquentation par les enfants des nouveaux convertis. Les intendants transmirent aux conseils, qui avaient remplacé les secrétaires d'État, des états et des documents sur l'état des écoles et le nombre des religionnaires mal convertis. On en comptait 1800 dans le seul diocèse d'Apt. « Nous nous flattions, écrivait l'évêque de cette ville, que la paix étant faite, et ces gens-là se voyant hors de l'espérance, qu'ils avaient sans fondement conçue, de s'y voir compris par le rétablissement de leurs temples et la tolérance de leur religion, ils reviendraient de bonne foi dans le sein de l'Église. » Mais ces prévisions étaient déçues, et le Régent était obligé d'adresser en 1720 une nouvelle circulaire aux intendants pour leur faire tenir la main à l'instruction des enfants des nouveaux convertis[2]. Une déclaration de 1724 vint donner plus de force à cette circulaire, en même temps qu'elle ravivait contre les protes-

1. Arch. nationales, G7. 369. — Bibl. nationale, fr., 8926, 1381. De 1699 à 1717, Legendre « ne fait aucun mal aux nouveaux convertis. » Il est d'avis de « ménager ceux qui vivent politiquement. » Sur les protestants d'Alsace, qui étaient au nombre de 81,546 en 1697, voir Krug-Bass, p. II et ch. VII.
2. *L'Intervention de l'État et l'instruction primaire en Provence sous la Régence.* Mémoires lus à la Sorbonne en 1890. *Revue historique*, 1891.

tants les dispositions rigoureuses qui avaient été prises à leur égard.

Mais l'opinion s'était modifiée depuis 1685 ; les idées de tolérance pénétraient dans les esprits et venaient atténuer dans la pratique les rigueurs des ordonnances. Henri Martin prétend, d'après Lemontey, que la correspondance des intendants démontre que cette nouvelle persécution fut « froidement cruelle de la part de hauts fonctionnaires libertins et incrédules[1] ». Les lettres des intendants, que nous avons rencontrées, démentent cette assertion ; elles témoignent au contraire de leur sagesse et de leur modération. « Il y a dans cette ville, dit l'intendant de Lyon, un grand nombre de négociants que la déclaration peut intéresser ; mais le bien du commerce engage les juges chargés de son exécution à ne pas les tourmenter mal à propos. » — « Il y a encore un quart de religionnaires en Dauphiné, écrivait Fontanieu, mais dont moitié n'est religionnaire qu'intérieurement et remplit à l'extérieur les devoirs des catholiques... Pour les autres, point d'assemblées publiques, et presque tous sont ignorants. Dans le Bas-Dauphiné, la plupart des gens de condition ou presque tous les gens de condition sont infectés de l'erreur... La nouvelle déclaration a jeté l'alarme ; 80 habitants seulement sont sortis ; mais la modération des juges a rassuré les esprits. « Il doit être plus question de veiller que de sévir, ajoute Fontanieu... Le parti de la douceur est le seul qu'il

---

1. *Histoire de France*, t. XV, p. 130

y ait à suivre. » — « La déclaration, dit l'intendant de Caen, Richer d'Aube, a jeté une grande terreur; » aussi est-il convenu avec le ministre La Vrillière « qu'il ne fallait pas la faire exécuter à la rigueur, qu'il fallait punir seulement ce qui se ferait avec trop de scandale; et qu'au reste le point presque uniquement important était de procurer aux enfants des religionnaires l'instruction nécessaire à leur salut. » D'Aube s'en est expliqué dans ce sens avec les évêques et le clergé. Le procureur du roi a voulu agir; le garde des sceaux lui a répondu de faire tout ce que dirait l'intendant. « En un mot, conclut celui-ci, il n'y a plus de terreur parmi les religionnaires. Chacun ne songe qu'à vivre tranquillement dans sa maison... J'espère pouvoir entretenir ce calme heureux, et j'y apporterai toute la circonspection dont je suis capable. » — « Il faut s'éloigner également du zèle indiscret et du relâchement, » écrit de son côté Pajot, intendant de Montauban. « Si les religionnaires vivent en honnêtes gens et sans causer de scandale, je crois plus à propos de fermer quelquefois les yeux, et même s'ils ne sont pas de la dernière exactitude à envoyer leurs enfants au catéchisme ainsi qu'il leur est ordonné, je crois suffisant de les mander dans mon cabinet et de leur parler avec douceur. » « L'évêque et les grands vicaires, ajoute Pajot, ont fait approuver ces intentions.[1] » — On était loin des instructions sau-

---

1. Arch. nationales, G[7], 252, 369, 221, 404, 414. — J'en pourrais citer d'autres: Brunet d'Évry blâme le zèle intempestif d'un vicaire,

vages de Louvois, et l'administration supérieure et provinciale rentrait dans cette voie de tempéraments qu'elle avait souvent suivie, en suspendant ou en atténuant l'application des lois, dont l'effet trop rigoureux pouvait être plus nuisible qu'utile.

En 1727, Fontanieu rappelait que d'après les édits on devait faire le procès des huguenots restés en France. « Mais l'on n'en vient à cette extrémité, disait-il, conformément aux ordres adressés à tous les intendants à cet égard, que dans le cas de rébellion ou de scandale manifeste; on s'est contenté jusqu'à présent de punir le simple défaut de catholicité par la privation des biens temporels... » C'était déjà beaucoup trop, et l'intendant se croyait tolérant, en n'étant pas d'avis de mettre une protestante dans un couvent, en disant qu'il fallait « l'abandonner à sa propre indigence », et lui remettre seulement 3 à 400 francs pour subsister, sur les 7 à 8000 livres de rentes qu'on lui avait confisquées [1].

Comme les mariages devaient être célébrés par l'Église pour avoir un caractère authentique et légitime, les protestants se trouvaient obligés de recourir au ministère d'un prêtre catholique pour les faire sanctionner. Dans certains diocèses, il est vrai, les

et désire que l'on admette les excuses d'un homme, condamné à 200 livres d'amende, pour n'avoir pas ôté son chapeau au passage d'une procession.

1. Bibl. nationale, fr., 8450. En 1731, il adjuge un secours de 3 à 400 livres à un protestant converti, sur le tiers des revenus des biens des fugitifs. (Ibid., 8453.) Il blâmait pourtant en 1725 le zèle excessif des curés, qui causait un grand nombre de concubinages ou de mariages à Genève. (Ibid., 8469.)

curés n'exigeaient d'eux que l'assiduité aux offices paroissiaux ; ailleurs, ils voulaient qu'ils fréquentassent les sacrements auxquels ils ne les admettaient qu'après avoir reconnu chez eux les marques d'une véritable et sincère conversion. Ces exigences de l'autorité ecclésiastique portèrent beaucoup de protestants à contracter des mariages, devant des pasteurs réfugiés dans les montagnes, au « désert, » comme on disait alors; on cherchait en vain à traquer et à saisir ces pasteurs. « J'apprends par mes espions, disait en 1728 l'intendant de Dauphiné, qu'un prédicant s'est retiré dans une chaîne de montagnes du Vivarais... je vais faire de mon mieux pour l'attirer dans mon département et le surprendre[1]. » Les mariages, comme les baptêmes, continuèrent au désert, surtout au milieu du dix-huitième siècle, où cette question préoccupait l'opinion, tandis que la moitié des protestants se mariaient « en face d'église ». Un intendant avait même recours à la publicité en 1751 pour demander aux évêques de diminuer la rigueur des épreuves qu'on exigeait des protestants pour les marier[2]; mais les épreuves, quelque atténuées qu'elles fussent, étaient toujours une atteinte portée à la sincérité des consciences, et l'accès des protestants à l'état civil était déjà demandé avec instance dès 1755[3]. On sait qu'il leur fut accordé par Louis XVI en 1787.

Il y eut vers le milieu du siècle une recrudescence

1. Bibl. nationale, fr., 8451, 8452.
2. *Lettre de M. l'intendant de *** à Mgr l'évêque d'Alais.*
3. *Mémoire théologique et politique au sujet des mariages*

de rigueur contre les protestants dans le Midi; l'intendant de Languedoc, Saint-Priest, fit pendre des ministres, rompre des mariages, poursuivre des religionnaires; mais il trouva un contradicteur dans le duc de Richelieu, lieutenant général de la province, qui s'occupa, suivant d'Argenson, à y établir la plus honnête tolérance possible[1]. Sous Louis XVI, en 1777, le commandant du Hainaut constatait que « les religionnaires jouissaient d'une partie de l'exercice de leur religion sans avoir atteint encore à l'autre partie de cet exercice. « L'état actuel, disait-il, est donc le résultat de la conservation d'ordonnances qui n'ont pas été abrogées et de leur inexécution passée et présente fondée sur l'opposition qui trouve entre la douceur de la puissance exécutrice et la sévérité de la puissance législatrice. » L'intendant du Hainaut était dans les mêmes principes de tolérance, les regardant comme utiles au commerce et à la population[2]. La désuétude de la loi en préparait l'abrogation.

A l'égard des Juifs, les règles absolues comportaient aussi des tempéraments et des exceptions. En principe, le séjour du royaume leur était interdit; mais sur certains points, on en tolérait des groupes ou des individus. Il en existait un nombre assez considérable en Alsace[3]; 400 familles israélites furent

clandestins des protestants de France, 1755. Cet écrit intéressant évalue le nombre des protestants en France à 3 millions, chiffre évidemment exagéré.

1. *Mémoires*, t. VII, p. 212, 223, 383.
2. L. Legrand, *Sénac de Meilhan*, p. 145, 146.
3. 1,348 familles en 1716. (Krug-Bass, p. 220.) — Sur la juridic-

admises à résider à Metz dans un quartier spécial;
on en toléra 180 en Lorraine; on en admit aussi dans
la principauté d'Orange. En 1732, les habitants s'en
plaignirent par l'entremise de l'intendant; un arrêt
du conseil expulsa les Juifs, dans un délai de six
mois; ceux-ci s'en plaignirent, firent valoir leur
bonne conduite et leur utilité, et finirent par rester.
A Marseille, on autorise des Juifs à séjourner pour
leurs affaires. Moyse de Valabrègue, juif d'Avignon,
écrit dans ces termes au contrôleur général : —
« Monseigneur, j'ose prendre la liberté de me pros-
terner à vos pieds, comme au seul asile où les pauvres oppressés trouvent leur refuge, pour vous demander humblement la grâce d'ordonner que je
puisse rester à Marseille un mois pour vendre une
grande quantité de marchandises... étant quoique
juif, très bon Français. » Le Bret donne un avis favorable : « Les Juifs d'Avignon, dit-il, comme plus
pauvres, sont moins à craindre que ceux d'Italie. »
Ceux d'Algérie sont particulièrement tenaces. Le roi
veut faire expulser deux d'entre eux de Marseille,
où ils suivent un procès. Leur permission de séjour
expirée, ils obtiennent un délai d'un mois; au jour
indiqué, l'un d'eux n'est pas encore parti, « parce
que la lingère n'a pas pu, à cause des fêtes, lui laver
son linge[1]. » Cette race persistante s'insinuait partout

tion des intendants relative aux Juifs d'Alsace voir *Traité des droits*, t. III, p. 151. En 1718, il n'y avait que 18 Juifs à Paris. (A. de Boislisle, *Contrôleurs généraux*, t. III, n° 1720.)

1. Arch. nationales, G7. 480. — Bibl. nationale, fr., 8904, 8372. — *Inv. Arch. Marne*, C. 480. — *Ille-et-Vilaine*, C. 24. — *Traité des*

et résistait, avec une singulière force de volonté, aux rigueurs méprisantes dont elle était l'objet.

En proscrivant ceux qui professaient d'autres croyances que les siennes, l'État était fidèle au principe qui faisait remonter son institution à une origine divine; il était guidé par la très haute idée d'assurer le bonheur de ses sujets dans la vie future comme dans la vie présente; il voulait faire prévaloir la morale qu'enseigne la religion, afin d'améliorer à la fois l'individu et la société; mais pour y parvenir, il outrepassait ses droits et les bornes de la justice, en voulant diriger les âmes par d'autres voies que celles de la persuasion. Son intolérance était le produit des mœurs et des opinions dominantes; et lorsqu'elle fit place à une impartialité de plus en plus grande, ne peut-on dire que l'État y avait été amené par l'indifférence, le doute, et même l'hostilité aux doctrines religieuses, plus encore que par le sentiment désintéressé de la justice?

droits, t. III, p. 151. — On comptait aussi 3,500 Juifs à Bayonne, en 1771. (Robert de Hesselin, *Dict. universel de la France.*)

CHAPITRE XIII

L'ASSISTANCE.

Progrès de l'assistance par l'État depuis le seizième siècle. — Hôpitaux. — Surveillance des hôtels-Dieu. — Hôpitaux militaires. — Envoi de recettes et de remèdes. — Épidémies. — Secours. — Institutions charitables. — Cours d'accouchement. — Maternités. — Enfants trouvés. — Prisonniers pour dettes. — Secours aux incendiés. — Turgot et les bureaux de charité. — Secours et pensions.

La charité était exercée au moyen âge par l'Église, les seigneurs et les villes; le pouvoir central n'y prit part que lorsque l'acquisition de nouveaux droits lui eut imposé de nouveaux devoirs; ce ne fut pas seulement l'idée chrétienne qui l'inspira dans ses efforts pour organiser ou surveiller l'assistance, ce fut aussi et surtout le souci d'assurer l'ordre public et social, par des mesures destinées à combattre le vagabondage et la misère.

Il s'était opéré depuis le moyen âge une grande transformation dans l'organisme social; au patronage ecclésiastique seigneurial et communal s'était substitué peu à peu le patronage de l'État. La plupart des hôpitaux, fondés en grand nombre dans les villages sous le régime féodal, n'étaient plus entretenus; les hôpitaux des villes avaient été soustraits par François Ier à l'influence dominante du clergé, dont l'autorité s'affaiblissait, pour être confiés à l'administration des magistrats et des notables laïques. Pendant l'évolution économique du seizième siècle, dans les guerres et les troubles qui en marquent la seconde partie et qui se renouvellent au milieu du siècle suivant, le nombre des pauvres augmente, tandis que les ressources locales diminuent pour les secourir. Les intendants, organes de l'État, doivent donc intervenir pour suppléer à l'insuffisance ainsi qu'à l'impuissance des moyens dont l'influence et l'autorité locales disposent. Ils suscitent, sous Louis XIV, l'établissement d'hôpitaux généraux; sous Louis XV, de renfermeries et de dépôts de mendicité; sous Louis XVI, d'institutions multiples et diverses de bienfaisance.

L'État dut concourir à la construction et quelquefois même à l'entretien des hôpitaux dont les services étaient généralement assurés par des fondations particulières ou par les subventions des villes; il distribuait aussi aux associations charitables et aux individus des dons et aumônes, qui s'élevaient sous Louis XVI à 1,800,000 livres; la plupart du temps, les allocations pour les établissements de bienfaisance étaient fournies soit par des prélèvements sur les octrois, soit par des loteries autorisées, soit par un impôt additionnel levé sur la région ou la province. En 1688, on lève 240,000 francs sur la Franche-Comté pour bâtir un hôpital général à Besançon.

En 1768, la reconstruction de l'hôpital Saint-Jacques d'Agen, qui tombe de vétusté, s'impose; on y pourvoit au moyen d'une contribution ajoutée à la taille de l'élection [1]. Ces allocations étaient plus fréquentes dans les pays d'élections que dans les pays d'états, où le budget de la charité était à peu près nul, et s'appliquait le plus souvent au soulagement des misères de la noblesse.

Les hôpitaux généraux, formés par la réunion d'hôpitaux spéciaux supprimés, tendaient à la centralisation de l'assistance dans les villes importantes [2]. Leur formation était conforme aux tendances de l'administration et des intendants. Ceux-ci surveillaient d'ordinaire la comptabilité des hôtels-Dieu communaux, intervenant même dans la révocation des médecins [3]. Au dix-huitième siècle, ils avaient la haute main sur les bâtiments hospitaliers et les faisaient reconstruire, au besoin, sur les plans et sous la direction de l'ingénieur de la province [4]. Pour se conformer aux vues de Necker, ils essayèrent de contraindre les hôpitaux à vendre leurs immeubles pour acheter des rentes sur l'état, en augmentant le capital d'un dixième tous les vingt-cinq ans, afin de compenser la dépréciation des métaux [5].

---

1. Boussey, *la Franche-Comté sous Louis XIV*, p. 202. — Arch. nationales, H. 91.
2. Sur l'assistance, et spécialement pour les hôpitaux généraux, voir *la Ville sous l'ancien régime*, t. II, liv. vii ; pour l'assistance dans les campagnes, *le Village sous l'ancien régime*, liv. V. ch. II.
3. D'Arbois de Jubainville, p. 114. — *Inv. Arch. Hautes-Alpes*, C.38.
4. *La Construction de l'hôtel-Dieu de Troyes*.
5. De Sainte-Suzanne, p. 381. — Necker, *Administration des*

En 1714, le chancelier Voysin écrit que « Sa Majesté ne veut pas établir l'usage d'avoir des hôpitaux pour ses troupes dans les lieux où l'on va prendre les eaux, ni de rien donner pour les y faire subsister... » et cependant en 1713, l'intendant Lescalopier s'occupe de l'établissement d'un hôpital militaire à Bourbonne[1]. L'administration, qui veillait à l'entretien des eaux minérales, établit dans quelques-unes d'entre elles d'autres hospices pour les indigents, comme les salles que Sénac de Meilhan fit disposer en leur faveur aux boues thermales de Saint-Amand[2].

L'administration s'occupait aussi depuis longtemps de répandre dans le public des recettes de remèdes et des médicaments : bienfaisante initiative, qui permettait à beaucoup de malades des villes et des campagnes de se soigner chez eux sans recourir aux hôpitaux. En 1686, Barbézieux écrivait aux intendants : « Le remède dont vous trouverez le mémoire ci-joint ayant été éprouvé ici par ordre du roi, et ayant fait de très bons effets... Sa Majesté m'a commandé de vous en envoyer plusieurs exemplaires, afin que vous puissiez les rendre publics dans votre département. » D'autres recettes sont envoyées, ainsi que des instructions sur la guérison de certaines maladies, comme l'épilepsie,

---

finances, t. III, p. 139. — Il y avait, selon Necker, 740 hôpitaux civils et 130 fondations particulières de quelques lits, dont le revenu était évalué à 20,000,000 de fr.

1. Bibl. nationale, fr., 8902. — A. de Boislisle, t. III, n° 1713.
2. Louis Legrand, p. 141.

qui donnent lieu à des observations des intendants et des subdélégués. Des remèdes eux-mêmes furent aussi distribués sous la direction d'Helvétius, médecin du roi, avec une profusion que ne justifiait pas toujours la nécessité. En 1707, l'intendant d'Aix reçoit mille prises contre la dysenterie, lorsqu'il y a peu de dysenterie dans l'armée et point du tout dans la population. D'ordinaire, les intendants, à qui ils étaient adressés pour en faire la répartition, réclamaient instamment des médicaments, « vu le bien et l'avantage considérable qu'ils avaient produits[1] ». On en envoya 100,000 prises, puis 126,000 par an jusqu'en 1769, où elles furent portées au chiffre plus élevé de 932,136, pour être triplées sous Louis XVI. En 1787, le gouvernement fit acheter de « l'élixir américain » pour les femmes enceintes, et en envoya dans les provinces avec des instructions pour son emploi[2].

Si des épidémies éclataient, les intendants envoyaient des médecins et quelquefois des secours dans les lieux où elles exerçaient des ravages. Ils adressaient aux ministres des rapports[3] et des statistiques, mais ils se déplaçaient rarement. Pendant la

1. Bibl. nationale, fr., 8828, 8826, 8365, 8886, 11372.
2. *Inv. Arch. Marne*, C. 360-362. — Basses-Pyrénées, C. 610. Voir *le Village sous l'ancien régime*, p. 329, 330.
3. Le Bret envoie en 1724, sur la peste de Marseille, un rapport de 37 feuillets. L'État accorda 397,669 francs de secours aux localités contaminées, tandis que l'assemblée des communautés avançait 935,527 francs (Bibl. nat., fr., 8921, 8926.) — En 1768, l'État fait distribuer 2,000 francs pour des paroisses de Bretagne affligées de maladies épidémiques. (*Inv. Arch. Ille-et-Vilaine*, C. 67.)

terrible peste de Marseille de 1721, l'intendant d'Aix se garde bien de se rendre dens la ville ; il se réfugie à la campagne, parce qu'il « a une nombreuse famille. » Pendant ce temps, le subdélégué reste à son poste et concourt avec l'autorité militaire et municipale aux mesures à prendre, qui sont en partie prescrites par les ministres[1]. Dans certaines provinces, on établit des cordons de troupes pour arrêter la contagion, comme on le fait pour la contrebande. En 1779, il éclate une épidémie dans la généralité de Tours. 80,088 francs, pris sur le trésor royal, sont employés pour la combattre. Des distributions de riz, de pain, de viande, de cidre, de lait et de remèdes, sont faites dans les localités atteintes. Un service des épidémies est organisé, et fonctionne les années suivantes ; chaque région a son médecin, qui doit faire un rapport, et l'on accorde une pension de 1000 livres au plus zélé d'entre eux[2]. Une maladie contagieuse sévit en **1781** dans un village de Bourgogne. L'administration y envoie sans délai un médecin, qui fera un rapport à l'académie de Dijon, et, au besoin, à la société royale de médecine[3].

Sous Louis XVI, la bienfaisance est à l'ordre du jour. Les institutions charitables, les encouragements à la vertu, les cérémonies publiques où l'on veut stimuler le bien, se multiplient. Les particuliers ri-

---

1. *Le Maréchal de Villars*, ch. xv.
2. *Inv. Arch. Indre-et-Loire*, C. 401-407... *Ille-et-Vilaine*, C. 67. — *Vie de M. Turgot*, p. 38.
3. Arch. nationales, H. 190.

valisent avec les sociétés de tout genre pour améliorer le sort des hommes par leurs généreux efforts. L'administration ne reste pas en retard. Les intendants donnent l'exemple ; ils dotent des jeunes filles, ils couronnent des rosières ; ils signalent des actes de dévouement et de courage aux ministres qui leur accordent des gratifications en argent ; ils donnent des prix de vertu : Raymond de Saint-Sauveur, dans le Roussillon, en annonce un de 300 francs ; plus de quarante curés lui signalent des candidats ; deux muletiers furent choisis et « couronnés de myrthe », dans une séance publique de la société d'agriculture [1]. En Picardie, D'Agay institue des écoles de travail manuel pour les jeunes filles, une caisse de prêt d'honneur, des cours publics de boulangerie faits par Parmentier et Cadet de Vaux [2]. A l'imitation de Turgot, qui faisait instruire dans des cours publics des sages-femmes de la campagne, Rouillé d'Orfeuil établit des cours d'accouchement à Reims ; il écrit une circulaire aux curés pour les prier d'y envoyer des élèves, auxquelles il assure un logement et 12 livres par mois. Cent trente-quatre curés lui répondent, et l'un d'eux exalte son zèle dans ce style peu administratif :

> On ne fait que lire et entendre
> Écrit, dissertation,
> Dont le but, dit-on, est d'étendre
> Partout la population ;
> Mais Rouillé, dont le cœur est vraiment citoyen,
> Rouillé, qui joint l'intelligence

1. *Compte-rendu*, p. 113. — Boyer de Sainte-Suzanne, p. 219, 380.
2. *Inv. Arch. Somme*, C. 485, 486... *Gironde*, C. 2482.

A la tendre bienfaisance,
En a trouvé le sûr moyen :
C'est de former des Lucines
Qui président aux gésines,
Et dont les savantes mains
Assurent la naissance des fragiles humains ¹.

D'autres intendants, comme Sénac de Meilhan, provoquaient l'installation de services de maternité dans les hôpitaux, où les femmes étaient admises, sans avoir à répondre sur aucune question, sauf sur celle de leur lieu de naissance. Sénac instituait également un service hospitalier pour les enfants trouvés et abandonnés², qui, longtemps à la charge des seigneurs hauts justiciers, furent recueillis d'ordinaire au dix-huitième siècle dans les hôpitaux des villes, et particulièrement à l'hôpital général de Paris. Un hospice spécial avait été fondé pour eux à Tours ; il était entretenu par le produit d'une contribution levée sur plusieurs élections de la province. Après avoir été en nourrice à la campagne, les enfants étaient confiés à l'âge de sept ans à des cultivateurs, qui s'en chargeaient pendant dix ans moyennant une diminution sur leur capitation. En 1740, l'intendant d'Auch émettait le vœu qu'un système analogue fût appliqué partout, et des mesures sérieuses furent prises sous Louis XVI pour qu'il en fût ainsi ³.

---

1. *Inv. Arch. Marne*, C. 355 à 59. — Il est aussi question d'établir des sages-femmes en Corse, où leur profession est absolument inconnue, toutes les femmes l'exerçant indifféremment. (Arch. nationales, K. 1227.)

2. Louis Legrand, p. 139, 140.

3. Chevalier, p. 84 à 86. — L. de Bardies, *l'Administration de*

On s'occupait aussi du sort des prisonniers pour dettes; Ballainvilliers, intendant de Montpellier, demandait qu'on consacrât à l'élargissement d'un certain nombre d'entre eux le prix d'un bal que la municipalité voulait lui offrir [1].

A une époque où les compagnies d'assurances n'étaient pas organisées, où les pompes étaient rares, sinon inconnues, les incendies causaient des ravages tels que l'administration devait concourir à les réparer, au moins partiellement. A Bourbonne-les-Bains, 450 maisons brûlent en 1717; le subdélégué dresse immédialement un procès-verbal, qui servira à un dégrèvement d'impôts et à une demande de secours. En 1711, Luchon fut incendié par les miquelets; des secours annuels furent donnés à ses habitants. En 1729, le roi accorde aux habitants d'un village brûlé dans le Dauphiné, l'exemption des tailles pendant huit ans, un secours de 2000 livres et un prêt de grains de valeur égale. Un curé de village sollicite, en faveur de vingt-deux chefs de famille dont les maisons ont été la proie des flammes, « quelque part dans les aumônes de Sa Majesté. » En Champagne, 4000 francs sont octroyés aux habitants d'un village pour relever leurs maisons, à la condition de les recouvrir en tuiles. Parfois l'État venait en aide aux victimes sans bourse délier, en les autorisant à faire une loterie; Courson demande une autorisation de ce

---

la Gascogne, p. 103. — De l'Administration des finances, t. III, p. 156.

1. Roschach, t. XIII, p. 1333.

genre en 1716 en faveur d'un gentilhomme père de huit enfants, dont toute la fortune consistait dans la salle de comédie de Bordeaux et dans quatre maisons adjacentes, qui toutes ont été incendiées. Cette loterie, qui aurait produit 100,000 livres, en aurait permis la reconstruction [1].

Nous avons vu les efforts faits par l'administration pour remédier aux disettes. Elle n'intervenait pas d'ordinaire dans l'exercice de la charité, qui était sous la direction du clergé et des municipalités. Cependant, elle stimulait parfois l'inertie des habitants aisés, comme Turgot, qui se fondant sur un arrêt du parlement de Bordeaux, voulut établir dans chaque paroisse ou communauté une assemblée où le clergé et la noblesse seraient représentés, afin de parvenir au soulagement des pauvres. Tous les habitants aisés, habitant ou possédant des revenus dans la paroisse, auraient été tenus d'y contribuer sans distinction de privilégiés ou non privilégiés. Il écrivait en conséquence aux curés pour leur demander l'état de leurs pauvres, et leur promettre quelques secours, s'il pouvait en disposer en leur faveur [2].

L'État concourait au soulagement de la misère par des allocations sur les fonds généraux du royaume, des prélèvements sur des impôts déterminés, des affectations sur les revenus des économats, des envois de remèdes et de vivres. Des secours et des pensions

---

1. Bibl. nationale, fr., 11372, 11381, 8452, 11370, 11376. — *Inv. Arch. Marne*, C. 677. — D'Arbois de Jubainville, p. 115.
2. Tissot, *Turgot*, p. 98 à 102. — D'Hugues, chap. x.

étaient accordés, sur les requêtes des intendants, à des infortunés de tout genre : anciens militaires, aveugles, pères de famille accablés d'enfants, gentilshommes et filles nobles indigents. Un pauvre maître écrivain octogénaire, abandonné par ses élèves, était de ceux qui sollicitaient la faveur du ministre : il ajoutait à sa demande un spécimen de sa calligraphie, tracée d'un main affaiblie, mais exercée. L'administration hésita à prendre une décision. « Sa position est touchante, si elle est vraie, dit une note officielle; d'un autre côté, ne serait-ce pas créer un précédent, et n'aurait-il pas dû se créer des ressources dans sa carrière? » Aussi répugnait-on à proposer le rejet de sa demande [1]. Le tort de la bienfaisance de l'État était d'être laissée à l'arbitraire; si elle s'appliquait souvent à des infortunes légitimes, elle répandait trop souvent des grâces et des faveurs, plutôt que des secours justifiés par des droits acquis et déterminés par des règles uniformes.

En s'efforçant de soulager des maux immérités, l'administration s'acquittait pourtant d'une de ses plus nobles prérogatives. Comme pour le poète, rien d'humain ne devait lui être étranger, et dans ce cas, son rôle s'étendait au-delà du domaine aride

---

1. Une dame noble, mère de quatorze enfants, sollicite un secours en 1729; aux termes d'un édit de 1667, comme elle a plus de dix enfants vivants, elle aurait droit à une pension de 1,000 livres; mais l'intendant, qui n'était pas hostile à sa requête, n'avait aucun exemple à citer de l'exécution de cet édit. (Bibl. nationale, fr., 8452.) — *Traité des Droits*, p. 160. — *Inv. Arch. Marne*, C. 377... *Gironde*, C. 2515. — Arch. nationales, H. 90.

de la règlementation et de la fiscalité. Comme la noblesse et la richesse, le pouvoir oblige; il a des devoirs comme il a des droits. Quand il supplée à l'insuffisance de la charité privée, en pourvoyant aux besoins les plus urgents, il montre qu'il n'est pas seulement un organisme intelligent et technique, mais que l'âme de la nation s'y révèle et l'inspire.

CHAPITRE XIV

L'INSTRUCTION.

Écoles primaires. — Subventions de l'État. — Instruction obligatoire. — Établissement d'écoles. — Frères des écoles chrétiennes. — Rôle des intendants. — Surveillance des collèges. — Allocations aux collèges. — Professeurs. — Dotations. — Enquête pour l'établissement d'un collège. — Distribution des prix. — Universités. — Leur discipline. — Académies. — Encouragements aux lettres et aux sciences. — Travaux historiques et d'érudition. — Cartes géographiques. — Surveillance des sciences occultes.

L'État avait longtemps laissé à l'Église le soin de former les âmes et les esprits par l'éducation ; aucun antagonisme n'existant entre eux, l'un et l'autre se secondaient mutuellement. La monarchie était si fermement établie qu'elle ne pouvait craindre que les enseignements de l'Église lui fussent nuisibles ; elle lui laissait dans le domaine de l'instruction un champ libre où sa science et ses doctrines pouvaient se déployer à l'aise.

La plupart des écoles furent fondées par les villes, les communautés d'habitants et le clergé ; quelques-unes furent dotées par de généreux donateurs ;

l'administration royale et provinciale n'intervint pas dans leur création avant la fin du dix-septième siècle. Dans son désir de procurer aux enfants des protestants l'instruction catholique, elle suscita l'établissement d'écoles dans des localités où elles n'existaient pas; elle pourvut à plusieurs reprises à l'insuffisance des ressources communales par ses allocations spéciales. Les intendants et les évêques durent, notamment en 1716, envoyer aux ministres des tableaux sur l'état des écoles dans leur département et sur les localités où il semblait opportun d'en établir.

Le gouvernement se décidait difficilement à concourir aux frais qu'elles nécessitaient. Il leur promettait parfois cependant des subsides, comme il résulte d'une lettre du duc d'Antin, qui, rappelant l'état des finances sous la Régence, s'en remet à la sagesse et à la discrétion des évêques et des intendants pour ce qu'ils jugeront à propos de donner. Dans quelques régions, on leur appliquait une partie du revenu des biens des consistoires supprimés. D'ordinaire, on pourvoyait aux dépenses nécessaires par une inscription d'office sur le budget communal, qui devait être approuvée par le ministre [1]. Le rôle des intendants se bornait le plus souvent à faire voter par les villes et les communautés d'habitants des impositions spéciales pour subvenir aux dépenses de l'instruction primaire.

---

1. Foucault, p. 216. — *L'Intervention de l'État et l'instruction primaire en Provence*, p. 4, 7.

Conformément à la déclaration de 1724, l'intendant d'Amiens, sans doute imité par d'autres, rendit une ordonnance pour menacer d'amendes les personnes qui tiendraient des écoles sans l'autorisation de l'évêque, et recevraient dans leurs classes des enfants des deux sexes; les parents, « surtout religionnaires, qui n'enverraient pas leurs enfants aux écoles tenues par les curés ou par les personnes par eux préposées ». Dans la plupart des provinces, les maîtres ou recteurs d'école étaient laïques, et dans quelques-unes, étaient dispensés de l'approbation épiscopale. L'évêque cependant faisait d'ordinaire des règlements scolaires; mais plus d'une fois il dut se concerter avec l'intendant pour l'établissement d'écoles, comme celle que le cardinal de Fleury désirait voir créer à Valence, par l'intermédiaire de Fontanieu, « pour l'instruction des enfants du menu peuple ».

L'installation des frères des Écoles chrétiennes nécessitait des dépenses que l'évêque demandait aux villes, et que l'intendant devait autoriser. En 1731, l'évêque de Valence demande 300 francs sur les octrois de la ville pour l'entretien de deux frères[1]; vers la même époque les frères de Reims sollicitent de l'intendant des franchises d'octroi que leur avait refusées le conseil de ville. Le maire de cette ville, qui était la patrie de Jean-Baptiste de la Salle, protesta vivement auprès de l'intendant : « Nous nous flattons, Monseigneur, lui écrivit-il, que vous ne

---

1. Bibl. nationale, fr., 8453.

mettrez pas, par votre autorité, ces gens-là dans le cas de triompher de nous. »

Si les intendants restaient étrangers au choix et à la nomination des maîtres, ils homologuaient les traités qu'ils passaient avec les communautés, ils prononçaient en dernier ressort sur leur destitution. Les échevins de Fismes justifient celle de leur recteur d'école, en écrivant qu'il est sujet au vin et qu'il se sert d'un bâton au lieu de verges pour châtier les enfants. Tantôt, l'intendant menace de la prison un recteur interdit par l'évêque et qui veut continuer d'enseigner; tantôt, il donne raison aux habitants d'un village, qui veulent le maintien d'un maître interdit par le curé [1]. Le rôle de ces hauts fonctionnaires dans l'instruction primaire ne paraît pas avoir été très actif; ils stimulaient les écoles quand le pouvoir central leur en donnait l'impulsion, et lui envoyaient parfois sur leur situation des mémoires dont les éléments étaient recueillis par les subdélégués [2].

Les collèges, beaucoup plus nombreux que de nos jours, étaient plutôt surveillés par l'autorité ecclésiastique et municipale [3] que par l'administration provinciale; cependant, nous voyons qu'en Bourgogne l'intendant exigeait qu'ils lui remissent des états de situation, et qu'il intervenait dans les dé-

1. *Inv. Arch. Marne*, C. 306, 314, 699. — D'Arbois de Jubainville, p. 109. — Voir *le Village*, liv. V, ch. 1; *la Ville*, liv. IX; E. Allain, *l'Instruction primaire avant la Révolution*, etc.
2. Creutzer, *les Intendants de Lorraine et leur action sur l'instruction publique... Journal officiel*, 3 avril 1880.
3. Voir *la Ville sous l'ancien régime*, liv. IX, ch. II.

bats qui s'élevaient entre les villes et les régents. En Languedoc, il faisait visiter les collèges par un délégué, qui lui envoyait un procès-verbal relatant la situation des bâtiments, les contrats ou les actes de fondations, le nombre des écoliers [1]. Les collèges des grandes villes étaient dirigés par des ordres puissants, tels que les Jésuites jusqu'en 1762, et les Oratoriens qui restèrent en fonctions jusqu'à la Révolution. Les collèges des petites villes et des bourgs étaient d'ordinaire sous les ordres de prêtres séculiers ou de laïques. Lorsqu'il fut question, en 1685, de supprimer celui de Riom, l'intendant transmit aux ministres les plaintes de la municipalité dont il dépendait[2]. Parfois l'État accordait des allocations annuelles aux collèges de province; souvent, au moyen de prélèvements sur les octrois des villes, il en favorisait la construction; il accorda ainsi 30,000 francs payables en cinq annuités aux Jésuites de Clermont, qui en demandaient encore 20,000. L'intendant appuyait leur requête, en disant : « Il y a beaucoup de noblesse dans la province, qui ne sait où faire élever ses enfants, n'étant pas assez riche pour les envoyer à Paris, et qui faute de ce secours, les laisse à la campagne, sans aucune éducation [3]. »

Vers la même époque, Le Bret exposait l'histori-

1. Garnier, *Inv. Arch. Côte-d'Or*, p. xviii. — Roschach, t. XIV, col. 1030.
2. Arch. nationales, G 7. 102.
3. A. de Boislisle, **t. III**, n° 1800. — *Inv. Arch. Orne*, p. 9. — Arch. nationales, G 7. 111.

que et la situation du collège des Jésuites d'Aix, où l'on enseignait les cinq classes des belles-lettres, les deux de philosophie, celle de théologie morale et celle de mathématiques. Pour le service des classes, des congrégations et des prédications, trente religieux étaient nécessaires. Leur dotation n'était que de 12,000 livres, dont 900 étaient fournies par le roi; la ville leur accordait une large subvention; mais ces ressources étant insuffisantes, le collège avait dû emprunter 30,000 francs; il était à la veille d'une ruine entière, « si le roi n'en avait compassion »; et Le Bret, qui se faisait l'organe de ses plaintes, demandait 4 ou 5,000 francs pour lui donner le moyen d'apaiser ses créanciers[1].

L'établissement d'un collège donnait lieu à une enquête de l'intendant. En 1724, la communauté de Salon présente un traité avec les Minimes pour l'ouverture d'un collège, où l'on enseignera depuis la sixième jusqu'à la philosophie. L'intendant d'Aix devra examiner « si ce collège ne peut devenir à charge au roi, et s'il y a avantage pour le public à le laisser établir[2]. » Lorsque la Corse fut réunie à la France, l'État voulut établir des collèges dans quatre des villes les plus importantes de l'île; mais deux d'entre eux furent seuls conservés à Bastia et à Ajaccio, où ils furent dirigés par des doctrinaires et des prêtres séculiers[3].

Les magistrats assistaient aux distributions des

---

1. Bibl. nationale, fr., 8916. — Voir aussi 8932.
2. Ibid., 8926.
3. Arch. nationales, K. 1226. — Le roi payait environ 20.000 fr.

prix et aux exercices publics. Foucault favorise spécialement les Jésuites de Poitiers, dont les cours sont suivis par son fils; dans une de leurs séances, il entend faire par un de leurs élèves l'éloge d'une promenade publique créée par ses soins. Il fonde des prix de tragédie pour toute la durée de son séjour en Poitou, et distribue en 1688 vingt-sept volumes de prix pour les classes de rhétorique, de seconde et de troisième.

Les universités, au nombre de vingt, n'échappaient pas plus que les collèges à l'attention de l'intendant. Foucault fait établir de nouvelles chaires à l'université de Cahors; il signale les abus de l'université de Poitiers; ce qui n'empêche pas, à son départ, le doyen de lui faire en latin un compliment, auquel il répond dans la même langue. A Caen, il assiste à l'élection d'un professeur à l'université, « afin d'empêcher les brigues et les cabales » qu'elle doit susciter. Les intendants rendaient compte au chancelier, de qui dépendaient les universités, des « disputes » ou concours pour l'élection des professeurs; ils en font l'ouverture et en signalent les résultats [1]. En 1683, elles durent dix jours; sept docteurs se sont présentés pour concourir aux quatre chaires vacantes. Le roi nommait à celles de la Faculté de médecine d'Aix. La Vrillière demande à Le Bret, en 1718, de s'informer secrètement si un

par an pour les quatre collèges; les recteurs touchaient 1.000 fr., les professeurs, tous ecclésiastiques, de 650 à 900 francs. Le loyer du collège d'Ajaccio était de 300 livres.

1. Foucault, p. 78, 90., 196., 207, 218, 260.

solliciteur est en état de professer la chimie. Le Bret lui répond que c'est le fils d'un fort habile homme pour la théorie de la médecine, et « le seul en ce temps-là qui entendit le grec en ce pays-ci¹. » Ce n'était pourtant pas un titre suffisant pour enseigner la chimie.

Les abus et les défauts des universités étaient parfois signalés à l'autorité centrale qui s'efforçait d'y remédier par des règlements. En 1690, le chancelier écrit à plusieurs reprises à l'intendant pour qu'il oblige les docteurs et les professeurs de l'université d'Aix à l'observation d'un règlement prescrit par le roi. En 1761, l'intendant de Champagne doit s'informer secrètement des désordres qui règnent dans la Faculté de droit de Reims, où les leçons ordinaires ne sont pas exactement faites, où les étudiants ne sont ni assidus ni même résidents dans la ville, enfin où les thèses consistent seulement dans une feuille imprimée qui sert à plusieurs candidats. Plusieurs arrêts du conseil réglèrent la discipline intérieure de l'université de Douai et donnèrent à l'intendant le droit d'en contrôler et d'en régler les dépenses².

Malgré leur décadence aux deux derniers siècles, les universités formaient dans le royaume des foyers intellectuels, que l'État ne cherchait pas à éteindre. Il ne prétendait pas dominer dans le domaine de l'enseignement, comme il l'a fait depuis

---

1. Bibl. nationale, fr., 8823, 8913.
2. Bibl. nationale, fr., 8836. — *Inv. Arch. Marne*, Intr., p. xii. — *Traité des Droits*, t. III, p. 164. 165. — Arch. nationales, H. 695.

une révolution dont le premier but était la liberté; en exerçant un certain contrôle, il respectait les privilèges des corps enseignants et s'arrêtait devant les barrières morales des traditions qui les protégeaient.

Les académies se développèrent sous sa protection, à partir du règne de Louis XIV; issues de l'initiative provinciale, elles sollicitaient le patronage des princes et des hauts fonctionnaires. Les intendants assistaient à leurs séances publiques, donnaient des prix pour leurs concours, leur faisaient accorder des allocations sur le produit des octrois. A Nancy, ils étaient membres honoraires nés de l'académie de Stanislas, et « veillaient en chef » aux règlements de la société et de la bibliothèque publique[1]. Dans la dernière partie du règne de Louis XV et sous Louis XVI, on les vit favoriser les écoles de dessin, les sociétés musicales, les cours d'hydrographie et de mathématiques que les villes, piquées d'une émulation généreuse, établissaient de toutes parts. Ils leur firent souvent obtenir des subventions[2].

Sous Louis XIV, la province avait vu s'affaiblir la vitalité artistique et littéraire qui l'animait au siècle de la renaissance. La cour et Paris, attiraient à eux les artistes comme les littérateurs. Le gouver-

---

1. Foucault, p. 247. — Boyer de Sainte-Suzanne, p. 195, 214, 376. — Arrêt du conseil de 1763. *Traité des Droits*, t. III, p. 165.

2. 1,000 francs sont accordés en 1760 à chacun des maîtres de dessin de Rennes, de Saint-Malo et de Nantes. (Arch. nationales, H. 344.) — Voir *la Ville sous l'ancien régime*, liv. IX, ch. III.

nement ne voulut pas cependant qu'ils absorbassent toutes les sources vives de la nation ; il s'efforça de stimuler les études historiques et scientifiques dans toutes les parties de la France. « Il serait fort à souhaiter, écrivait en 1683 Colbert aux intendants, que dans toutes les provinces du royaume, il se trouvât quelques hommes de littérature qui s'appliquassent à quelque science particulière et même à l'histoire de chaque province. » Aussi engageait-il les intendants à lui signaler des personnes avancées en âge qui auraient pu s'en occuper, et les jeunes gens qui auraient « du talent et de la disposition nécessaire » à s'appliquer à des recherches de ce genre, en promettant de leur faire obtenir des gratifications du roi[1]. Mais les encouragements officiels ne sont pas toujours efficaces ; dans certaines provinces, le zèle administratif ne put faire surgir aucun historien[2]. Les meilleurs et les plus considérables travaux d'érudition locale furent accomplis, en dehors de l'impulsion que Colbert avait voulu leur donner, et surtout par des Bénédictins comme Dom Vaissette et Dom Calmet.

L'administration s'empressait d'apporter son concours à certains travaux historiques. L'abbé Bignon, avant de publier la seconde édition de son *Dénombrement de la France*, envoya un exemplaire interfolié de ce livre aux intendants, pour qu'ils le fissent corriger par un de leurs secrétaires. Le Bret trouva l'ouvrage si rempli de fautes pour la Provence, qu'il

1. Bibl. nationale, fr., 8823.
2. Foucault, p. 87.

renonça à y faire des corrections, et qu'il préféra envoyer un travail nouveau à l'imprimeur, en le priant de lui en adresser une épreuve. En 1748, D'Aguesseau demandait un état de toutes les paroisses de la généralité de Bretagne, pour le faire insérer dans un livre de géographie. En 1765, le Père Lelong, préparant la seconde édition de sa *Bibliographie de la France*, faisait rechercher tous les imprimés et les manuscrits relatifs à l'histoire de France. L'intendant d'Amiens transmettait son désir à ses subdélégués, qui remplirent leur mission avec plus de bonne volonté que de succès [1].

Les cartes géographiques, que Louvois voyait d'un mauvais œil parce que les ennemis pouvaient en tirer plus d'avantages que les nationaux [2], furent particulièrement encouragées par l'administration au dix-huitième siècle. Un ingénieur de la marine, Chevalier, soumettait en 1717 un projet de carte de Provence, qui devait être exécutée en huit feuilles ayant ensemble huit pieds de long [3]. Lorsque le gouvernement voulut faire dresser une carte générale du royaume sous la direction de Cassini, il demanda à chaque province une contribution de

---

1. Bibl. nationale, fr., 8913. — *Inv. Arch. Haute-Garonne*, C. 2267. — Boyer de Sainte-Suzanne, p. 201.

2. Foucault, p. 245. — Un mémoire envoyé aux intendants, à la fin du dix-septième siècle, leur recommande de rechercher les cartes, de vérifier si elles sont bonnes, d'en faire faire au besoin par d'habiles graveurs, de veiller à ce que la division des quatre gouvernements ecclésiastique, militaire, de justice et de finances soit clairement faite. (Bibl. nationale, fr., 22196.)

3. Arch. des affaires étrangères, France, n° 1732.

2,000 livres par planche. La généralité de Limoges devait contenir cinq planches, et Turgot se chargea d'en faire faire le travail[1]. En Bretagne, Cassini éprouva des difficultés auxquelles il ne s'attendait pas; il fallut faire arrêter un gentilhomme qui l'avait insulté, et faire connaître aux seigneurs la mission dont ce géographe était chargé, afin qu'il ne fût plus exposé à pareille mésaventure. Dans la généralité de Bordeaux, les paysans défiants mettaient des entraves aux opérations des géomètres. Il y eut aussi des conflits entre les ingénieurs chargés de la carte de Cassini et ceux qui dressaient la carte particulière de la province, sous la direction de Debelleyme[2].

Si l'État encourageait les sciences utiles, il proscrivait celles dont il jugeait la pratique dangereuse. Le chancelier Le Tellier avait permis au Père Besford, dominicain et professeur de théologie dans un couvent de son ordre, de continuer à tenir un fourneau, à l'effet d'y faire de la teinture de corail, remède destiné à essayer de prolonger la vie de son père âgé. « Je vous prie, écrivit-il à l'intendant, de vous assurer de la vérité de ce qu'il expose, et si ce fourneau ne sert pas à d'autres usages; parce que, si cela était, Sa Majesté y pourvoierait[3]. »

L'ancien régime a été accusé d'avoir éteint la vie provinciale au profit de la centralisation. L'administration au contraire s'est efforcée de l'alimenter et

---

1. Arch. nationales, H. 1408.
2. *Inv. Arch. Ille-et-Vilaine*, C. 27... *Gironde*, C. 2412 à 2415.
3. Lettre du 26 octobre 1683. Bibl. nationale, fr., 8824.

de l'empêcher de succomber sous les progrès de l'unité de l'État, en stimulant le commerce, l'agriculture, les sciences et les lettres; mais elle ne pouvait ni la créer, ni la détruire, parce qu'elle tient à des causes économiques, sociales et morales, qui dépendent des temps, des mœurs et du degré de civilisation plutôt que de l'esprit et de la lettre de la législation. Les rois même voulaient, sans y parvenir, poser des bornes à l'accroissement de Paris, et de fait, la population de cette grande ville ne parait pas s'être accrue de plus d'un cinquième de 1650 à 1789 : accroissement analogue à celui de la population du royaume. Des villes, animées d'une vie propre et d'une activité spéciale, continuèrent à prospérer dans les provinces, surtout dans celles qui étaient éloignées de Paris; et si elles ne retinrent pas les talents supérieurs qui s'y révélèrent dans les arts et dans les lettres, c'est que dans un état où l'unité domine, ils sont attirés vers le centre, qui présente seul, à leur développement, un cadre capable de le mettre en relief.

CHAPITRE XV

LE ROLE DES INTENDANTS.

Multiplicité de leurs attributions. — Attaques contre les intendants. — Plaintes des administrés. — Disgrâces. — Attaques contre l'institution des intendants. — Griefs de la noblesse. — Saint-Simon. — Voltaire. — Condorcet. — Responsabilité des intendants. — Réquisitoire de Necker. — Influence des assemblées provinciales. — Conflits. — Affaiblissement de l'administration. — Les cahiers de 1789 et les intendants. — Violences de la Révolution. — Suppression des intendants. — Appréciation de leur rôle. — Leur éloge. — Monuments en leur honneur. — Appréciation de leurs actes. — L'administration et la Révolution.

En passant en revue les attributions des intendants, nous avons pu juger de leur multiplicité et de leur étendue; comme l'État dont ils émanent, comme la Providence, que tous deux ont la haute ambition de prendre pour modèle, ils veulent tout prévoir, tout voir et veiller à tout; ils ne se contentent pas de s'occuper des intérêts matériels, d'administrer les finances, de régir les travaux publics, de stimuler l'industrie et l'agriculture, ils assurent la justice et l'ordre, ils concourent à la direction des âmes et des esprits, par l'appui qu'ils prêtent à la religion et au développement des sciences; en un mot, ils pour-

suivent par tous les moyens dont ils disposent le
progrès moral et matériel des populations : tâche
méritoire et difficile, parfois même excessive, qui
les exposait à la critique et aux attaques, plus encore peut-être qu'aux éloges.

Ces attaques furent dirigées contre leurs personnes
et contre leurs fonctions. Les intendants touchaient
à trop d'intérêts pour ne pas en froisser quelques-
uns. Les intérêts qu'on lèse suscitent plus de bruit
que ceux qu'on favorise; les griefs sont plus lo-
quaces que la reconnaissance; ils font aussi plus
d'impression, car l'expression de la reconnaissance
à l'égard des gens en place peut être aisément
soupçonnée de flatterie.

Les intendants tout-à-fait impopulaires sont très
rares. Lamoignon de Courson souleva contre lui une
sédition en Normandie par son insolence et les exactions de ses subordonnés[1]. Le mécontentement se
manifestait d'ordinaire d'une manière plus discrète,
le plus souvent par des lettres anonymes qu'on
adressait au ministre. Nous en avons trouvé quelques unes. Dans l'une, on accuse en 1723 l'intendant
de Limoges, d'Orsay, d'être l'ennemi juré du travail,
« d'être sans attention à rendre justice, de n'être
attentif qu'à ses intérêts et de s'entendre avec les
entrepreneurs. Clergé, noblesse, bourgeois, riches
et pauvres, dit l'auteur de la lettre, s'en plaignent
et n'osent cependant point paraître, redoutant de
n'être point écoutés et de n'en être que plus maltrai-

---

1. Floquet, *Histoire du Parlement de Normandie*, t. VI, p. 189.

tés... » En 1726, un autre anonyme dénonce l'intendant de Riom, comme ayant détourné de leur destination des impositions faites de sa propre autorité, renversé les murs de Clermont pour y faire une place à laquelle il a donné son nom, ouvert de nouveaux chemins sans aucune nécessité [1]. Ailleurs, ce sont des plaintes contre Martangis, qui se font jour à Paris même; un paysan va se jeter aux pieds du Régent pour lui demander justice [2]. Ce sont de graves accusations, portées par vingt-cinq habitants de Grenoble contre Fontanieu, qu'on accuse d'avoir fait une adjudication à 39,800 francs, lorsqu'il y avait une offre à 26,000, d'avoir dressé à lui seul le rôle de la capitation, sans appeler les consuls et les notables, d'avoir commis d'autres irrégularités. En général, ces dénonciations étaient portées à la connaissance de l'intendant, qui avait peu de peine à les réfuter; presque toujours, le conseil lui donnait raison [3]. Si par hasard il avait été changé de résidence, il ne trouvait pas toujours dans son successeur un défenseur bien chaud; D'Orsay fut disculpé très mollement par l'intendant qui le remplaça et

1. Arch. nationales, G 7. 351, 111. — L'intendant de Moulins se justifie, en 1708, d'accusations portées contre lui. « Depuis qu'il est dans sa généralité, il n'a fait que deux parties de chasse, et n'a joué que très rarement à la paume, « plutôt par raison et remède que par divertissement, et cela... après avoir expédié toutes les affaires. » (A. de Boislisle, t. III, n° 224.)
2. Bibl. nationale, fr., 11373.
3. Arch. nationales, G 7. 252. — A. de Gallier, *la Vie de province au dix-huitième siècle*, p. 112. — Necker, *Mémoire donné au roi en 1778*, p. 3.

qui ne fut peut-être fâché de reconnaître certaines irrégularités dans son administration.

Si les intendants avaient des ennemis puissants, les mémoires envoyés contre eux pouvaient amener leur destitution. C'étaient souvent les plus populaires qui subissaient ainsi des disgrâces, dont ils finissaient parfois par se relever. En 1713, Legendre fut obligé de se retirer de l'intendance de Montauban, au milieu des démonstrations d'attachement « de la noblesse, des honnêtes gens et du peuple; » mais il fut nommé deux ans plus tard à Pau[1]. D'Étigny, qui a laissé des souvenirs si vivaces dans le Midi, fut exilé de Pau par lettre de cachet en 1767; mais il fut réintégré dans ses fonctions l'année suivante, après avoir prouvé qu'il n'avait jamais eu pour but que le service de son maître et le bien public. Il n'était pas toujours facile de concilier l'un et l'autre. Ainsi Tourny, qui faisait, dit-on, pencher volontiers la balance en faveur de sa province, était accusé à Bordeaux de rigueur et de tyrannie dans la perception des droits du roi, tandis qu'à Versailles il était taxé de faiblesse et de timidité[2].

Il en fut de même de Richer d'Aube, qui a laissé un mémoire si remarquable sur les attributions des

1. A. de Boislisle, *Corresp.*, t. III, n° 1561. — On reprochait plus tard à Legendre « de faire trop d'éclat, même de la dépense..., » Il se disculpa en faisant valoir l'importance de son intendance. (Bibl. nationale, 11380.) Sur cet intendant, homme d'esprit, voir aussi *les Mémoires* de Dufort de Cheverny, t. I, p. 156.

2. De Lagrèze, *la Société... en Béarn*, p. 273. — Marion, p. 58. — Blossac soulève contre lui l'opinion, en établissant à Poitiers une promenade, qui depuis a été considérée comme un bienfait.

intendants. C'était un homme intraitable, grand travailleur, d'une probité solide, « un vrai moulin à justice, » dit le marquis d'Argenson. » Il voulut tout réformer à Caen, ajoute celui-ci; ceux qu'il soulagea ne l'en remercièrent pas, trouvant que c'était justice; ceux qu'il augmenta crièrent. On le crut mauvais intendant parce qu'il était trop bon. » Il déplut à tous, et se fit révoquer [1].

Les attaques contre l'institution des intendants en général avaient plus de portée que celles qui étaient dirigées contre les personnes; si elles étaient suscitées dans certaines provinces, comme le Dauphiné et le Béarn, par les traditions d'autonomie qui s'y étaient maintenues [2], elles étaient inspirées plus généralement par les corporations puissantes dont ils avaient limité le pouvoir et poursuivi les abus; elles furent ensuite formulées par les publicistes, qui les dénoncèrent comme les agents du despotisme et de l'arbitraire ministériel. Elles sont tellement répandues qu'on en rencontre jusque dans les publications les plus inoffensives. D'après Mme Leprince de Beaumont dans son *Instruction pour les jeunes dames qui entrent dans le monde*, les intendants des provinces « auraient abusé de leur autorité pour tyranniser les peuples et s'enrichir ». Il est vrai qu'elle raconte ensuite une histoire qui « prouve que cette règle a des exceptions [3] ».

La noblesse ne leur pardonnait pas d'avoir été les

---

1. Marquis d'Argenson, *Mém.*, t. I, p. 80.
2. A. de Gallier, *Vie de province*, p. 112. — De Lagrèze, p. 262.
3. *Instruction...*, 1764, t. I, p. 84.

instruments des secrétaires d'État, d'origine bourgeoise, dont le roi s'entourait, pour la plier à l'obéissance commune et faire peser sur elle la règle d'une loi plus égale. Boulainvilliers traite avec colère et dédain les intendants « d'hommes de petite condition, nourris dans l'oisiveté des écoles de Paris..., de dangereux citoyens, possédés d'une fureur ambitieuse, sacrifiant leur patrie au désir de commander, comme leur conscience à la faveur de la cour; » il les qualifie « d'esclaves du ministre et de tyrans du peuple [1]. » Fénelon, comme le duc de Saint-Simon, demanda leur suppression. « Les intendants gouvernent les provinces, lit-on dans un mémoire attribué à Saint-Simon, avec plus d'autorité que n'en eurent jamais les gouverneurs; ils y ajoutent l'autorité du parlement et de toutes les compagnies particulières dépossédées... Tout dans les provinces est soumis aux intendants... et par eux tout est soumis au ministre. » Et plus loin, il regrette que le roi demande toujours l'avis de « l'intendant qui étant quelquefois un fripon ou un homme de travers, un jeune apprenti ou un parent du ministre, un mal habile homme ou intéressé, fait son noviciat, ou son pillage ou le théâtre de son humeur, d'une province qu'il désespère et bien souvent qu'il détruit [2]. » L'exagération même de ces attaques, en

---

1. *État de la France*, t. I, Intr., p. v, vi, xiii, xv.
2. Faugère, *Écrits inédits du duc de Saint-Simon*, t. IV, p. 36. On peut voir ce que pensait Saint-Simon des intendants dans le portrait qu'il traçait de Voysin : « Pleinement gâté, dit-il, comme le sont presque tous les intendants, surtout de ces grandes intendances,

détruit la valeur; mais elle n'en trouvait pas moins de l'écho dans l'opinion.

Cet écho venait jusqu'aux oreilles des intendants. « Un pauvre homme d'intendant, c'est-à-dire le péché originel, » dit l'un d'eux en parlant de la situation difficile au point de vue administratif où il se trouve à Lyon[1]. Lorsque Turgot fut nommé à Limoges, Voltaire lui écrivait : « Un de vos confrères vient de m'écrire qu'un intendant n'est propre qu'à faire du mal; j'espère que vous prouverez qu'il peut faire beaucoup de bien[2]. » Voltaire n'en était pas bien sûr, car il écrivait en 1764 : « Je déteste l'anarchie féodale; mais je suis convaincu par mon expérience, que si les pauvres seigneurs châtelains étaient moins dépendants de nos seigneurs les intendants, ils pourraient faire autant de bien à la France que nos seigneurs les intendants font quelquefois de mal, attendu qu'il est tout naturel que le seigneur châtelain regarde ses vassaux comme ses enfants...[3] » C'était le seigneur de Ferney, plutôt encore que le publiciste qui attaquait les intendants, comme il avait d'ailleurs attaqué bien d'autres puissances.

il n'en eut pas le savoir, mais tout l'orgueil, la hauteur et l'insolence. Jamais homme ne fut si intendant que celui-là et ne le demeura si parfaitement toute sa vie, depuis les pieds jusqu'à la tête, avec une autorité toute crue pour faire et répondre à tout... Aussi excella-t-il dans toutes les parties d'un intendant, et grand, facile et appliqué travailleur, d'un grand détail, voyant et faisant tout par lui-même. » (*Mémoires*, t. VI, p. 445.)

1. Lettre du 3 décembre 1686. — Bibl. nationale.
2. *Vie de M. Turgot*, p. 37.
3. Voltaire, Lettre du 14 mars 1764.

Des critiques plus sérieuses étaient portées contre eux, lorsque Condorcet disait dans sa *Vie de Turgot* : « L'autorité des intendants est à la fois très étendue et très limitée ; il instruit toutes les affaires ; mais sauf pour quelques-unes d'entre elles, le ministre et le conseil d'État décident sur les mémoires qu'il leur envoie, mais d'après les conclusions de ces mémoires. Il serait à désirer, ajoute Condorcet, que leur autorité publique fût plus grande et leur influence secrète moins puissante ; ils pourraient alors répondre de leurs délits, de leurs fautes, au lieu que dans l'état actuel, presque toujours couverts de l'autorité suprême, les réclamations élevées contre eux souvent semblent attaquer le gouvernement[1]. » La cour des aides tenait un langage analogue en 1775 : « L'intendant, disait-elle dans ses remontrances, évite autant qu'il peut de se prononcer en son nom. Dans toutes les affaires, qui pourraient le compromettre, il prend le parti de faire prendre un arrêt du conseil ou de se faire autoriser par une lettre du ministre[2]. » Il est certain qu'à chaque degré de l'administration, chacun cherchait à se faire couvrir par son supérieur ; le subdélégué par l'intendant, l'intendant par le ministre, le ministre par le conseil ; la responsabilité de chacun d'eux s'effaçait légalement devant le pouvoir irresponsable du roi ; mais en fait, les intendants avaient la responsabilité morale de leurs actes, et les plaintes qu'on dirigeait contre eux démontrent que les in-

1. *Vie de M. Turgot*, p. 36, 37.
2. Comte de Luçay, *les Secrétaires d'État*, p. 557, 574.

téressés l'appréciaient à sa valeur réelle. Ils auraient résisté à ces attaques, si elles n'avaient trouvé un appui dans les ministres eux-mêmes. L'opinion publique, avec laquelle il avait toujours fallu compter, se prononçait en faveur des institutions représentatives, et le gouvernement voulut les appliquer dans la province avant de les établir dans l'État. Necker, dans son *Mémoire donné au roi* en 1778, dressait une sorte de réquisitoire contre les intendants, afin de restreindre leur autorité au profit des assemblées provinciales qu'il préconisait. Il accusait ces fonctionnaires de ne considérer leur place que comme un échelon à leur ambition, de chercher à avancer par l'intrigue plutôt que par le travail, d'être timides envers les puissants, arrogants avec les faibles, de ne songer qu'à courir à Paris, de n'être soumis à aucun contrôle, à ce point qu'ils étaient les seuls juges des plaintes formulées contre eux[1]. L'établissement des assemblées provinciales donnait à la fois à la province une part légitime dans sa propre administration et un contrôle sur les actes des intendants; mais en créant de nouveaux ressorts, elle affaiblit les anciens, et les deux pouvoirs, en agissant parallèlement sur bien des points, s'affaiblirent, au moment même où le pouvoir central, battu de toutes parts en brèche, aurait eu le plus besoin d'un concours homogène et vigoureux.

Si les assemblées provinciales et les assemblées d'élections qui en dépendirent avaient été unique-

---

[1]. *Collection des ouvrages pour et contre M. Necker*, t. III, *Mémoire*, p. 1 à 4.

ment délibératives, leur établissement eût été aussi salutaire qu'efficace; mais on eut le tort de confier à leurs syndics et à leurs commissions intermédiaires des pouvoirs exécutifs trop considérables. Les intendants ne conservèrent intégralement dans leurs attributions que la police, les fermes, les domaines, le contentieux; la plupart des questions d'impôts, les travaux publics, les établissements de charité, les encouragements à l'agriculture et aux arts leur furent enlevés. Ils collaboraient aux travaux des nouvelles assemblées, comme les intendants dans les pays d'états; ils y présentèrent des rapports, qui furent accueillis d'ordinaire avec éloge; ils guidèrent les nouveaux administrateurs dans la voie où ils entraient; par une singulière interversion des rôles, ils eurent la surveillance de la gestion de l'Assemblée, à qui, comme on le disait dans la session de 1787 de l'Ile-de-France « la partie active fut désormais confiée[1] ». Les sommes dont l'intendant disposait pour les bureaux de comptabilités, d'impositions, des ponts et chaussées furent remises aux syndics. Ajoutons que les frais d'administration des nouvelles assemblées furent très considérables, plus élevés même que ceux des intendants, qui ne furent pas réduits et auxquels ils vinrent s'ajouter, au grand dommage des contribuables[2].

1. *Assemblée provinciale de l'Ile-de-France*, 1787, p. 258.
2. En Champagne, les dépenses de l'assemblée provinciale et des assemblées d'électeurs montaient pour 1788 à 169,420 francs; à 99,800 francs pour l'Ile-de-France, plus 62,600 francs pour les com-

Si les relations furent courtoises dans les assemblées, des conflits s'élevèrent inévitablement entre les administrateurs nouveaux et les anciens. Les limites de leurs attributions étaient souvent définies d'une manière indécise, et l'on se rencontra plus d'une fois sur des terrains communs. Les uns voulaient, par exemple, conserver le contrôle des communautés, les autres cherchaient à l'exercer, et leur action, au lieu de se renforcer, se neutralisa en se combinant. La responsabilité des intendants, qu'on avait voulu organiser, se partagea avec celle des commissions intermédiaires de telle sorte, qu'elle cessa d'exister au moment même où elle aurait été le plus nécessaire. Lorsque sur tous les points de la France, les idées d'indépendance et de soulèvement se propagèrent en 1789, avec la rapidité d'un ouragan, les mouvements qu'elles suscitèrent ne rencontrèrent aucun obstacle dans les administrations divisées et désarmées. Les intendants et les commissions nouvellement créées tombèrent ensemble, sans effort, comme les fruits d'un arbre qui sont entraînés par sa chute.

La suppression des intendants ne fut réclamée en 1789 que par quelques cahiers de la noblesse[1] et plusieurs cahiers de communautés industrielles ou

---

mis d'impositions. Aussi se plaignit-on dans plusieurs cahiers de 1789 de l'élévation de ces frais.

1. Cahiers de la noblesse de Riom, de Sézanne, de Limoges. Mavidal et Laurent, *les Cahiers de 1789*, t. III, IV, V. — Guibert, *les Cahiers du Limousin en 1789*, p. 49,50. — Citons aussi le clergé de Boullay (Lorraine), qui demande qu'ils soient remplacés par des délégués des états généraux.

villageoises¹, dont le vœu ne fut pas ratifié par les électeurs de leur bailliage. Sauf le cahier de Vouvant, en Poitou, qui dirige contre eux un véritable réquisitoire, on se plaint surtout de leur inutilité, des dépenses qu'ils causent à l'État et de leur tendance à favoriser le despotisme. Lorsqu'on indique les moyens de les remplacer, ce sont les assemblées provinciales ou les parlements qu'on désigne d'ordinaire², sans donner aucune raison pour cette préférence.

Les premières violences de la Révolution atteignirent l'intendant de la généralité de Paris, Berthier de Sauvigny; ce magistrat intègre, qui depuis vingt-cinq ans s'était distingué par son zèle pour le bien public³, fut mis à mort, sous l'inculpation vague d'accaparement, par le peuple d'une grande ville, dont l'administration était en dehors de ses attributions; Paris, comme on le sait, voyait ses intérêts et sa sûreté confiés au corps de ville et au lieutenant général de police. Dans les provinces, la maison de l'intendant de Rouen fut saccagée de fond en comble, et l'intendant s'enfuit au milieu des cris qui deman-

1. Des villages des environs de Paris demandent cette suppression en assez grand nombre; cinq d'entre eux, parce que leur « administration est dispendieuse et inquiète les citoyens »; quatre, parce qu'elle « est inutile et trop favorable au despotisme ». Verrières déclare que leur existence écarte toute idée de confiance de la part du peuple envers son souverain; la plupart ne donnent aucun motif à l'appui de leur vœu. (*Cahiers de 1789*, t. IV et V.)

2. Ainsi, les campagnes de Béarn leur préfèrent l'autorité du parlement. (De Lagrèze, *la Société... en Béarn*, p. 386.)

3. A. de Boislisle, *Mémoires des intendants*, t. I, p. LXXXVIII.

daient sa tête; il en fut de même à Besançon, où Caumartin de Saint-Ange, « entaché, dit un contemporain, d'un double péché, comme homme de qualité et à titre de commissaire pour le roi, » vit son hôtel envahi et fut forcé de s'évader par ses jardins. On voulait lui couper la tête, « non pour le punir de torts que personne ne lui reproche, dit-on, mais pour se conformer à l'usage[1]. » L'intendant de Roussillon est contraint de quitter Perpignan, se réfugie dans les montagnes et n'ose rentrer dans sa généralité, où l'on menace de mettre le feu à son hôtel[3]. Son subdélégué général est menacé de mort pendant trois heures, et n'obtient la liberté de partir qu'après avoir fait une soumission de payer 2,400 francs[2].

Des subdélégués eux-mêmes furent en butte aux colères populaires; on pilla la maison de celui de Brest et de celui de Conflent, dans le Roussillon. Mais, en général, ce fut contre les commandants militaires et les magistrats de l'ordre judiciaire plutôt que contre les administrateurs que les pires violences s'exercèrent en province[3].

Si l'on cite un intendant, Ballainvilliers, qui fut élu maire de la ville où il résidait, Montpellier, par 923 voix sur 1,233[4], et qui refusa par incompatibilité, la

[1]. Taine, *la Révolution*, t. I, p. 72, 85. — *Voyage d'une Française en Suisse et en Franche-Comté*, 1790, t. II, p. 163.
[2]. *Compte-rendu de M. Raymond de Saint-Sauveur*, p. 2 à 14.
[3]. Tous les ressorts étaient brisés. Le marquis de Langeron écrit le 18 novembre 1789 : « Les bailliages sont aussi timides que les maréchaussées... On peut être assuré qu'aucune nation ne jouit d'une liberté aussi indéfinie et aussi funeste aux honnêtes gens. » (Arch. nationales, H. 724.)
[4]. Roschach, t. XIII, p. 1418.

plupart cédèrent leurs fonctions sans bruit, ou continuèrent à les remplir jusqu'à l'organisation des assemblées de départements, auxquels ils remirent les comptes des dix dernières années de leur administration[1]. Leurs traitements cessèrent de leur être payés à partir du 1er juillet 1790[2].

Ainsi disparaissait une institution, qui datait d'un siècle et demi, qui s'était adapté aux institutions générales du pays et qui ne cessa de fonctionner que pour renaître plus tard sous un nom différent. Vivement attaquée, comme nous l'avons vu, elle avait pourtant trouvé des apologistes, et l'un d'eux résumait avec justesse, en 1788, ses principaux mérites. « Si le roi est le père de tous ses sujets, disait-il, on peut dire que l'intendant peut se regarder comme le père de tous les habitants de la province qui lui est confiée. Alléger le poids des corvées, adoucir la rigueur des milices, multiplier les mariages, encourager les défrichements, perfectionner les manufactures, accroître les ressources de l'industrie, répandre avec intelligence des secours salutai-

1. Ces comptes soulevèrent parfois des difficultés. (*Histoire de Troyes pendant la Révolution*, t. I, p. 329-331. — *Moniteur*, t. II, p. 495.)
2. *Réimpression du Moniteur*, t. VI, p. 525. — Plusieurs d'entre eux furent employés par le régime nouveau : Bertrand de Molleville, intendant de Bretagne, fut appelé au ministère de la marine, en 1790; de la Porte de Meslay fut chargé de l'administration de la liste civile; Amelot de Chaillou eut la direction du trésor et des assignats. Lorsque plus tard, ils furent éloignés, comme leurs autres collègues, de la direction des affaires, ils s'effacèrent sans bruit, et l'on ne cite parmi les victimes de la terreur que les intendants de Rouen et d'Alençon, de Maussion et Julien.

res dans les calamités, protéger toujours la faiblesse contre les vexations de l'intérêt, étouffer les procès dans le sein des communautés, dédommager avec équité le particulier qui souffre du bien général, quelle belle tâche! et combien pour la remplir il faut de justice et d'assiduité¹! »

Tous, sans doute, ne s'acquittaient pas avec conscience et succès de la mission bienfaisante qui leur était confiée. Les uns étaient plus dévoués aux intérêts de l'État qu'à ceux des populations, les autres pouvaient être accusés de négligence ou de dissipation. Selon leur caractère personnel, ils pouvaient faire de grands biens ou de grands maux; ils pouvaient être les auxiliaires fidèles des intentions bienfaisantes de la monarchie, comme les instruments de « l'oppression des mauvais ministres »². Il y eut, surtout sous Louis XIII, et plus tard, lors de la révocation de l'édit de Nantes, des intendants de combat, exécuteurs implacables des volontés royales; il y eut aussi des agents qui mettaient leur amour-propre à faire produire à l'impôt le plus possible sans se préoccuper des souffrances des contribuables. Mais depuis Colbert surtout, l'administration s'était anoblie par le souci constant qui l'avait animé d'améliorer le sort du plus grand nombre et d'étendre sa protection sur les faibles.

« Le gouvernement, quand il est juste, est du côté des faibles, » écrivait Trudaine; et cette belle maxime fut souvent celle des administrateurs.

1. *Encyclopédie méthodique, Jurisprudence*, t. V, p. 201.
2. Fleury, *Droit public de France*, t. IV, 88 et suiv.

Avant même que les mots de patriotisme, d'humanité et de philanthropie fussent dans toutes les bouches, comme au milieu du dix-huitième siècle, les intendants de Colbert et de ses successeurs agissaient souvent comme s'ils avaient été inspirés par ces généreux sentiments. La fermeté, la douceur, l'humanité, la protection des faibles, la prudence, telles doivent être, suivant Richer d'Aube, leurs principales qualités. Sous Louis XVI, « ils cherchaient plus, suivant Sénac de Meilhan, à se distinguer par leurs ménagements pour les peuples que par leur asservissement aux volontés ministérielles[1]. » Coriolis, dans son *Traité de l'administration de Provence*, fait l'éloge de l'intendant Des Galois de la Tour, qui n'est « heureux, dit-il, que de notre bonheur, et ne respire que la conservation pure et intacte d'une constitution dont il sent tout le prix. » Jusqu'aux derniers jours de l'ancien régime, et particulièrement à la veille de perdre leur pouvoir, les intendants s'associèrent au mouvement généreux de l'opinion et à toutes les mesures qui tendaient au progrès des institutions comme à l'amélioration de la condition des hommes.

A maintes reprises, la reconnaissance des peuples se manifesta en leur faveur, par des inscriptions, des présents honorifiques, des monuments, des oraisons funèbres. Le nom de Legendre fut donné à un arc triomphal à Montauban. Des rues, des promenades, des cours reçurent le nom d'autres inten-

---

1. Sénac de Meilhan, cité par L. Legrand, p. 147.

dants. Aurillac et Mauriac élèvent des monuments à Montyon, avec des inscriptions de Marmontel et de Thomas. En 1779, la municipalité de Valenciennes fait peindre et graver le portrait de l'intendant Sénac de Meilhan; en 1785, la ville de Saint-Quentin fait graver celui de D'Agay, avec ces vers médiocres, mais qui expriment bien les idées du temps :

> D'un tendre ami du peuple éterniser l'image.
> C'est rendre à la vertu le plus touchant hommage [1].

Quoiqu'il soit nécessaire de faire la part de la flatterie officielle dans ces sortes de démonstrations, elles attestaient du moins que l'opinion ne s'était pas toujours montrée hostile à leur égard. Des hommages plus désintéressés et plus significatifs leur ont été rendus dans notre siècle par les villes qui ont élevé des statues à quelques-uns d'entre eux, tels que Tourny, d'Étigny et Le Bret.

La Révolution, en les renversant avec l'édifice gouvernemental dont ils étaient les colonnes utiles, a jeté sur eux l'anathème qu'elle a prodigué à tous les pouvoirs dont elle a déterminé la chute. Les historiens, animés de son esprit, les ont condamnés au nom des principes nouveaux, en les jugeant, non d'après leurs actes, mais d'après les réquisitoires qui ont été prononcés contre eux. Leurs actes existent par milliers, dans les archives de Paris et des départements; leurs correspondances, leurs mémoires, leurs états sont

---

1. Dufort de Cheverny, *Mémoires*, t. I, p. 156. — F. Labour, *M. de Montyon*, p. 30, 31. — L. Legrand, p. 44 et 129. — Boyer de Sainte-Suzanne, p. 487.

inventoriés, étudiés, reproduits dans leurs parties saillantes, et de tous ces papiers administratifs, rédigés dans un style d'ordinaire sans apprêt, incolore, souvent diffus et détaillé comme un procès-verbal, rarement animé et pathétique, ressortent, bien plus que dans les manifestations officielles des contemporains, les lumières les plus vives sur les mérites de leur administration. Tous ceux qui, sans parti pris, ont passé de longues heures à dépouiller les liasses, les registres et les cartons des archives, ont été frappés de voir, au milieu du fatras des statistiques, des mémoires ou des procès-verbaux, surgir dans certaines lettres de ministres et d'intendants l'âme même de l'administration française, faite de sagesse, d'humanité et d'intégrité. La plupart des historiens, qui ont étudié les actes des intendants dans les dépôts de provinces, leur ont rendu un hommage éclatant. L'un dit que leur administration a été un immense bienfait pour les populations[1]; un autre, malgré la sévérité avec laquelle il juge le régime imposé à sa province par Louis XIV, est frappé de leur connaissance profonde du pays qu'ils gouvernent et de la valeur de leurs mémoires[2]; un troisième ne se contente pas de les qualifier de « protecteurs éclairés des peuples, de « partisans du progrès et des réformes, » il déclare qu'il établira, « preuves en mains, que l'on rencontrait fréquemment parmi eux des esprits élevés, instruits et expérimentés, des caractères fortement trempés, en un

1. Cohendy, p. 12, 13.
2. Caffiaux, p. 247.

mot de grandes et nobles figures, qui seraient dignes de servir de modèles aux administrateurs de tous les temps et de tous les régimes.¹ » Un autre rappelle les noms de ceux qui ont le mieux mérité de leurs concitoyens et « qui joignaient les pressentiments et les instincts de l'avenir à une singulière énergie pour extirper tout ce qu'il y avait d'abusif et de suranné dans le présent. » Tels étaient Turgot, Tourny, d'Étigny, Blossac, Bertin, Fontette, Trudaine, Montyon ; auxquels on pourrait ajouter Henri d'Aguesseau, les deux Le Bret, Dupré de Saint-Maur, Delamichodière, Raymond de Saint-Sauveur, Sénac de Meilhan, Ballainvilliers et d'autres encore. M. d'Arbois de Jubainville, dans sa belle étude sur l'administration des intendants en Champagne, a mis en relief « combien était grande, dans le trésor du patrimoine national, la part qui était le fruit de leur labeur séculaire, mais obscur et méconnu »; tandis qu'un autre historien, qui avait vu de près leurs efforts, rappelait leur sollicitude pour les intérêts des communautés et des contribuables, louait la sagesse avec laquelle ils avaient suivi le courant des idées libérales, exaltait le zèle qu'ils avaient mis à réformer les abus, et terminait en disant que ce serait une tâche noble et attrayante que de réhabiliter les intendants aux yeux de la postérité³.

Ils n'ont pas besoin d'être réhabilités, mais d'être

1. De Boyer de Sainte-Suzanne, p. 35, 37.
2. D'Hugues, p. 252, 253.
3. Guislain Lemale, p. 429.

jugés impartialement avec leurs qualités et leurs défauts, comme les ressorts essentiels de l'administration créée par Richelieu et Louis XIV au dix-septième siècle. La réaction en faveur de l'autorité, qui est le caractère dominant de cette époque, s'arrête vers la fin du siècle; mais le grand mécanisme, qu'elle a mis en mouvement, survit à la décadence de son principe; sa force motrice continue d'agir, ses rouages fonctionnent, jusqu'au jour où ils se détraqueront en 1790, pour se reconstituer, avec quelques engrenages nouveaux, mais des pièces plus solides que jamais, au commencement du siècle présent. Les préfets ont été faits sur le modèle des intendants, les sous-préfets sur celui des subdélégués, les conseils généraux et d'arrondissement, sur celui des assemblées provinciales, d'assiette ou d'élection; le département était en germe dans la province, l'arrondissement dans l'élection; les circonscriptions religieuses, judiciaires, financières et militaires nouvelles avaient leur point de départ dans les anciennes; et tandis que les doctrines se modifiaient, tandis que la démocratie se substituait à l'aristocratie et même à la monarchie, les traditions administratives se continuaient en changeant de nom; elles se précisaient en se moulant dans un cadre plus uniforme, et contribuaient à donner à l'administration de la France une fixité que les révolutions politiques n'ont pas ébranlée.

APPENDICE.

APPENDICE.

I. — LES INTENDANTS EN 1679.

Département de messieurs les Intendants de justice dans toutes les provinces du royaume et pays conquis.

Du Gué, Lion et Dauphiné.
Hotman, conseiller d'État, et intendant des finances et généralité de Paris, de Bauchan, et Petit trésorier de France en la généralité.
Bouchu, en Bourgogne.
De Machault, à Soissons.
Rouillé, en Provence.
Daguesseau, Languedoc.
Tubeuf, à Tours.
Poncet, en Berry.
De Marle, sieur de Versigny, en Auvergne haute et basse.
De Ris, à Bordeaux.
De Miraumênil, en Champagne.
Le Blanc, en la généralité de Rouen.
De Breteuil, Amiens.
De Marillac, Poitiers.
De Morangis, en la généralité d'Alençon.
Bazin, les trois éveschez, Metz, Toul et Verdum, et en l'armée d'Allemagne.
Meliand, en la généralité de Caen.
De Menaïs, en la généralité d'Orléans.
Foucault, à Montauban.
Bazin de Bezons, en Limoges.
De Bouville, en Bourbonnois.
Pelletier, en Flandres.
Charuël, en Alsace-et-Lorraine.
Pour l'année M. D. C. LXXIX.
(Placard imprimé, Collection Dangeau. Bibl. nationale, fr., 22.730).

II. — LISTE DES INTENDANTS EN 1788.

1. Paris. — Bertier. 1763
2. Amiens. — D'Agay de Mutigney. 1767, 1771.
3. Soissons. — De la Bourdonnaye de Blossac. 1781, 1784.
4. Orléans. — De Cypierre de Chevilly. 1784.
5. Bourges. — Dufour de Villeneuve. 1780.
6. Lyon. — Terray. 1773, 1784.
7. La Rochelle. — De Reverseaux. 1777, 1781.
8. Moulins. — De Mazirot. 1784.
9. Riom. — De Chazerat. 1771.
10. Poitiers. — Boula de Nanteuil. 1783.
11. Limoges. — Meulan d'Ablois. 1774, 1783.
12. Bordeaux. — Le Camus de Néville. 1781, 1785.
13. Tours. — D'Aine. 1767, 1783.
14. Auch. — De Boucheporn.
15. Montauban. — De Trimond. 1783.
16. Champagne. — Rouillé d'Orfeuil. 1762, 1786.
17. Rouen. — De Maussion. 1785.
18. Caen. — Corduo de Launay. 1783.
19. Alençon. — Julien. 1766.
20. Perpignan. — Raymond de Saint-Sauveur. 1777.
21. Bretagne. — Bertrand de Molleville. 1783.
22. Provence. — Des Galois de la Tour, premier président 1775.
23. Languedoc. — Bernard de Ballinvilliers. 1786.
24. Bourgogne. — Amelot de Chaillou. 1783.
25. Franche-Comté. — Caumartin de Saint-Ange. 1784.
26. Grenoble. — Caze de la Bove. 1774, 1784.
27. Metz, trois évêchés. — Dopont. 1778.
28. Alsace. — De la Galaisière, conseiller d'état. 1756, 1777.
29. Flandre et Artois. — Esmangard. 1770, 1783.
30. Hainaut et Cambraisis. — Senac de Meilhan. 1766, 1775.
31. Lorraine et Barrois. — De la Porte de Meslay. 1775, 1778.
32. Ile de Corse. — De la Guillaumie, conseiller honoraire au parlement. 1785.

Quand il y a deux dates, la première indique la nomination à une intendance, la seconde à l'intendance désignée.

Tous, sauf trois, sont maîtres des requêtes; tous, sauf l'intendant d'Aix, ont un domicile à Paris.

La moyenne de la durée de leurs fonctions, dans leur intendance actuelle, est de 7 ans 7 mois. Deux sont en charge depuis plus de 20 ans; deux depuis 17; 6 depuis plus de 10 ans.

III. — LISTE DES CONTROLEURS GÉNÉRAUX DES FINANCES.

De tous les ministres, les contrôleurs généraux étaient ceux qui étaient le plus en relations constantes avec les intendants ; c'est pourquoi nous en donnons la liste.

1665. Colbert. — 1683. Le Pelletier de Morfontaine. — 1689. Pontchartrain. — 1699. Chamillard. — 1708. Desmarets. — 1715. Le duc de Noailles, président du conseil des finances. — 1720. Law. — 1720. Le Pelletier de la Houssaye. — 1722. Dodun. — 1726. Le Pelletier des Forts. — 1730. Orry. — 1745. Machault d'Arnouville. — 1756. Moreau de Séchelles. — 1756. Peirenc de Moras. — 1757. J. de Boulogne. — 1758. Silhouette. — 1759. Bertin. — 1763. L'Averdy. — 1768. Maynon d'Invau. — 1769. Abbé Terray. — 1774. Turgot. — 1776. De Clugny. — Taboureau des Réaux. — 1777. Necker. — 1781. Joly de Fleury. — 1783. Lefèvre d'Ormesson. — De Calonne. — 1787. de Fourcieux. — Loménie de Brienne. — Laurent de Villedeuil. — Lambert. — 1790. Valdec de Lessart.

IV. — LES INTENDANTS, LA REINE D'ESPAGNE ET LE CZAR PIERRE LE GRAND.

Le passage des souverains et des princes donnait, comme nous l'avons vu, beaucoup d'occupation aux intendants et à leurs subdélégués. On pourra s'en rendre compte par les détails, en grande partie inédits, que nous avons recueillis sur les voyages dans le midi et le nord de la France de la reine d'Espagne, seconde femme de Philippe V, Élisabeth Farnèse, et du czar Pierre le Grand.

I.

L'intendant Le Bret écrivait le 23 octobre 1714 au ministre :

« La reine d'Espagne passa le Var le 20 et arriva à Antibes à cinq heures du soir ; elle y a fait ses dévotions le dimanche, 21, et elle devait en partir le 22 pour aller coucher à Cannes. M. le duc de los Balbacès me fait l'honneur de m'écrire qu'elle ira le 23 à Fréjus, le 24 au Luc, le 25, à Brignole, le 26, à Auriol, le 27, à Marseille où elle séjournera le 28 ; le 29, à Aix, où cette princesse a choisi de loger chez moi, apparemment par l'avis de M. le duc de Tursis, qui y est venu plusieurs fois ; le 30, à Lambesc, le 31 à Saint-Rémy et le 1ᵉʳ novembre à Tarascon.

« Les chemins sont aussi bien réparés que le temps l'a pu permettre. »

Ce qu'on n'avait pu faire, c'était d'empêcher les grandes eaux de rendre impraticable le passage de certains fleuves. La reine fut arrêtée pendant tout un jour par l'élévation subite des eaux du Var. Parfois, les chemins étaient inondés. On put du moins construire, en temps utile, un pont de bois sur une rivière qu'on traversait à gué.

Il fallait se préoccuper des voitures, des logements, de la nourriture de la reine et de sa suite de demoiselles, de seigneurs, de gardes et de valets de tout genre. Élisabeth Farnèse voyageait en litière, et ne pouvait se servir des litières ordinaires « à cause de la difficulté d'y entrer. » Les subdélégués se multiplient pour tout préparer, pour renseigner l'intendant jour par jour sur la marche et les projets de la princesse. L'un d'eux est désespéré : « Je n'ai jamais vu, écrit-il, des gens marcher avec plus de confusion que ceux de la reine. Je n'ai pas pu leur mettre en tête de s'arranger pour des logements. » « Don Carlos Grille, ajoute-t-il le lendemain, est l'homme le plus confus pour les voitures ; il en fait perdre la tramontane » à l'entrepreneur. Le Bret est en correspondance directe avec Balbacès pour la réception d'Élisabeth à Aix. Il lui offre son hôtel. » J'ai quatre appartements chez moi, dit-il à Balbacès, dont le plus grand est moins beau que celui de l'archevêché ; des trois autres, deux sont de plein pied au premier, et plus beaux que les deux appartements de l'archevêché ; et il y a chez M. l'archevêque plus de petits appartements que chez moi. » Ses offres sont acceptées, et l'intendant en prévient le ministre Torcy, auquel il écrit : « J'ai multiplié les lits dans la maison où je loge. »

S'il fallait se préoccuper de la nourriture de la suite, celle de la reine donnait moins d'embarras à l'intendant. Il était prévenu qu'elle ferait apprêter sa table par ses gens, parce qu'elle avait « le goût italien ». Des provisions avaient été préparées sur la route. Élisabeth Farnèse passa une nuit à Aix ; elle resta plus longtemps à Marseille. « Elle ne reçoit aucun compliment, écrit-on à l'intendant ; mais elle souffre qu'à son arrivée on lui tire le canon, qu'on lui fasse les présents de ville : MM. les consuls pourront se trouver à la porte avec moi pour la voir entrer ; » et l'on ajoutait que « la reine serait deux jours à Marseille, et qu'elle irait à l'opéra et à la comédie chez M. Arnoul[1]. »

II.

Le voyage de Pierre le Grand, en 1717, causa plus d'embarras encore aux intendants et aux représentants du roi dans les provinces.

Aussitôt que le czar eut fait annoncer au Régent son intention de faire un voyage en France, des instructions furent adressées « au subdélégué de M. l'intendant à Dunkerque », le 3 avril 1717 :

« Il doit arriver, vers le 14 de ce mois, à Dunkerque, monsieur, un seigneur étranger, pour passer ensuite à Calais. Je m'adresse à vous en l'absence de M. l'intendant, pour vous informer des intentions de Mgr le duc d'Orléans sur les mesures qu'il est nécessaire de prendre à cette occasion. Son Altesse Royale veut que ce seigneur et sa suite, composée de

---

1. Bibl. nationale, fr., 8902.

vingt personnes principales et d'environ vingt domestiques, soient logés à Dunkerque; et l'on prétend que la maison qui était ci-devant occupée par les intendants de la marine serait propre à cet usage, si elle est meublée d'une manière convenable. Il sera nécessaire que le seigneur dont il est question, étant logé dans le principal appartement, il y ait, au second étage et dans d'autres lieux convenables de la même maison, quelques chambres honnêtement meublées pour les personnes les plus considérables de sa suite... Il sera nécessaire que vous preniez aussi des mesures pour disposer de voitures honnêtes et propres pour vingt personnes principales, et de chevaux et chariots pour vingt domestiques de la suite, seulement pour le voyage de Dunkerque à Calais; mais comme ce seigneur pourrait préférer la voie des canaux, sur des barques tirées par des chevaux, à cette fin, tant pour lui que pour ceux qui l'accompagnent et les domestiques, il est bon que vous disposiez toutes choses [1]. »

Le czar arriva à Dunkerque le 21 avril; « il y fut reçu, dit la *Gazette* du 15 mai 1717, avec tous les honneurs dus aux têtes couronnées. » Un gentilhomme ordinaire du roi, M. le Liboys, avait été au-devant de lui à la frontière. Un maître d'hôtel lui avait été envoyé en même temps, pour se charger de toutes les dépenses de sa table, qui furent acquittées par le roi, à partir du moment où Pierre le Grand, qui n'avait pas pris l'incognito comme il en avait eu l'intention, eut mis le pied sur les terres de France. Le 25 avril, il arriva à Calais, où il resta plusieurs jours. L'intendant de Picardie, chargé de tout préparer pour son voyage, était tenu au courant de ses faits et gestes, ainsi que de ses projets, très vraisemblablement par son subdélégué. La curieuse lettre suivante, dont il transmit la copie à Paris, contient des détails particuliers sur le séjour du czar à Calais. Comme nous la croyons inédite, ainsi que les deux suivantes de l'intendant de Bernage, nous les transcrivons en grande partie [2]. Le mar-

1. *Gazette de France*, du 19 octobre 1893.
2. Elles sont tirées du registre du fonds français, 11371, de la Bibliothèque nationale.

quis de Nesle, dont il est question au commencement de la lettre datée de Calais, avait été chargé d'aller saluer le czar au nom du roi et de l'accompagner jusqu'à Paris.

Calais, le 3 mai 1717.

« J'ai l'honneur de vous informer que M. le marquis de Nesle arriva ici hier à 11 heures du matin. Il eut une audience du czar à une heure après midi. Il en fut reçu très gracieusement, et S. M. nous parut sensible à cet honneur. C'était hier la Pasque; S. M. fut à sa chapelle depuis 4 heures du matin jusqu'à 9, qu'on lui servit à dîner. J'allai voir la cérémonie qui est assez belle, avec une musique qui n'est pas désagréable. Le prince baisa tous les seigneurs et ses domestiques. Il dîna en public; mais après le dîner il se renferma avec tous les seigneurs qui burent jusqu'au soir; plusieurs se retirèrent bien conditionnés. On nous avait averti de l'usage, parce que c'est parmi eux un jour de réjouissance. S. M. sortit à huit heures du soir incognito pour aller voir ses musiciens logés dans un cabaret. Elle y but avec eux pendant une demi-heure et vint se coucher. Pour mieux célébrer la fête, elle parut vêtue magnifiquement, ce qui ne lui est pas arrivé depuis longtemps, étant toujours vêtue très simplement d'un habit brun; elle mit un cordon bleu de son ordre de Saint-André. On apprit le soir, par M. le prince de Kurakin, qu'elle ne partirait point aujourd'hui et qu'elle irait demain coucher d'ici à Montreuil, et le 5 à Abbeville ou à Amiens, ayant laissé la chose incertaine. De quoi vous serez informé, si je puis le découvrir. Il y a bien de l'apparence que l'épreuve de la journée de demain déterminera la suite du voyage... Il faut se tenir prêt à tout événement. M. de Nesle court dans une berline avec 13 chevaux, ce qui fait une augmentation pénible pour la route. Il aurait aussi bien fait de se tenir à Amiens. Les chevaux de poste de Gravelines furent mandés hier et arrivèrent ce soir pour lui. Les relais sont disposés à merveille d'ici à Montreuil. Je suis persuadé que vos ordres seront réussis de même, depuis cette ville jusqu'à Beauvais. M. de Nesle a fait les chemins si mauvais que cela a reculé le départ. Sa berline a les roues de devant trop basses et la voie de derrière trop large, ce qui lui a fait trouver de grandes difficultés. Voilà tout ce que je sais aujourd'hui. Les officiers de la bouche sont assez embarrassés, leurs provisions étant finies, ayant envoyé hier un fourgon pour le dîner, qu'ils devaient donner aujourd'hui, et avant-hier un chariot et un autre fourgon pour Montreuil et Abbeville. Les Russiens feront gras toute la semaine pendant que nous ferons maigre. Je donne tous les secours qui dépendent de moi au sieur Boquet, maître-d'hôtel.

« On vient me dire que le czar sort à pied pour aller se promener au port. Il est dans la magnificence d'hier, qui lui sied à merveille. C'est un prince de grande mine, très aimable quand on le connaît. »

L'intendant d'Amiens envoya cette lettre au duc de Noailles, président du conseil des finances, en l'informant des intentions du czar et de l'embarras où le mettaient les variations de ses projets.

« Le czar, écrit-il le 5 mai, avait résolu en dernier lieu de venir en deux jours de Calais ici. Partant le 3..., il me fallut disposer des relais, pour cette marche forcée, de plus de 60 chevaux chacun, de cinq lieues en cinq lieues depuis Calais jusqu'à Beauvais, ce qui ne fut pas un médiocre embarras. M. le marquis de Nesle arriva le 2 à Calais, et sur le récit qu'il fit à Sa Majesté czarienne de l'état des chemins, elle résolut d'abord de n'aller coucher le 3 qu'à Boulogne pour venir hier à Abbeville ; mais il changea encore le soir, et déclara qu'il ne partirait que le 4 pour venir coucher à Montreuil... Voilà bien de la dépense perdue en relais inutiles pendant deux jours, puisque les chevaux de ses équipages auraient pu suffire pour de pareilles journées, et j'aurais perdu aussi, pour ma vade, une partie des préparatifs que j'ai faits pour lui donner à souper ici et à dîner à Breteuil, parce que les officiers de sa bouche ne pouvaient le suivre si loin dans les marches forcées. J'ai cru, Monsieur, que vous ne seriez pas fâché de voir la copie que je joins ici d'une lettre qu'on m'écrit de Calais, sur la manière dont ce prince a célébré les Pâques, et qui contient quelques autres particularités; mais je vous supplie qu'elle soit pour vous seul et de ne pas dire qu'elle vienne de moi.

« Depuis ma lettre écrite, j'apprends que le czar n'a couché cette nuit qu'à Boulogne, et que non seulement il est sûr qu'il n'arrivera pas ici aujourd'hui, mais qu'il n'est pas certain qu'il y arrive demain... Ces variations sont bien chagrinantes pour un homme qui s'était attendu à le traiter dès hier particulièrement, s'il n'arrive que vendredi. »

Mais l'intendant devait éprouver une plus vive déception. Il en fit part le 7 mai au maréchal d'Huxelles, commandant la province en l'absence du duc d'Elbeuf, gouverneur, dans une lettre qui débute ainsi :

« Vous aurez peut-être peine à croire que le czar est passé hier dans cette ville (Amiens), sans que j'aie eu l'honneur de le voir... » Bernage espérait qu'il y coucherait; mais il avait été informé la veille à minuit que Pierre le Grand prendrait seulement un relai à Amiens pour aller coucher à Breteuil.

« Je fis telle diligence, continue l'intendant, que je rassemblai de cinq heures à dix heures du matin 60 chevaux. Je convins avec M. de Liboy de faire venir tous les chevaux dans la cour de l'évêché où le czar devait loger, et où j'avais établi mes officiers en l'absence de M. l'évêque pour lui donner à dîner, s'il arrivait d'assez bonne heure pour aller plus loin, et à souper, s'il arrivait plus tard et y couchait. M. le marquis de Nesle arriva une heure après, et approuva cette disposition. L'ordre était donné pour que le czar fût amené dans l'évêché par un officier envoyé au-devant pour le conduire, et j'avais aussi envoyé au-devant un de mes carrosses vides au delà de la porte, afin qu'il pût monter dedans, s'il jugeait à propos, pour ne point traverser la ville dans une espèce de phaéton découvert, sur des brancards portés comme une litière, que S. M. C. avait pris pour sa voiture de Calais ici. M. le lieutenant de roi et moi l'attendions à l'évêché, avec M. le marquis de Nesle et M. de Liboy, parce qu'il ne trouve pas bon qu'on aille au-devant de lui, et nous comptions qu'il y viendrait du moins prendre un rafraîchissement et son relai, quand on vint nous dire qu'il avait envoyé chercher les chevaux par son courrier, et qu'étant monté dans mon carrosse à la porte de la ville, il l'avait déjà traversée en diligence, sans vouloir arrêter ni voir personne. Il appréhendait même si fort d'être suivi, qu'il ne descendit de ce carrosse, quoique attelé seulement de deux chevaux, qu'à plus d'une lieue de la ville où il remonta dans sa voiture. Ainsi, tous les préparatifs que je faisais depuis trois heures n'ont servi de rien qu'à faire rafraîchir ses principaux officiers, lorsqu'ils sont venus prendre leurs relais à l'évêché. On dit que ce qui l'a porté à passer si vite dans Amiens est l'idée qu'on lui avait donnée de la curiosité importune des habitants, car il ne hait rien tant que la foule des gens empressés pour le voir. Tout ce qui m'a fait plaisir, est que, malgré les variations perpétuelles de sa marche, il n'a manqué ni d'équipages, ni de relais sur sa route, et qu'il n'a tenu qu'à lui d'être traité plus convenablement à son rang. »

Bernage adressa au duc de Noailles la copie de la lettre qu'il avait écrite au maréchal d'Huxelles. « Le mépris que le czar a fait de tous mes préparatifs pour ses repas, écrivit-il à Noailles, me console par la satisfaction que j'ai, que rien n'a manqué dans toutes les différentes dispositions qu'il a fallu faire pour son capricieux voyage. »

Le czar coucha à Breteuil le 6 mai; ayant rencontré à Beaumont, le 7 à midi, le maréchal de Tessé, qui était venu au-devant de lui, il fit son entrée à Paris, le même jour, à huit heures du soir.

TABLE ALPHABÉTIQUE

DES MATIÈRES.

Abbayes, II, 27, 185, 271, 272. (*Voir* Couvents.)
Abjurations forcées I, 292.
Abonnements aux impôts, I, 78, 87, 127, 205.
Abrégé des états, I, 120.
Absolution (refus d'), I, 182.
Abus, I, 46, 125, 153, 235; II, 149; 154, 165, 314.
— de pouvoir, I, 159; II, 87.
— (appel comme d'), I, 182, 202.
Administrateurs, I, 10, 11. — (*Voir* Fonctionnaires des états, etc. Intendants.)
Administration des états, I, 46, 93, 112 à 150.
Académie d'équitation, I, 278.
Académie des sciences (contrôle de l'), II, 203, 237.
Académies de provinces, I, 146, 294; II, 300, 315.
Acclamation (vote par), I, 77, 78.
Accouchements, I, 147; II, 301, 302.
Acquisitions de blés, I, 89, 150, 189; II, 123, 255, 256.
Acquisitions faites par les couvents, II, 272.
Adjoints aux intendants, II, 10.
Adjudications, II, 42, 76, 145, 176, 322.
Administration centrale de l'agriculture, II, 247.

Administration de certains évêques, I, 187, 188. Agents des états à Paris, I, 160.
Agents nationaux de l'an III, I, 176.
Agriculture (encouragements à l'), I, 138 à 141, 153, 190, 288; II, 72, 232 à 260.
Affouagement, I, 125.
Aide annuelle, I, 41, 75, 79, 80, 125.
Aides (droits d'), I, 87, 234, 244; II, 165, 166.
Alcades, I, 113.
Alignement des routes, II, 183, 184.
— des rues, I, 287.
Ambigu, I, 304.
Amendes, II, 212, 309.
Animaux reproducteurs, I, 138, 140, 141; II, 243 à 246.
Anoblissement, lettre de noblesse, I, 84, 231; II, 76, 77, 156, 201, 202.
Appointements des commis, II, 41. — des gouverneurs, I, 263, 264, 332, 333; — des ingénieurs, II, 182; 16 à 23; — des intendants, II, 16; — des lieutenants généraux, I, 314, 332, 333; — des secrétaires d'intendants, II, 40.
Approvisionnements, I, 52, 89, 181, 288; II, 254 à 257.
— militaires, I, 276; II, 123, 124.
Arbitraire, II, 118.

Archers de maréchaussée, I, 300, 318; II, 99 à 102, 161.
— du fisc, II, 212.
Archevêques, I, 52, 62, 64 84, 115, 143, 181, 182, 186, 187; II, 43, 193, 276, 347.
Architectes, I, 135, 136; II, 185, 186, 270, 271.
Archives des états, I, 97.
— des intendants, I, 233; II, 44, 45, 336, 337.
— des subdélégués, II, 45, 73.
— des trésoriers de France, I, 233.
Arcs de triomphe, II, 32, 335.
Arrérages d'impôts, II, 135.
Arrêts du conseil, I, 228; II, 16, 81, 207, 327.
Argenterie, I, 301; II, 37.
Arquebusiers (compagnies d'), I, 277, 302.
Arrivée des députés, I, 52.
Assemblées de charité, II, 304.
— d'états, I, 47 à 174, 330, 331; II, 271;
— de départements et de district, I, 175; — de notables, I, 189; — de nouveaux catholiques et protestants, I, 293; II, 279, 285, 286; — du clergé, I, 179, 180; — du commerce, II, 195 à 198; — générales d'habitants, I, 275; II, 143, 270; — municipales, II, 75; — pour la rédaction des coutumes, I, 198; — particulières des vallées, II, 42;
— provinciales sous Louis XVI, I, 171, à 175, 195; II, 162, 328 à 330;
— régionales de Corse, I, 34. (Voir Assiettes, Chefs-collèges, Escarton, etc.)
Assesseurs des intendants, II, 87.
Assiettes du Languedoc, I, 44, 45, 88, 117, 124.
Assises, I, 216, 217, 230.
Assistance publique, I, 106, 107; II, 295 à 306.
Ateliers de charité, I, 150, 189; II, 175.

Attachement des états à leurs institutions, I, 172, 173.
Attaques contre les états, I, 171, 175; — contre le gouvernement par des prédicateurs, II, 265; — contre les intendants, II, 321 à 327.
Atténuation de certaines lois, I, 205; II, 288 à 290. — (Voir Suspension.)
Attributions des états, I, 23.
— des gouverneurs, I, 270 à 296.
— des pouvoirs publics, I, 227, 228.
— des subdélégués, II, 70 à 74.
Attroupements, II, 87.
• Aubaines, » II, 42.
Audiences du roi et des princes, I, 156; II, 59.
Aumônes données par les états, I, 105, 149; — par les évêques, I, 189; — par le roi; II, 296, 303.
Aumônes générales, I, 139.
Aumôniers des états, I, 94.
Autel dans la salle des états, I, 55.
Autonomie dans les pays de montagnes, I, 22, 42, 43. — des provinces conquises, I, 25, 26.
Autorité royale (progrès de l'), I, 6.
Avancement (sollicitations des intendants pour l'), II, 13, 14.
Avances à des industriels, II, 205.
Avocat général, II, 266.
Avocats des états, I, 160.

Bailliages, I, 199, 208, 216, 283; II, 69, 86, 87, 135.
Baillis, I, 40, 117, 180, 197, 213; II, 80; — d'épée, I, 97.
Ballets, I, 300.
Bals, I, 51, 61, 304; II, 35, 303.
Ban et arrière-ban, I, 197, 275.
Bandits, I, 160.
Banqueroutes, II, 206; — des trésoriers des états, I, 123, 124.
Banques, II, 218, 219.
Banquets, I, 34; II, 36.

TABLE ALPHABÉTIQUE DES MATIÈRES. 335

Barons, I, 33, 45, 69, 196, 306.
Basoche, I, 207, 208.
Baux pour impôts, I, 126, 129.
Béliers, I, 140.
Bénédictins, I, 148; II, 316.
Bénéfices ecclésiastiques, I, 154.
Bénéficiers, I, 184.
Bestiaux, I, 140, 141, 190, 219; II, 65, 233, 240, 245 à 250.
Bête du Gévaudan, I, 141; II, 251.
Biens communaux, II, 131.
Billets de banque, II, 218, 219, 265.
Blés (commerce des), I, 190; II, 251 à 258.
Blés (achats de).(*Voir* Acquisitions.)
Bœufs achetés par l'État, II, 257.
Bohèmes, II, 99, 101.
Boîtes de fer-blanc, II, 176.
Bonnets (fabrication des), II, 216.
Boulangerie (cours de), II, 301.
Bourgeois à cheval, I, 300, 303.
Bourgeoisie, I, 178, 183, 221.
Bourreau, I, 232; II, 48.
Bourse commune des corps judiciaires, I, 206.
Brebis importées, I, 140; II, 246.
Brevets de retenue, I, 263.
Brevets de tailles, II, 150.
Brigades d'agents des douanes, II, 215.
Brigues électorales, I, 154.
Budgets provinciaux, I, 73, 74.
Bulle *Unigenitus*, I, 202; II, 276.
Bulletins de vote, I, 154.
Bureaux (frais de) des états, I, 71, 96, 97; — des intendants, II, 42, 43.
Bureaux des ingénieurs, II, 182, 183; — des intendants, II, 40 à 48.
Bureaux des finances, I, 230 à 234; II, 80; — des incendies, I, 138; — de postes, II, 187, 188; — du conseil, II, 10, 19, 20; — diocésains, I, 180; — intermédiaires, I, 110; — permanents, I, 116, 117.

Cabales, I, 46, 69.

Cabinets scientifiques, I, 147.
Cadastre, II, 153.
Cahiers de 1789, II, 330, 331; — des états, I, 65, 152, à 159; — des députés des villes, I, 36.
Canaux, I, 93, 132, 134, 136, 289; II, 180, 181, 351, 352.
Canonisation, I, 149.
Canons (tir de), I, 301 à 303; II, 31.
Capitaines de la porte, I, 95.
Capitaines des gardes du gouverneur, I, 100, 264.
Capitation, I, 80, 87, 118, 126, 129, 153, 167, 180, 206; II, 158, 159 à 161, 322.
Capitouls, I, 218, 219, 304.
Capucins, II, 272, 275.
Carrosses des gouverneurs, I, 299.
— des intendants, II, 32, 34, 3.
Cartes à jouer (droits sur les), I, 216.
Cartes géographiques, I, 137, 149; II, 317, 318.
Casernes, I, 119, 126, 135, 277; II, 124, 214.
Cassation d'élections, II, 142.
Cavalerie des villes, I, 300, 304; II, 31.
Cavaliers de maréchaussée, II, 100, 101.
Cavaliers masqués, II, 99.
Centièmes, I, 125, 126.
Chambre de l'élection de Bourgogne, I, 113.
Chambres ardentes, I, 245; — de commerce, I, 85, 145; II, 22, 197, 198, 217; — des comptes (*voir* Cours); — ecclésiastiques, I, 180.
Chancelier, I, 157, 158, 186.
Chanoines, I, 184; II, 266, 267.
Chapelles des intendances, II, 38.
Chapitres, I, 30, 179, 184, 185; II, 263, 264.
Charbon de terre (mines de), I, 144; II, 239, 240.
Charité, I, 189; II, 304, 305.
Charivaris, I, 219.

356 TABLE ALPHABÉTIQUE DES MATIÈRES.

Charrettes, II, 171, 172.
Chasse, I, 219.
Châteaux des intendants, II, 35.
Châteaux royaux, I, 23; II, 26, 39, 111, 162.
Chefs-collèges de la Flandre maritime, I, 41, 42.
Chefs de cabinet des intendants, II, 43.
Chenilles (destruction des), II, 48.
Cherté des blés, I, 280; II, 253, 254, 255, 256.
— des bestiaux, II, 257.
— des marchandises, II, 221 à 224.
Cheval donné en présent, I, 264.
Chevauchées des élus, I, 234.
— des maîtres des requêtes, II, 2, 3, 62, 63.
Chevaux, II, 52, 244, 245, 348, 351; — de main, I, 304; — des intendants, II, 34.
Chirurgie (écoles de), I, 147.
Chiffre en correspondance, II, 56.
Chimie (cours de), II, 314.
Choix des intendants, II, 41, 42, 325.
Chômages, II, 228, 229.
Civitates, I, 2, 5, 18.
Circulaires, I, 49; II, 46, 47.
Citadelles, I, 277; II, 125.
Classement des archives, I, 97.
Clergé, I, 179 à 195, 202; II, 261 à 272, — dans les assemblées d'états, I, 30, 31, 40, 45, 63, 69 à 71, 83, 331.
Clés de villes, I, 300, 303.
Clôture des religieuses, II, 272, 273.
Coalitions d'ouvriers, II, 224 à 229.
Coches, II, 188, 189.
Code civil de Corse, I, 198.
Collecteurs, I, 239, 244, 244; II, 63, 137, 138.
Collections formées par des intendants, II, 37, 38.
Collèges, I, 146, 147, 192, 219; II, 227, 310 à 313.

Comédies, I, 51, 52, 64; II, 317.
Comices agricoles, II, 235.
Commandants en chef pour le roi, I, 48, 53, 59, 64 à 81, 132, 136, 139, 188, 261, 289, 303, 315 à 317; II, 13, 81, 292; — de citadelle, I, 69, 289.
Commandement des troupes par les gouverneurs, I, 279, 280.
Commerce, II, 67, 194 à 230; — (encouragements au), I, 141, 142, 287; II, 72, 204, 205, 217.
— maritime, I, 141; II, 218.
Commis des aides, I, 244.
— des fermes, II, 163, 164, 166, 167.
— des intendants, II, 40 à 43.
— des ingénieurs, II, 182, 183.
— des ministres, I, 103 à 105.
— des recettes générales, I, 244.
— des subdélégués, II, 76.
— du greffier des états, I, 96.
Commissaires aux routes, I, 137.
— départis, II, 3. (*Voir* Intendants.)
— enquêteurs, II, 3; — de police, II, 93, 94.
— des corps judiciaires, I, 216.
— des guerres, II, 123.
— du roi aux états, I, 56, 61, 62, 63, 74, 75, 81, 87, 117, 119.
Commission des gouverneurs, I, 270, 271; — des intendants, II, 5, 83, 85; — des subdélégués, II, 68, 70.
Commissions des états, I, 65, 68. — diocésaines, I, 219, — intermédiaires, I, 118, 119; II, 29, 329, 330. — judiciaires, I, 215; II, 86. — législatives, I, 198. — permanentes, I, 118. (*Voir* Bureaux.) — spéciales, I, 129.
Committimus (droit de), II, 205.
Communautés (assemblée des), I, 38, 39.
Communautés (Fédération de), I, 43, 44.
Communautés d'habitants, I, 237;

TABLE ALPHABÉTIQUE DES MATIÈRES. 357

II, 72, 122, 123, 137, à 141, 238, 210, 268, 269, 310, 330.
Communautés religieuses, I, 291, 292 ; II, 272 à 278.
Compagnies de commerce, II, 217.
Comptabilités des hôtels-Dieu, II, 297.
Comptes des états, I, 43, 74, 122, 123.
— des intendants, II, 333.
— municipaux, I, 285 ; II, 140, 145.
Comtes, I, 5.
Conciles provinciaux, I, 18, 179.
Conciliateur (rôle de), I, 283, 289, 290 ; II, 115.
Conclave échevinal, I, 40.
Concours agricole, II, 236.
Concussions, I, 236, 265 ; II, 17, 76, 322.
Condamnations à mort, II, 82, 86, 89, 136. — (*Voir* Pendaisons.)
Conditions au vote des impôts, I, 78.
Conducteurs des ponts et chaussées, II, 182.
Conférences d'intendants, II, 59, 66.
— entre les ordres, I, 66.
— internationales, II, 96, 97.
Confiscations des biens des protestants, II, 282, 290.
Conflits, I, 58, 69, 220, 320, 321 ; II, 39, 73, 74, 84, 91, 121, 265.
Confréries religieuses, I, 106, 187.
Congés des intendants, II, 57, 58, 59.
Conseil de commerce, II, 195 à 197, 201.
Conseil du roi, I, 132, 157, 158, 161, 224 ; II, 4, 8, 10, 79, 81, 270.
Conseillers, I, 224 ; — d'État, II, 14.
Conseils de guerre, II, 217.
— de ville, I, 285 ; II, 144.
— généraux de l'an VIII, I, 176.
— intermédiaires, I, 120.
Constituante (assemblée), I, 13 à 15.

Constructions dans les villes, II, 185, 186, 206, 207.
Consuls, I, 132, 195, 284, 286, 291 ; II, 105, 139, 141, 142, 217, 347.
Consuls (juges de commerce), II, 195.
Contentieux administratif, II, 87.
Contrats passés par les états, I, 97.
Contraventions aux règlements industriels, II, 208, 209.
Contrebande, I, 216 ; II, 105, 165, 214.
Contrebandiers, II, 214, 215.
Contribution représentative de la corvée, II, 174, 175.
Contribution. (*Voir* Impositions.)
— des ordres privilégiés en Flandre I, 40.
Contrôle de la justice, I, 214 ; II, 90, 91.
Contrôle (droit de), I, 253 ; II, 162.
Contrôleurs de vingtième, II, 161.
Contrôleurs généraux, I, 229 ; II, 12, 15, 50, 206, 214, 221, 223, 239, 240, 345.
Conventions spéciales avec les provinces, I, 25, 26.
Conversions par les fonctionnaires, II, 279 à 286.
Convocation des états, I, 48, 49.
Convois militaires, I, 277 ; II, 122.
Convulsionnaires, II, 277.
Coqs de paroisses, II, 135, 137.
Cordon de Saint-Michel, I, 84.
Cordons douaniers, II, 214.
— sanitaires, II, 250.
Corporations d'arts et métiers, I, 219, 220 ; II, 198 à 200.
Corps constitués, I, 177, 178, 200.
— inamovibles, I, 200, 222 à 224.
Correction paternelle, II, 105, 106.
Correspondances des gouverneurs, I, 272, 273 ; — des intendants, II, 46, 47, 54, 55, 336, 337 ; — des subdélégués, II, 72.
Correspondants de l'intendant, II, 78 ; — des bureaux intermédiaires, I, 110.

358 TABLE ALPHABÉTIQUE DES MATIÈRES.

Corruption des députés, I, 82; — des fonctionnaires, I, 103, 104, 160, 161.
Corvéables indemnisés, II, 172, 173.
Corvées militaires, II, 122, 125; — royales de chemins, II, 172 à 175. — seigneuriales, I, 313; II, 135, 137.
Courriers, II, 16.
Cours des aides, I, 170, 226 à 229; II, 85.
— des comptes, I, 26, 51, 105, 122, 209, 225 à 227.
— générales de Navarre, I, 46.
— judiciaires. (*Voir* Parlements.)
— plénières féodales, I, 19.
Cours gratuits, I, 146.
Courtiers, I, 148.
Coutume (droit de), I, 263.
Coutumes, I, 197, 198.
Couvents, I, 149, 185; II, 265, 266, 270 à 275.
Créanciers, I, 290.
Crédit des pays d'états, I, 89.
Cuisinier d'un subdélégué, II, 73.
Cumul de fonctions, I, 250; II, 20, 21.
Curés, I, 154, 159, 184 à 186, 291; II, 247, 265 à 270, 275, 301, 304, 309, 310.
Cylindres à la disposition des fabricants, I, 143.

Dais, I, 59, 61, 299, 300, 301, 302.
Décimes, I, 180.
Décrets des états, I, 66.
Défense des frontières, I, 276.
Défrichements, II, 238.
Dégrèvements, I, 76, 86, 159; II, 146, 150 151, 238.
Délibérations des états imprimées, I, 98.
Demandes de grâces, II, 115.
Démocratie des petits états, I, 41 à 44.
Démolition de chapelles, II, 276. — de temples, II, 279, 280.
Déni de justice, I, 213, 214, 215.

Dénombrements, II, 51, 52.
Dénonciations contre les intendants, II, 321, 322.
Dentelles données, II, 22.
Département des tailles, I, 123, 236, 237; II, 152, 153.
Départements (formation des), I, 13 à 15.
Dépenses des intendants, II, 16 à 19; — faites par des princes étrangers, II, 193.
— municipales, II, 145, 146.
— provinciales, I, 74, 92 à 108, 124; II, 172, 329.
Déplacements d'intendants, I, 323, 324.
Députations des villes, II, 116.
Députés à la cour, I, 152, 154 à 161; — du commerce, I, 145; II, 196, 197; — du tiers-état, I, 35 à 44, 58, 59, 69 à 61.
Déserteurs, II, 127.
Désintéressement de certains gouverneurs, I, 267; — des fonctionnaires, I, 103, 337, 338; II, 22.
Dessèchement des marais, I, 136; II, 180.
Dessin (écoles et concours), I, 146, 147; II, 313.
Destitution des maîtres d'école, II, 310.
Dettes des communautés, I, 65; II, 18, 47, 131, 132.
— des collèges, II, 312.
— des corps judiciaires, I, 205.
— des couvents, II, 274, 275.
— des diocèses, I, 65.
— des officiers, II, 121.
— des provinces, I, 88 à 90.
Devis d'hôtels, II, 29 à 31.
— de travaux publics, II, 170, 176, 183.
Devises, II, 32; — des jetons, I, 110.
Devoirs en Bretagne, I, 126, 127.
Diamants (dons de), I, 137, 265.
— (loterie de), II, 117.

TABLE ALPHABÉTIQUE DES MATIÈRES. 359

Différends apaisés, I, 290.
Digues, I, 133.
Diligence de Rouen, I, 262.
Dimanche (travail du), I, 219.
Diminution des espèces, II, 219, 221.
Diocèses, I, 7, 44, 45, 117, 129, 136, 181.
Diplomatique des gouverneurs (correspondance), I, 257, 258, 279.
Diplomatiques (renseignements et intrigues), I, 279; II, 95, 96.
Directeurs des aides, I, 244.
— des domaines, I, 243.
— des ponts et chaussées, I, 105.
— des travaux publics, I, 137.
— des vingtièmes, II, 16.
« Direction » en Bigorre, I, 120.
Discipline du clergé, I, 202; II, 271, 272.
Discours, I, 194; — au roi, I, 156; — d'ouverture des états, I, 62.
Discussions aux états, I, 68, 72.
Disettes, I, 150, 181, 189, 190, 219, 240; II, 228, 254, 259.
Disputes de concours, II, 313.
Distributions de blé et de pain, II, 229, 230.
Division des charges, I, 275.
Divisions territoriales, I, 2 à 16.
Dixièmes, I, 87, 126, 163; II, 139, 204.
Doléances des états, I, 152, 153.
Domaines, I, 231, 242, 243; II, 162, 163, 185.
Domestiques, II, 52.
— des gouverneurs, I, 194, 302.
— des intendants, II, 34, 35.
— des paysans, II, 228.
— des seigneurs, II, 138.
Don gratuit des états, I, 75 à 86, 93, 167.
— des corps judiciaires, I, 206.
— du clergé, I, 180.
Donations aux couvents, II, 274.
Dons patriotiques, I, 109. (Voir Présents.)

Douanes, II, 46, 87, 211, 213 à 215.
— intérieures, I, 246, 247, 213.
Douze nobles (commission des), I, 116.
Droit (enseignement du), II, 314.
Droit de justice interdit aux gouverneurs, I, 274, 275.
Droits d'entrée, II, 211; — divers, II, 163.
Droits de justice, II, 135; — honorifiques, I, 202; — féodaux, II, 135, 138; — seigneuriaux, I, 212.
Ducs et pairs, 179, 200.
Durée des sessions des états, I, 67, 68.
— des fonctions des intendants, II, 5 à 7.

Eaux et forêts, I, 230.
Eaux minérales, II, 208.
École militaire, II, 126.
Écoles, I, 146, 147, 191, 192; II, 284, 287, 308 à 310; — de dessin, II, 315; — de travail manuel, II, 301.
— industrielles, II, 202, 303.
Économats, II, 264.
Écuries des intendants, II, 34, 39.
Églises, I, 53, 57, 59, 135, 149, 160; II, 117, 118, 126, 268 à 270.
Élections, circonscriptions financières, II, 69; — (tribunaux d'), I, 164, 233 à 237; — (officiers des) (Voir Élus).
Élections aux états généraux, I, 199.
— municipales, I, 284, 285, 286; II, 142, 143; — religieuses, II, 265, 266; — de députés à la cour, I, 154; — de députés de commerce, II, 196.
Éloge des pays d'états, I, 164, 165, 169, 170; — des intendants, II, 335 à 338.
Élus, I, 129, 233 à 237; II, 68, 88, 152.
Élus généraux de Bourgogne, I, 109, 113, 133.

360 TABLE ALPHABÉTIQUE DES MATIÈRES.

Embauchage d'ouvriers français, II, 105.
Embellissement des villes, I, 135, 305, 306.
Émeutes, I, 186, 188, 280 ; II, 98, 165, 166, 224, 227, 252, 331, 332.
Emprunts de provinces, I, 88 à 90, 118.
— du clergé, I, 180.
— des communautés d'habitants et des villes, II, 131, 145, 269.
— des corps judiciaires, I, 206.
Encensoir (priorité pour l'), I, 58.
Enclaves, I, 10.
Endiguements, II, 179, 180.
Enfants enlevés à leurs parents, II, 283, 284.
Enfants trouvés, II, 302.
Enquêtes des intendants, II, 107 à 110, 143, 144 ; — sur des établissements industriels, II, 203.
Enregistrement des édits, I, 201 ; II, 83, 85, 191.
Enrôlements, II, 126, 127.
Entrée de vins, I, 183. (*Voir* Octroi.)
Entrées solennelles, I, 52, 194, 300 à 305 ; II, 31, 32.
Entrepreneurs, II, 176.
Entretien des salles d'états, I, 94.
Éperon (chevaliers de l'), II, 43.
Épidémies, I, 150, 240 ; II, 267, 299, 300.
Épizooties, I, 141, 249 ; II, 246, 249, 249, 250.
Équivalent, en Languedoc, I, 127, 128.
Érudition (travaux d'), II, 147 à 149 ; II, 316, 317.
Escarton du Briançonnais, I, 43.
Essais d'industrie encouragés, I, 144.
Estrade aux états, I, 54, 55, 61, 69.
Établissement de collèges, II, 312.
Étapes, I, 78, 93, 119, 126, 129, 188, 337 ; II, 64, 122.
Étapiers, I, 129.

État des fonds par estime, I, 74.
État-major des villes, I, 105, 278.
États statistiques, II, 48, 53, 203, 223, 273, 308 ; — des détenus, II, 114.
États généraux (vœux des), I, 20, 199.
— particuliers ou secondaires, I, 44 à 47.
— provinciaux, I, 17 à 174 ; II, 28, 176.
Étrangers admis sur les bancs des députés, I, 62 ; — suspects, II, 94, 95, 108, 109.
Étrennes, I, 104, 105.
Évêques, I, 31, 45, 55, 63, 64, 69, 106, 136, 138, 178 à 195, 202, 209, 278, 288, 299, 301, 309, 336, 337 ; II, 72, 134, 262, 263, 264, 266, 267, 269, 277, 279, 289, 291, 308, 309, 351.
Exactions des magistrats, I, 212, 213, 214.
— des gouverneurs, I, 257, 265, 266.
— des officiers de l'armée, II, 121.
Excédents de dépenses et de recettes, I, 74.
Exclusion des états, I, 82.
Excommunication, I, 182.
Exécution des lois, II, 3.
Exemptions d'impôts, I, 133, 153, 183 ; II, 53, 154 à 157, 209, 237, 238, 303.
Exils, I, 81, 130, 185, 187, 203, 204, 205, 226, 323 ; II, 98, 111, 134, 219, 262, 264, 256, 277.
Experts, II, 268.
Exportation des monnaies prohibée, II, 229.
Expropriations, II, 125, 175, 176.
Expulsion de députés, I, 82 ; — d'étrangers, II, 109 ; — de gens sans aveu, I, 279 ; — de juifs, II, 293. (*Voir* Exils.)

Facultés, II, 313, 314.
Familles de gouverneurs, I, 259, 260.

TABLE ALPHABÉTIQUE DES MATIÈRES. 361

Familles de magistrats, I, 209, 210.
— d'intendants, II, 7, 8, 11.
Faste des évêques, I, 194.
Fauteuil du roi, I, 158.
Faussaires, II, 88, 89.
Faux, II, 161.
Faux-monnayeurs, II, 88, 89, 96.
Faux-sauniers, II, 165.
Fédération de communautés, I, 43.
Femmes armées, II, 32.
— des gouverneurs, I, 99, 265, 280, 299, 310.
— des intendants, II, 33.
— des lieutenants généraux, I, 101.
— invitées aux réceptions officielles, I, 305, 306 ; II, 33, 36.
— menant une vie scandaleuse, II, 105, 106.
Féodalité, I, 6, 173, 180.
Fermeture de boutiques, II, 222.
— de couvents, II, 270, 271, 275, 276.
Fermes générales, I, 128, 234 ; II, 163 à 167, 215.
Fermiers généraux, I, 241 à 247, 251 ; II, 196, 215.
Fêtes publiques et officielles, I, 303, 304, 305, 306 ; II, 33, 34.
Feux, I, 128, 237 ; II, 52, 53.
Feux d'artifice, I, 303, 304 ; II, 32, 33.
Fiefs, I, 33, 34, 219.
Fils de famille arrêtés, II, 107.
Foires, II, 219, 220, 221, 250.
Fonctionnaires (multiplicité des), I, 250 ; — des états, I, 22, 23. (Voir Greffiers, officiers, syndics, trésoriers.)
Fonds d'indemnité, I, 128.
Fontainiers, I, 157.
Forçats, II, 229, 230.
Forges, I, 145 ; II, 203.
Formation des provinces, I, 1 à 8.
Forteresses, I, 256, 282 ; II, 110, 111.
Fortifications, I, 276, 278, 286 ; II, 124, 125.
Fouages, I, 125, 126, 27.

Fourneaux d'alchimie, II, 318.
Fourrages, I, 89, 101, 163, 276.
Frais de justice, I, 153 ; — de poursuites, I, 241 ; — de représentation des intendants, II, 16, 17.
Franchise postale, II, 72.
Francs fiefs, I, 23.
Frères des écoles chrétiennes, II, 309, 310.
Frontières (questions de), II, 96.

Gabelles, I, 153, 234, 244, 245 ; II, 87, 123, 164, 165.
Gages de domestiques, I, 290.
Galériens, I, 190 ; II, 102, 229.
Gants (fabrication de), II, 208.
Garde (clergé assujetti à monter la), I, 202 ; II, 265.
Gardes-côtes, I, 276 ; II, 128.
Gardes des gouverneurs, I, 57, 61, 82, 100, 285, 304, 305, 308, 309, 322, 332, 333.
— des intendants, II, 32, 33.
— des lieutenants-généraux, I, 317, 318.
Gardes-étalons, II, 247.
Gardes-jurés, II, 211.
Garnisaires, II, 157, 159, 161.
Gazette (faits divers pour la), II, 72.
Géographes (plans des), I, 13. (Voir Cartes.)
Geôliers, II, 112.
Généralités, I, 7, 8, 9, 233, 234, 235 ; II, 8, 9. — ecclésiastiques, I, 180.
Gens de main-forte, I, 322.
— sans aveu, I, 279.
Gentilshommes, I, 245, 275, 290 ; II, 133 à 141.
— aux états, I, 31 à 36, 71, 72, 82, 83, 106.
— (école de), I, 146.
Gouvernements militaires, I, 6, 254, 255.
Gouverneurs de province, I, 6, 45, 49, 56, 59, 60, 61, 79, 82, 86, 98, 99, 100, 106, 110, 135 à 152 183, 209,

210, 211, 254 à 825, 332, 333, 334, 335, 337; II, 39, 74, 80, 81, 83, 96, 98, 159, 166, 354.
— de villes, I, 105, 106, 263, 283, 319, 320, 336, 337.
Grains (entrée, sortie des), II, 251 à 258.
Grands jours, I, 216; II, 137.
Gratifications, I, 23, 59, 70, 83, 84, 96, 98 à 106, 110, 137, 143, 144, 157, 263, 314, 336; II, 17, 19, 21, 22, 44.
Greffiers de l'élection, I, 236; — des états, I, 55, 66, 96, 120, 121, 122.
Grêles, I, 190; II, 238.
Greniers à sel, I, 229; II, 164; — d'abondance, I, 190; II, 254.
Grèves, II, 224 à 228.
Gruyers, I, 230.

Harangues, II, 32, 313. (*Voir* Discours.)
Haras, I, 91, 140, 141, 219; II, 64, 243 à 245.
Hauts bancs, I, 64, 70.
Héraut des états, I, 83, 95.
Hérédité des charges, I, 178; II, 7, 8.
Histoires provinciales, I, 187 à 149; II, 316.
Hommages et aveux, I, 231.
Honoraires des subdélégués, II, 76.
Hôpitaux, I, 189, 219, 276, 310; II, 102, 103, 117, 126, 185, 203, 296 à 298, 302.
— généraux, II, 296, 297.
— militaires, II, 298.
Horlogers des états, I, 94.
Hospitalité des évêques, I, 193.
— des intendants, II, 16, 35.
Hôtelleries, I, 219.
Hôtels des états, I, 54, 160.
— des gouverneurs, I, 53, 298.
— des intendants, II, 25 à 31, 39, 40, 331, 3323, 46, 347.
— des lieutenants de roi, I, 319.
— des premiers présidents, I, 210, 225.

Hôtel du président de la noblesse, I, 96.
— des trésoriers de France, I, 233.
Hôtels de ville, I, 40, 54, 298, 301, 306, 307; II, 26, 27, 185.
Huissiers des états; I, 91, 95.
Huissiers, II, 157, 159.
Hydrographie (maîtres d'), II, 146, 315.
Hygiène des prisons, II, 113.

Ignorance de députés, I, 42, 46.
— de curés, I, 185.
Illuminations, I, 107.
Immoralité (faits d'), II, 73, 105, 106, 110.
Impopularité de certains intendants, II, 322 à 324.
Impositions, I, 125, 165, 166.
— communales, I, 65; II, 308.
— provinciales, I, 124, 219; II, 30, 31, 167, 172, 274, 296, 302.
— royales, I, 93, 125 à 130, 152, 203, 204; II, 3, 53, 149 à 167, 268.
— spéciales, I, 59, 145; II, 122, 269, 297.
Impôts (répartition des), I, 20.
— (*Voir* Impositions royales.)
Impression des actes des états, I, 98. — des actes officiels, II, 46, 47.
Imprimeurs, I, 98; II, 104, 200.
Inamovibilité, I, 120, 121, 178.
Incarcération de députés, I, 81, 82.
— de divers, I, 282, 283, 309; II, 104 à 115, 226, 264, 266, 276, 277, 280, 282; — de membres des parlements, I, 203, 204; — d'officiers municipaux, II, 143.
Incendié (bureaux des), I, 188.
Incendiés (secours aux), II, 303, 304.
Incurie de certains pays d'états, I, 91, 134.
Indécences, I, 187.
Indemnités de guerre, II, 97; — de logements, II, 77; — des membres

TABLE ALPHABÉTIQUE DES MATIÈRES. 363

des états, I, 70, 71, 155; — des secrétaires destitués, II, 44; — pour expropriations, II, 176.
Indépendance (sentiments d'), I, 85, 168, 169, 173, 205; II, 86.
Industrie (encouragements à l'), 141 à 145, 289; II, 201 à 206.
Inégalité territoriale des droits des provinces, I, 8, 12, 25.
Influence des nobles, II, 133.
Ingénieurs, I, 135 à 138, 249; II, 169, 170, 181 à 183, 317, 318.
Injonctions aux députés, I, 84, 85.
Injustices (répression des), II, 64, 65.
Inondations, II, 179, 180.
Inscription maritime, II, 129.
Inscriptions, I, 314; II, 335, 336.
Insinuation (droits d'), I, 243; II, 162.
Inspecteurs, I, 247.
— d'agriculture, II, 244, 245, 247.
— des haras, II, 246.
— des manufactures, I, 139, 140; II, 198, 209, 210.
— des ponts et chaussées, II, 181, 182.
Installation (frais d'), II, 49.
Instruction des affaires, II, 71, 72.
Instruction des enfants protestants, II, 283, 284, 287; — primaire, I, 191, 192, 193; II, 287, 308 à 310; — secondaire, II, 310 à 313; — supérieure, II, 313 à 315.
Instructions ministérielles, II, 176, 177.
Instruments d'agriculture (achats d'), I, 138, 139.
Insubordination de certaines villes, II, 144.
Insultes réprimées, II, 110, 115.
Insurrection des Cévennes, II, 286.
Intendances, I, 7, 8; II, 8; 9. — (Voir hôtels.)
Intendants, I, 21, 22, 43, 44, 46, 47, 48, 57, 60, 74, 76, 78, 101, 102, 110, 122, 133, 134, 146, 155, 157, 163, 183, 184, 191, 198, 217, 227, 228, 235, 236, 238, 249, 266, 293, 295, 305, 317, 322 à 325, 335; II, 3 à 352.
Intendants-adjoints, II, 61.
Intendants d'armée, II, 19, 20, 83.
Intendants du commerce, II, 197, 231.
— généraux des postes, I, 248.
Intérêts des emprunts, I, 88.
Intérêts particuliers, I, 133; — confiés aux intendants, II, 115, 116.
Intervention des gouverneurs auprès des ministres, I, 295, 296.
Intimidation à l'égard des députés, I, 84, 85.
Invalides, II, 126.
Invasions, I, 3, 4.
Inventaire d'archives, II, 45.
Inventions, I, 142, 143; II, 203, 204.
Inviolabilité des membres des états, I, 13. — des maisons des magistrats, I, 212.
Irresponsabilité des intendants, II, 327, 328.

Jambons donnés, I, 265.
Jansénistes, I, 202. II, 275 à 278.
Jésuites, I, 147, 149, 202; II, 181, 286, 311, 312, 313.
Jeu de paume, I, 287.
Jeux, I, 61, 249, 262; II, 116.
Jetons des états, I, 109.
— de présence, 235.
Journées dans les hôpitaux (prix de), II, 126.
Juges, I, 42, 114; II, 3, 134.
— consuls, II, 195, 206.
— des manufactures, II, 207, 208, 209.
— seigneuriaux, II, 137, 140, 141.
Juifs, I, 184, 267, 293, 294; II, 292, 293.
Juntes nationales de Corse, I, 199.
Jurés-gardes, I, 145; II, 211.
Juridiction des élus, I, 234 à 236.
— des intendants, II, 80 à 90, 120,

121, 136, 137, 212, 215, 225, 227, 279, 280, 282, 285, 286.
Justice, I, 25, 197; II, 67, 82.

Laines, II, 210, 218.
Laquais, I, 194, 302, 307.
Largeur des routes, II, 183, 184, 213.
Lauréats, I, 147; II, 235, 236, 313.
Législation votée par les états, I, 131.
Lettres anonymes, II, 321; — des intendants, II, 46, 47, 54 à 56; — pastorales, I, 102.
Lettres d'assiette, I, 128.
— de bourgeoisie, II, 147.
— de cachet, I, 49, 81, 82, 185, 282, 309; II, 104 à 110, 142, 161.
— de noblesse, II, 156.
— de surséance, II, 206.
— patentes, I, 48, 270, 271, 299.
Lettres (postes aux), II, 187, 188.
Levant (commerce du), II, 217.
Levée des impôts, I, 129, 130; II, 64, 65, 87, 161, 162, 166.
Liberté, I, 221; — du commerce, I, 145; II, 196, 200, 216, 230, 231, 253, 254; — individuelle, I, 283; II, 103 à 109.
Libertés provinciales, I, 168, 169.
Lieutenant criminel, I, 82.
Lieutenants de roi, I, 61, 62, 102, 211, 283, 319, 332, 333, 335 à 337; — des maréchaux, I, 281.
Lieutenants généraux des bailliages, I, 197, 213; II, 94, 98.
— de police, I, 284; II, 93, 199.
Lieutenants généraux des provinces, I, 56, 57, 59, 61, 77, 78, 79, 100, 101, 209, 260, 286, 289, 306, 312 à 322, 332, 333; II, 292.
Lion de Law, II, 56.
Listes d'intendants, II, 7, 343, 344.
Litières, II, 188, 189, 195, 346.
Livres condamnés, I, 220; II, 88.
Logements des princes, II, 347, 348.

Logements militaires, I, 78, 265, 276; II, 72, 124.
Logis du roi, I, 51.
Lois civiles, I, 197, 198.
Loteries, I, 219; II, 116 à 118, 269, 270, 296, 303.
Loups (primes pour la destruction des), I, 141; II, 250.
— (battues contre les), II, 250.

Machines (achats de), I, 183.
Magasins à poudre, II, 125.
— d'approvisionnements, II, 256, 257.
Magistrats, I, 209, 226; II, 9.
Maires et échevins, I, 271, 283, 284, 287, 300, 306; II, 131, 142, 226, 309, 311.
Maître-écrivain, II, 305.
— valet, II, 137.
Maîtres d'écoles, I, 192, 251; II, 309, 310.
— de postes, I, 248; II, 73, 74, 189, 190, 191.
Maîtres des requêtes, II, 2, 3, 4, 6, 9, 10, 16, 344, 197; — honoraires, II, 14.
Maîtrises, I, 289.
Maîtrises des eaux et forêts, I, 168.
Malversations, I, 124, 130; II, 166.
Mandements d'évêques, II, 277.
Manufactures, I, 65, 142 à 144, 289; II, 65, 195, 201 à 233; — royales, I, 112.
Marais, I, 137; II, 180, 238.
Marc d'argent, II, 219.
Marche des troupes, I, 275.
Maréchal des logis des états, I, 95.
Maréchaussée, I, 57; II, 82, 100, 101, 214, 282.
Maréchaux de France, I, 236, 313.
Mariages, II, 106, 267.
— des protestants, I, 292, 293; II, 290, 291.
Marine, II, 128, 129.
Maritime (commerce), II, 217.

TABLE ALPHABÉTIQUE DES MATIÈRES. 365

Marque des draps, I, 141, 145; II, 210, 211.
Maternité (salles de), II, 302.
Mathématiques (cours de), I, 147; II, 315.
Marchés, II, 256, 257, 258.
Médailles d'honneur, II, 201, 202, 235, 254.
Médecins des épidémies, II, 299, 300; — des états, I, 94, 95; — des hôpitaux, II, 126, 297.
Médicaments distribués, II, 299.
Mémoires des intendants, II, 48 à 51, 66, 233.
Mémoires sur l'agriculture, I, 138, 140; II, 233; — sur le commerce, II, 196, 207, 208, 236; — sur les écoles. II, 310.
Mendiants, II, 102, 103.
Mendicité, I, 150.
Mercuriales, I, 217.
Mère de dix enfants vivants, II, 305.
Messageries, I, 168; II, 191, 192.
Messagers des états, I, 95, 96, 97.
Messes, I, 55, 56; II, 38, 236, 284.
Métayers, II, 228.
Milices, I, 127; II, 127, 128.
Milices bourgeoises, I, 277, 278, 299, 300, 304, 310; II, 33.
Mines, I, 144; II, 239, 240.
Ministres, I, 68, 74, 75, 76, 77, 104, 138, 157, 160, 295, 315; II, 45, 58, 59.
Ministres protestants, II, 279, 291, 292.
Misère des campagnes, I, 191, 204.
Missions, II, 268.
Mobilier des intendants, II, 37, 38, 39.
Modifications dans les circonscriptions administratives, I, 9.
Modistes, I, 289.
Mœurs, II, 49, 268. (Voir Immoralité.)
Monarchie (politique de la), I, 11, 12, 21, 25, 26, 38; II, 1, 2.

Monitoires, I, 182.
Monnaies, II, 219, 220; — (cours et conseils des), I, 229, 230; — (hôtels des), II, 89, 163.
Monopoles, II, 199, 200.
Mont de piété, I, 189.
Montres et journées, I, 45, 70.
Motifs de dégrèvement, II, 151, 152.
Mouture économique, II, 239.
Mulets, II, 171.
Municipales (administrations), I, 187, 188, 218, 219, 283, 284, 285, 286, 287, 295, 323; II, 3, 27, 29, 30, 131 à 132, 139 à 146, 311.
— (finances), I, 267; II, 64, 145.
Mûriers (plantation de), I, 288; II, 212, 213.
Musiciens des états, I, 95.
— des gouverneurs, I, 305.
— du czar, II, 318.

Naissances, II, 52.
Navigation intérieure, II, 178, 179.
Népotisme, II, 11.
Noblesse, I, 159, 184, 232, 275, 281, 184; II, 78, 135 à 141, 158 à 161, 311, 324; — aux états, I, 31 à 35, 38, 39, 40 45, 47, 63, 69, 70 à 72, 76, 118, 120, 172, 331.
Nombre des magistrats, I. 298.
Nomination des fonctionnaires (droit de), I, 251, 252.
Nomination des évêques, I, 179; — des intendants, II, 12, 13.
Noms des provinces, I, 2 à 4.
Notaires des états, I, 97.
Note d'hôtel réglée, II, 116.
Notification de nouveaux impôts, I, 80.
Nourriture des détenus, II, 113; — des princes, II, 347, 348.
Nouveaux-convertis, II, 283 à 288.

Obligation de remplir les charges municipales, II, 144.
Obligation scolaire, II, 284.

Obsèques des évêques, I, 194, 195.
— des gouverneurs, I, 309, 310.
Obstacles à la levée des plans, II, 318.
Octroi (droits d'), I, 229, 267; II, 29, 145, 167, 280, 296, 309, 311, 315.
Offices, I, 87, 88, 154, 206, 233, 247; II, 74, 75, 280.
Officialités, I, 184, 186.
Officiers de l'armée, I, 182; II, 74, 109, 110, 190.
— des états, I, 55, 57, 112 à 123.
— des galères, I, 183.
— de milice, I, 281; II, 128.
— municipaux, I, 183, 188; II, 36, 80.
Oligarchie dans les pays d'états, I, 163.
— dans les municipalités, II, 141.
Omissions d'impositions, I, 90, 91.
Opéra, I, 304, 347.
Opposition au gouvernement, II, 97, 98.
Oppression par les seigneurs, II, 132 à 139.
Oraisons funèbres, I, 310.
Oratoriens, II, 277, 311.
Ordonnances judiciaires, I, 218, 219.
Ordre de début à la comédie française, II, 110.
Ouverture des états, I, 53 à 60.
Ouvriers, I, 229; II, 210, 223, 224.

Pacte de famine (légende du), II, 289.
Pages du gouverneur, I, 61, 299, 304.
— des évêques, I, 194.
Pain bénit, I, 307.
Palais de justice, I, 54, 208, 209, 232, 242; II, 162.
— épiscopal, I, 54, 193, 194, 278, 301, 304.
Pancartes de tarifs, II, 163.
Papier timbré, I, 203, 280.
Parlements, I, 6, 105, 179, 182, 200 à 222, 267, 268, 287, 303, 306, 315,
318, 321, 322, 421; II, 81, 83, 84, 90, 91, 158, 224, 275.
Paroisses (députés des), I, 47.
Parrainage des états, I, 56.
Parterre, I, 69, 83, 84.
Partisans, I, 265.
Passage des princes, I, 107, 193; II, 18, 35, 194, 195.
Patriotes, I, 138, 170.
Patriotisme des états, I, 108, 109.
Patrons, I, 220.
Patrouilles, I, 278.
Pâturages des Alpes, II, 242, 243.
Pauvres (droit en faveur des), I, 187.
Pauvres, II, 304.
— honteux, I, 106.
Pays, I, 46; — conquis, I, 180.
Pays d'élections, I, 11, 12, 128, 163, 165, 166; II, 47.
— d'états, I, 11, 12, 23, 24, 26, 27 à 176, 329, 330, 331.
Péages, I, 231, 242, 249; II, 177, 178.
Pêche (règlements sur la), II, 216.
Pèlerins, II, 103.
Pendaisons, I, 280; II, 120, 280, 285.
Pénitents, I, 187, 194, 309.
Pensions, I, 231, 262; II, 18, 19, 77, 126, 266, 280, 300.
— aux membres des états, I, 70, 83, 84.
— données par le gouverneur, I, 106.
Pépinières, II, 184, 244, 245.
Périodicité des états, I, 49, 50.
Permission aux gouverneurs d'exercer leurs fonctions, I, 272.
Pièves, I, 47.
Piraterie, II, 129.
Plaintes des pays d'états, I, 162, 163.
— des sujets, I, 290; II, 3, 120.
Plans d'administration, I, 170.
Plans et devis, II, 176, 183.
Plumes à écrire, I, 96.
Poids et mesures, II, 213, 214.

TABLE ALPHABÉTIQUE DES MATIÈRES. 367

Point d'honneur (juridiction du), I, 281, 282.
Police, I, 218, 219, 220; 278, 279, 286, 318, 320; II, 72, 87, 92 à 118.
Police administrative, I, 481; II, 92 à 118, 208.
Pommes de terre (culture des), I, 288; II, 239.
Ponts, I, 134, 135, 219; II, 167, 169, 170, 316.
Ponts et chaussées, I, 231, 149; II, 169, 182, 183.
Popularité des parlements, I, 205, 211.
Population, I, 166, 329; II, 51 à 53.
Portes (fermeture des), I, 278.
Portrait du roi, I, 54; — du régent, II, 23; — d'un intendant, II, 336.
Ports, I, 135, 219, 276, 277; II, 170, 185, 217.
Ports de lettres, I, 96; II, 46.
Postes, I, 153, 248, 249; II, 74, 187 à 192, 348, 351.
Postillons, II, 190.
Pots de vin, II, 22.
Pouillés, I, 180.
Poursuites des crimes, II, 90, 91.
Prairies, I, 140; II, 241.
Préfets, I, 176.
Premiers présidents des parlements, I, 61, 210, 211, 220; 251, 268, 338; II, 21, 266.
— des cours des comptes, I, 225, 228.
Premiers secrétaires des intendants, II, 43, 44.
Presbytères, II, 268, 269.
Préséances, I, 58, 820.
Présentation aux cures, I, 184.
Présents, I, 100, 263; 301, II, 42.
— en nature, I, 103, 104, 264, 265, 301; II, 22, 55, 56.
Présidents des assiettes, I, 45, 88;
— des états, I, 18, 41, 42, 43, 52, 35, 62, 63, 64, 65, 78, 79, 83, 86, 95, 170, 330.

— des ordres, I, 69, 96.
— de la noblesse, I, 69, 96.
— du tiers-état, I, 61, 84.
Présidiaux, I, 206, 215, 220; II, 81, 87, 88, 101.
Prêt d'honneur (caisse de), II, 301.
Prêt gratuit et charitable, I, 189.
Prétentions du royaume de Navarre, I, 173.
Prévôts des marchands, I, 267; II, 15.
Prévôts généraux, I, 100.
Princes étrangers, II, 95. 96, 194, 195, 345 à 352; — gouverneurs, I, 255, 256, 260.
Prises (vente de), II, 129.
Prisonniers de guerre, II, 111.
— pour dettes, II, 113, 303.
Prisons, I, 219; II, 90, 98, 112 à 116, 275.
Priviléges des provinces, I, 21, 25, 44, 46, 78, 161, 169; II, 286.
— divers, I, 262, 289; II, 199, 200, 201, 202.
Prix des charges judiciaires, I, 297.
— de gouverneurs, II, 261.
— de maîtres des requêtes, II, 5.
Prix des grains, II, 48, 53, 254, 256.
Prix donnés par les états, I, 147; — par les gouverneurs, I, 294; — par les intendants, II, 202, 235, 245, 301, 313, 315; — par les sociétés d'agriculture, II, 235, 236.
Procédures (excès des), 212, 215.
— des subdélégués, II, 71.
Procès entre curés et évêques, I, 185.
— (contre les seigneurs), II, 267.
Procès-verbaux des états, I, 97, 98.
Processions, I, 187, 320; II, 98.
Procurations de la noblesse, I, 33, 64.
Procureurs du pays, I, 115.
— du roi, II, 87, 93.
Procureurs généraux des cours, I, 105, 226, 338; II, 80, 90.
— syndics de Bretagne, I, 114, 338.

Procureurs de 1790, I, 175.
Professeurs, II, 251, 312, 313, 314.
Programme de J.-J. Rousseau, II, 50.
Prohibitions, II, 212, 250, 254.
Promenades, II, 185, 186.
Promesses aux députés, I, 83.
Proportionnalité de l'impôt, II, 154.
Protection des faibles, I, 290; II, 80, 90, 120.
— des provinces, I, 294, 295.
Protestants, I, 202, 292, 293; II, 278 à 292.
Provinces de Corse, I, 46, 47.
— frontières, II, 12.
Puissance de certains gouverneurs, I, 257 à 259.
Pyramides commémoratives, II, 280.

Quartier d'hiver (impôt du), I, 93, 163; II, 123.
Querelles (répression des), I, 282, 283.
Question (emploi de la), I, 212.
Quêtes, I, 190, 191.
Quiétisme, II, 275.

Rachat des captifs, I, 107.
Rachats d'impôts, I, 87 à 89, 127.
Rapports avec les administrés, II, 63, 67.
Rapports sur les travaux publics, II, 169, 170.
— sur l'industrie, II, 207, 208.
Rébellions, I, 254; II, 97.
Réception par le roi des députés des états, I, 136.
Recettes de remèdes, II, 298.
Recettes du royaume, I, 165; — des états, I, 74.
Receveurs généraux de divers droits, I, 247, 248. — des fermes, I, 242; — des finances, I, 85, 93, 227, 233, 239 à 244; II, 123.
Receveurs particuliers, I, 123, 124, 153, 227.
Receveurs des tailles, I, 237, 238, 239; II, 152, 157.
Recommandations, I, 338.
Recouvrements des impôts, I, 44, 118.
Recrutement, II, 88, 126, 127.
Recueil de lois et ordonnances, I, 168.
Réductions d'impôts obtenues, I, 76, 77, 86, 87, 100, 167, 190.
Réfectoires de couvents, I, 53.
Réformateurs, I, 12.
Refus de sacrements, II, 278.
Régale, I, 187.
Régie d'impôts, I, 87, 240.
Régiments levés par les états, I, 89, 109.
Registres, I, 43.
— de baptêmes, I, 154.
Règlements, I, 260, 227; II, 198, 200, 207, 309, 314.
Rejections des états, I, 66.
Régale (droit de), I, 187; II, 266.
Relais, II, 19.
Religieux (nombre des), II, 272, 273.
Religieuses, II, 273, 274, 275, 276.
Remboursement d'emprunt, I, 89.
Remèdes, I, 150; II, 251.
Remontrances des cours des comptes, I, 226.
— des parlements, I, 201, 203.
— des états, I, 77, 152.
Renfermeries de mendiants, II, 102, 103.
Renseignements sur les cours étrangères, II, 95, 96.
Réparation des chemins, I, 132, 133; II, 171, 172, 192; — des couvents, II, 27; — des églises et des presbytères, II, 270, 271; — des ponts, II, 177.
Réparation pour arrestation arbitraire, II, 90, 91.
Répartition des impôts, I, 41, 43, 44, 73, 129, 238; II, 148, 152, 153, 157.
Repas municipaux, 219.

TABLE ALPHABÉTIQUE DES MATIÈRES.

Repas officiels, I, 60, 61, 302, 307, 336; II, 33, 37, 39, 91, 134, 235, 350, 351.
Réponses du roi au cahier des états, I, 158, 159.
Répression des troubles, I, 271, 280.
Résidence des évêques, I, 184.
— des gouverneurs, I, 297, 298, 305 à 308, 315.
Résistance des évêques, I, 187.
— des nobles aux impôts, II, 159 à 161.
— des parlements, I, 201, 203.
Rétablissement des états demandé, I, 39, 41, 42.
Retraites des intendants, II, 19, 24.
Réunion d'états, I, 41, 42, 44.
Revenus des évêques, I, 194.
Révocation de l'édit de Nantes, I, 149, 292; II, 278 à 286.
Révocations, II, 73.
Révoltes, I, 86; II, 15, 129.
Révolution, I, 43 à 46, 176, 252; II, 331 à 333, 338.
Riverains (charges des), II, 171, 172.
Rois présidant les états, I, 58, 59.
— (Profil sur les médailles), I, 110; — (statues aux rois), I, 107, 108.
Rôles (confection des), II, 157, 161.
Romaine (domination), I, 2, 3, 18.
Rosières, II, 301.
Routes, I, 10, 119, 120, 132 à 137, 167, 277; II, 99, 169 à 176, 183, 184, 349, 350.
Royauté (influence de la), I, 68.
Ruine de certains intendants, II, 17.

Sages-femmes, I, 189; II, 301, 302.
Saisie des bestiaux, II, 247; — des biens des étrangers, II, 97.
— des revenus des bénéficiers, II, 266, 269.

Salaire des ouvriers, II, 54, 223 224.
Salles des états, I, 53, 54, 55.
Salons des intendants, II, 28, 30, 37.
Saluts, I, 70, 156.
Sauterelles (mesures contre les), II, 238.
Scandales, I, 186, 282; II, 105, 106, 269.
Scrutin secret, I, 90, 154.
Secours de l'État, II, 107, 225, 228, 229, 269, 275, 296, 299, 300, 301, 305.
Secours donnés par les états, I, 107, 148,9 159.
Secrétaires d'État desquels dépendent les provinces, I, 16.
Secrétaires des gouverneurs, I, 58, 99, 102, 103, 264, 271, 323, 335 à 338.
— des intendants, I, 102, 323; II, 40 à 44, 316.
— des lieutenants généraux, I, 101, 337.
— des ministres, I, 101, 160.
Sécurité des routes, I, 318.
Seigneurs (oppression par les), I, 182; II, 185 à 139.
— (attaques contre les), II, 267.
— (rapports avec les intendants), II, 326.
Seigneuriaux (pouvoirs) des évêques), I, 180, 181.
Semailles (prêts pour les), II, 233.
Semences (don de), II, 259.
Séminaires (subvention aux), I, 149.
Sénéchaussées, I, 199, 216, 228; II, 87.
Sénéchaux, I, 61, 197, 286, 320; II, 80.
Séquestration arbitraire, II, 137.
Sequestre des biens des protestants, II, 282, 290.
Serment des députés aux états, I, 64.

Serment des gouverneurs, I, 268.
— de la noblesse de Béarn, II, 434.
Sermons aux états, I, 85, 86.
Sermons d'intendants, II, 281.
Services militaires récompensés, I, 261, 262.
Sessions des états, I, 50, 51, 61, 67, 336.
Sextés, II, 51.
Sièges des états, I, 50 à 52, 330.
Sociétés d'agriculture, I, 140; II, 234 à 236, 254, 301.
— de marchands, II, 217, 250.
— royale de médecine, II, 300.
Soie (fabrication de la), I, 142.
Soldats, II, 165, 166, 175, 180, 214, 263, 279, 281, 285.
Solliciteurs attitrés, I, 161.
Sorcellerie, I, 242.
Souliers des troupes, II, 123.
Soumission des états, I, 86.
Soupers, I, 305; II, 33, 36.
Sous-intendants, II, 61.
Spectacles, I, 160, 288; II, 185.
Stage au conseil des intendants, II, 10.
Statistiques, II, 47, 53, 54, 208, 233, 234, 273, 299.
Statues de gouverneurs, I, 311; — d'intendants, II, 336; — de rois, I, 107, 108; II, 185.
Subdélégations, II, 69, 70.
Subdélégués de l'intendant, I, 132; II, 67, 68 à 68, 94, 101, 126, 127, 140, 235, 249, 266, 270, 310, 299, 300, 317, 327, 332, 346, 347.
— du gouverneur, I, 292.
Subdélégués généraux, II, 60, 61, 109.
Subsistances, I, 43.
— militaires, I, 257.
Substituts des procureurs généraux syndics, I, 114.
Subvention territoriale, I, 203.
Subvention en Corse, I, 126.

Subventions de l'État à l'industrie, II, 203, 205.
— pour les églises, II, 269, 270.
— pour l'instruction, II, 308, 311, 312.
Subventions municipales, II, 312.
Suffrage universel, I, 43.
Suisses des ministres, I, 105, 157.
— de Versailles, I, 157.
Suite des gouverneurs, I, 302, 304, 307.
Superstitions proscrites par des évêques, I, 186, 187.
Suppléments d'appointements des intendants, II, 17.
Suppliques contre des seigneurs, II, 138, 139.
Suppression d'assemblées d'état, I, 20, 21.
— des intendants, II, 84, 331 à 333.
Surséances, II, 206, 274.
Survivances, I, 115, 260, 315, 316.
Suspension des lois, II, 85, 86, 211, 249, 254.
Syndicat de nobles, II, 134.
Syndics, I, 45, 46, 116, 118, 122, 132, 331; II, 139, 140.
— généraux, I, 55, 57, 112, 114, 115, 118, 129, 130.
— de la noblesse, I, 115.
Synodes diocésains, I, 179.
— ruraux, I, 185.

Tabac (impôt du), I, 245; II, 166.
Tableaux de statistique, II, 47; — (Voir Statistiques).
Tailles, I, 125, 126, 167, 228, 232, 234, 235, 236 à 239; II, 64, 65, 66, 76, 136, 150 à 158, 167, 265.
— seigneuriales, I, 213; II, 135.
Tailluquet, I, 70.
Tapisseries, I, 54, 301, 304.
Tapissier des états, I, 94.
Taxes de marchandises, I, 219; II, 223.
— des denrées alimentaires, II, 255, 257, 258.

TABLE ALPHABÉTIQUE DES MATIÈRES. 371

Taxes sur financiers, I, 124, 241.
Te Deum, I, 56, 286, 301, 304.
Terriers, I, 231.
Théâtres, I, 219, 283, 287, 304; II, 304.
Thèses (soutenances de), I, 337.
Tiers-état aux états, I, 49, 29, 35 à 44, 58, 59, 66, 69, 70 à 72, 83, 84, 113, 118, 120, 156, 171, 179, 331.
Tirage au sort, II, 127.
Tolérance (sentiments de), I, 292, 293; II, 288 à 292.
Tournées pastorales, I, 191.
Tourbières, II, 249.
Trahison, I, 278.
Torrents, II, 179, 180.
Tournées des intendants, II, 62 à 68, 125, 170, 178, 179, 180, 207.
Traitants, II, 95, 157.
Traites (employés des), I, 247.
Transports militaires, II, 122.
— des grains, II, 252.
Travail assidu des intendants, II, 45, 46, 57.
Travaux publics, I, 65, 89, 91, 93, 119, 132 à 138, 167, 219, 277; II, 168 à 195.
Travaux militaires, II, 125, 126.
Trésoriers de France, I, 60, 405, 230 à 234; II, 2, 68, 82, 169, 170, 171.
Trésoriers des états, I, 41, 55, 78, 86, 89, 121 à 123.
Tribune réservée au public, I, 62.
Triennalité des fonctions de gouverneurs, I, 259, 260.
Trois ordres (réunions des), I, 19, 28, 29, 66, 69.
Turcies et levées, II, 179.
Turcs (achat de), I, 190.
Turgotines, II, 190.

Ultramontaines (doctrines), II, 265, 266.
Universités, I, 146. II, 343 à 345.

Usurpateurs de la noblesse poursuivis, II, 155, 156.
Ustensile, impôt, I, 163.

Vaches, II, 246, 247.
Vaisseau (petit), II, 23.
Vaisseaux offerts au roi par les états, I, 109.
Vagabonds, II, 101 à 103.
Vallées (dans les Pyrénées), I, 42.
Veaux (défense de tuer les), II, 246, 247.
Vente prescrite des immeubles d'hospices, II, 297.
Vérification des pouvoirs des membres des états, I, 63.
Verreries, II, 204.
Vétérinaires, I, 140, 141.
Véto (droit de), I, 37.
Vexations des seigneurs, II, 135, 136.
Viande (consommation de la), II, 247.
Vignes, I, 139; II, 211, 212.
Viguiers, I, 199.
Villes (embellissements et travaux), I, 135; II, 185, 186.
— (grandes), I, 164.
— épiscopales, I, 36.
— (représentation des), I, 35, 40, 42.
Vingtièmes, I, 78, 80, 87, 127, 165, 180, 203; II, 159 à 162.
Vins en présents, I, 104, 301; II, 31, 32.
— (commerce des), II, 244.
Violences des militaires, II, 120, 121.
— des nobles, II, 135 à 139.
Visites des collèges, II, 311; — des couvents, II, 274; — des généralités, II, 64. (Voir Tournées.)
Vivres (distribution de), II, 300.
Vœux des états, I, 138, 139, 145.
— du clergé, I, 180.
— des parlements, I, 221.

Voirie, I, 231.
Voitures, I, 199, 170, 171; II, 187, 190, 191, 346.
— (chemins pour), I, 136.
Voituriers, II, 191, 193.
Voleurs, II, 99.
Volontaires à cheval levés, I, 275.

Votation, I, 90, 154.
Vote des impôts, I, 40, 42, 78 à 89.
Voyages, II, 190 à 193; — des gouverneurs, I, 299; — des intendants, II, 32, 33, 66, 67; — de souverains, II, 192, 193, 345, 352.
Voyageurs de qualité, II, 56.

FIN DE LA TABLE ALPHABÉTIQUE DES MATIÈRES.

TABLE DES CHAPITRES.

LIVRE IV.

CHAPITRE PREMIER.

ORIGINE ET NOMINATION DES INTENDANTS.

Nécessité pour l'État d'avoir des agents directs et subordonnés. — Missions données à des maîtres des requêtes. — Commissaires départis. — Intendants. — Contrôle sur la justice et les finances. — Maîtres des requêtes. — Durée des commissions. — Leur importance. — Accroissement du pouvoir des intendants. — Leur nombre. — Familles d'intendants. — Choix des intendants. — Leur stage au conseil. — Demandes d'une préparation spéciale à leurs fonctions. — Raisons qui déterminent parfois leur choix. — Népotisme. — Mode de nomination. — Déplacement et avancements. — Intendants devenus conseillers d'État et ministres. — Appointements. — Allocations spéciales. — Sollicitations. — Pensions. — Cumul d'autres charges. — Gratifications spéciales. — Dons en nature. — Don du portrait du souverain 1

CHAPITRE II.

LES HOTELS ET LES BUREAUX.

Logement des intendants aux frais des villes. — Installation dans des édifices publics ou conventuels. — Agrandissement ou construction d'hôtels sous Louis XV et Louis XVI. — Intendances d'Auch, de Besançon, de Dijon. — Contribution de l'État aux dépenses. — Don aux villes des hôtels. — Conflit avec la province à Montauban. — Plans de l'intendance de Poitiers. — Entrée des intendants dans leur résidence. — Gardes. — En voyage. — Fêtes officielles. — Leur train de maison. — Leurs équipages. — Châteaux. — Réceptions et soupers. — Appartements de réception. — Goût pour les antiquités. — Frais d'installation. — Hôtels dans certaines villes de la province. — Bureaux. — Traitements des commis. — Leur importance. — Le premier secrétaire. — Archives. — Correspondance et travail des intendants. — Franchise de port. — Exprès. — Impression des actes administratifs. — Mémoires et renseignements. — Programme de J.-J. Rousseau. — Recensements de la population. — Statistiques. — États. — Lettres des intendants. — Leurs rapports avec les ministres. — Leur assiduité. — Congés. — Voyages à Paris. — Subdélégués généraux. — Adjoints aux intendants.   25

CHAPITRE III.

LES TOURNÉES ET LES SUBDÉLÉGUÉS.

Chevauchées des maîtres des requêtes. — Nécessité pour les intendants de se rendre compte de tout par eux-mêmes. — Colbert et les tournées. — Durée des tournées. — Voyages spéciaux. — Rapports avec les populations. — Droit de subdélégation. — Subdélégués. — Leur nombre. — Leurs attributions. — Leurs droits. — Correspondances et renseignements. — Révocations. — Conflits. — Offices et gages. — Honoraires et traitements. — Anoblissements. — Correspondants en Auvergne...................................   62

CHAPITRE IV.

LES ATTRIBUTIONS JUDICIAIRES.

Mission des intendants d'assurer l'exécution des lois. — Droit de siéger au parlement. — Juridiction des intendants. —

TABLE DES CHAPITRES. 375

Arrêts du conseil. — Rôle justicier sous Louis XIII. — Bellejamme en Picardie. — Apparition des parlements. — Autorité des intendants sous Louis XIV. — Recommandations de Colbert. — Utilité de la connaissance des lois. — Maximes des intendants. — Honoré Courtin. — Appui des intendants invoqué par des bailliages. — Assemblées. — Magistrats et gradués. — Causes qui leur sont déférées. — Faux et faux-monnayeurs. — Modification du rôle des intendants à partir de Louis XIV. — Mission de surveillance et de contrôle. — Rapports avec les cours de justice.................. 79

CHAPITRE V.

LA POLICE.

Juges de police. — Lieutenants généraux de police. — Contrôle des intendants sur les commissaires de police. — Enquêtes. — Police internationale. — Renseignements sur les pays étrangers. — Conflits et transactions sur les frontières. — Esprit de rébellion. — Répression des troubles. — Police des grands chemins. — Vols à main armée. — Juridiction prévôtale. — Archers de maréchaussée. — Leur rôle. — Vagabondage et mendicité. — Dépôts de mendicité. — Liberté individuelle. — Lettres de cachet. — Actes arbitraires. — Mesures prises dans l'intérêt des familles. — Enquêtes. — Aventuriers. — Immoralité. — Injures. — Prisons d'État. — Prisons royales. — Geôliers. — Nourriture des détenus. — Prisonniers pour dettes. — Enquêtes sur les prisonniers. — Arbitrage des intendants. — Jeux. — Loteries............ 92

CHAPITRE VI.

L'ADMINISTRATION MILITAIRE.

Protection des populations contre les excès des gens de guerre. — Les intendants veillent à la justice militaire. — Plaintes contre les officiers. — Étapes. — Passages des troupes. — Convois par corvée. — Approvisionnements militaires. — Logements et casernes. — Fortifications. — Corvées. — Recrutements. — Milices provinciales. — Marine............ 119

TABLE DES CHAPITRES.

CHAPITRE VII.

LA TUTELLE DES VILLES ET DES COMMUNAUTÉS.

Pages.

Intervention de l'État. — Administration des communautés d'habitants par elles-mêmes. — Liquidation des dettes. — Protection contre l'autorité seigneuriale. — Rôle des intendants à l'égard de la noblesse. — Indépendance et prétentions de celle-ci. — Répression de ses exactions et de ses violences. — Enquêtes des intendants. — Leurs jugements. — Procès faits par Bérulle. — Redevances féodales. — Réclamations contre les seigneurs. — Plaintes des seigneurs. — Contrôle par l'intendant des comptes des communautés et de leurs agents. — Officiers municipaux des villes. — Intervention de l'administration dans leur nomination. — Courson à Périgueux. — Charges municipales obligatoires. — Desordres dans la gestion communale. — Haute-main des intendants sur cette gestion. — Ils protègent les intérêts communaux 130

CHAPITRE VIII.

LES IMPOTS.

Répartition et levée des impôts. — Rôle de l'intendant. — Impôts directs. — La taille et ses accessoires. — Fixation de la taille pour les provinces. — Remises et diminutions obtenues par l'intendant. — Motifs invoqués. — Département annuel de la taille. — Taille personnelle, réelle, tarifée. — Différence du marc la livre. — Recherches de l'égalité dans la répartition. — Privilèges et usurpations de noblesse. — Taxes et collecteurs d'office. — Chasse aux abus. — Efforts pour soumettre le clergé et la noblesse aux impôts. — Capitation. — Dixièmes et vingtièmes. — Résistance de la noblesse. — Confection des rôles. — Domaines du roi. — Juridiction de l'intendant sur les fermes générales. — Gabelles. — Faux sauniers. — Droits d'aides. — Résistances aux impôts et mission des intendants. — Contributions spéciales sur la province 148

CHAPITRE IX.

LES TRAVAUX PUBLICS.

Haute-main donnée aux intendants sur ces travaux. — Circulaires de Colbert. — Tournées des intendants et des trésoriers. — Voies carrossables. — Entretiens et ouvertures des routes. — Corvées. — Leurs abus. — Suspension en temps de disette. — Inconvénients et suppression de la corvée. — Dupré de Saint-Maur. — Ateliers de charité. — Tracés et expropriations. — Adjudications. — Intervention de Colbert. — Ponts. — Navigation fluviale. — Mesures contre les inondations. — Canaux. — Ingénieurs des ponts et chaussées. — Direction générale. — Bureaux des ingénieurs. — Alignement des routes. — Critiques de leur luxe. — Leur établissement. — Ingénieurs-architectes. — Embellissemenes des villes. — Travaux de Jacques Gabriel. — Postes aux lettres et aux chevaux. — Voitures publiques. — Coches et litières. Privilèges des maitres de postes. — Progrès dans les voyages. — Règlements des messageries. — Passage des princes et des princesses.................................... 168

CHAPITRE X.

LE COMMERCE ET L'INDUSTRIE.

Mesure de l'intervention de l'État. — Juges consuls. — Conseil royal de commerce. — Députés. — Intendants de commerce. — Chambres de commerce. — Organisation corporative de l'industrie. — Tendances à la liberté. — Industries nouvelles suscitées par l'État. — Encouragements donnés par les intendants. — Écoles industrielles. — Subventions et privilèges. — Dégrèvements, prêts, avances. — Faillites. — Règlementations des manufactures. — Mémoires des intendants. — Répression des contraventions. — Inspecteurs des manufactures. — Marque des étoffes. — Droits d'entrée et de sortie. — Prohibitions. — Douanes intérieures. — Diversité des poids et mesures. — Contrebande. — Patronage du gouvernement sur l'industrie. — Sociétés de commerce. — Banques et billets de banque. — Modifications dans la valeur des espèces. — Interdiction de l'exportation du numéraire. — Foires. — Requêtes au conseil du commerce. — Tarifs des marchandises. — Effets de ces tarifs. — Salaires des ouvriers. — Procédés de l'intendant à leur égard. — Grèves. — Rigueurs contre les ouvriers. — Grèves d'Amiens et d'Abbeville. — Mesures en faveur des ouvriers. — Ordres donnés aux maîtres. — Chômages. — Secours contre la disette. — Ouvriers étrangers et forçats. — Progrès des doctrines de liberté.. 194

CHAPITRE XI.

L'AGRICULTURE.

Sollicitude de l'État pour l'agriculture. — Statistiques des terres et des récoltes. — Sociétés d'agriculture. — Comices. — Prix et séances publiques. — Administration de l'agriculture. — Exemptions d'impôts. — Prêts de semences. — Intervention des intendants. — Mines. — Laines et troupeaux. — Culture de la vigne. — Mûriers. — Pépinières. — La pépinière Bonaparte. — Haras. — Multiplications des bestiaux. — Importation et exportation. — Commerce. — Épizooties. — Destruction des loups. — Commerce des grains. — Conduite des intendants. — Liberté de circulation. — Disettes. — Acquisitions de grains par l'État. — Magasins d'abondance. — Lutte contre la cherté. — Taxe des denrées. — Accaparements. — Croyances populaires. — Rôle de l'État. 232

CHAPITRE XII.

LA RELIGION.

Autorité de l'État sur le clergé. — Feuille des bénéfices et économats. — Intervention des intendants dans les élections des couvents et des chapitres. — Lutte contre les doctrines ultramontaines. — Droit de régale. — Répression des infractions aux lois. — Mœurs. — Difficultés du clergé avec les habitants. — Réparations des presbytères et des églises. — Allocations de l'État. — Loteries. — Établissement et fermeture de couvents. — Statistiques des communautés religieuses. — Biens de main-morte. — Recours à l'administration dans les affaires des couvents. — Secours de l'État. — Proscription des Quiétistes et des Jansénistes. — Suites de la bulle *Unigenitus*. — Écrits des évêques. — Protestants. — Révocation de l'édit de Nantes. — Pouvoirs donnés aux intendants. — Conversions par tous les moyens. — Interdiction aux protestants de quitter la France. — Confiscations. — Nouveaux convertis. — Éducation de leurs enfants. — Ordres barbares de Louvois. — Insurrection des Cévennes. — Tolérance en Alsace et à l'égard des étrangers. — Les conseils de régence et l'instruction primaire. — Attitude modérée des intendants en 1724. — Mariages des protestants. — Progrès des idées de tolérance. — Juifs. — Permis de séjour.................................... 261

CHAPITRE XIII.

L'ASSISTANCE.

Progrès de l'assistance par l'État depuis le seizième siècle. — Hôpitaux. — Surveillance des hôtels-Dieu. — Hôpitaux militaires. — Envoi de recettes et de remèdes. — Épidémies. — Secours. — Institutions charitables. — Cours d'accouchement. — Maternités. — Enfants trouvés. — Prisonniers pour dettes. — Secours aux incendiés. — Turgot et les bureaux de charité. — Secours et pensions.................. 295

CHAPITRE XIV.

L'INSTRUCTION.

Écoles primaires. — Subventions de l'État. — Instruction obligatoire. — Établissement d'écoles. — Frères des écoles chrétiennes. — Rôle des intendants. — Surveillance des collèges. — Allocations aux collèges. — Professeurs. — Dotations. — Enquête pour l'établissement d'un collège. — Distribution des prix. — Universités. — Leur discipline. — Académies. — Encouragements aux lettres et aux sciences. — Travaux historiques et d'érudition. — Cartes géographiques. — Surveillance des sciences occultes.................................. 307

CHAPITRE XV.

LE ROLE DES INTENDANTS.

Multiplicité de leurs attributions. — Attaques contre les intendants. — Plaintes des administrés. — Disgrâces. — Attaques contre l'institution des intendants. — Griefs de la noblesse. — Saint-Simon. — Voltaire. — Condorcet. — Responsabilité des intendants. — Réquisitoire de Necker. — Influence des assemblées provinciales. — Conflits. — Affaiblissement de l'administration. — Les cahiers de 1789 et les intendants. — Violences de la Révolution. — Suppression des intendants. — Appréciation de leur rôle. — Leur éloge. — Monuments en leur honneur. — Appréciation de leurs actes. — L'administration et la Révolution................ 320

APPENDICE.

I. Les intendants en 1679................................ 343
II. Liste des intendants en 1788......................... 644
III. Liste des contrôleurs généraux des finances........... 345
IV. Les intendants, la reine d'Espagne et le czar Pierre le grand. 345
Table alphabétique des matières 353

FIN DE LA TABLE DES CHAPITRES.

EN VENTE A LA MÊME LIBRAIRIE

BOVET (Mlle M.-A. DE).

LA
COUR DE GEORGES IV ET DE GUILLAUME IV
SOUVENIRS D'UN TÉMOIN OCULAIRE
EXTRAITS DU JOURNAL DE CH.-C.-F. GREVILLE
SECRÉTAIRE DU CONSEIL PRIVÉ, TRADUITS ET ANNOTÉS

Un vol. in-18 . . . . 3 fr. 50

BOVET (Mlle M.-A. DE)

LES QUINZE PREMIÈRES ANNÉES
DU RÈGNE DE LA REINE VICTORIA
SOUVENIRS D'UN TÉMOIN OCULAIRE
EXTRAITS DU JOURNAL DE CH.-C.-F. GREVILLE

Un vol. in-18 . . . . 3 fr. 50

CHANTELAUZE (R.)

LES
DERNIERS CHAPITRES DE MON LOUIS XVII
DÉCOUVERTE DES OSSEMENTS DU DAUPHIN EN 1846
DANS LE CIMETIÈRE SAINTE-MARGUERITE

Un volume in-8° raisin . . . . 2 fr.

DECRUE DE STOUTZ (Francis)

LA COUR DE FRANCE ET LA SOCIÉTÉ
AU XVIe SIÈCLE

Un volume in-18 . . . . 3 fr. 50

TYPOGRAPHIE FIRMIN-DIDOT ET Cie. — MESNIL (EURE).

remboursement en Bonus (§§)
278.
314-15 (rôle ancien des États dans
l'enseignement)
317 (enquête de conciliation)

www.ingramcontent.com/pod-product-compliance
Lightning Source LLC
Chambersburg PA
CBHW060347190426

43201CB00043B/937